# Moment mal! 2

## Evangelische Religion
## 7.–9. Jahrgangsstufe

Herausgegeben von
Bärbel Husmann und Rainer Merkel

Erarbeitet von
Martina Hoffmeister, Joachim Jeska,
Dennis Kramer, Christhard Löber,
Annette Maschmeier, Kirsten Rabe,
Detlev Schneider, Martina Sewerin
und Rebekka Tannen

Berater:
Hamideh Mohagheghi, Jonah Sievers, Kim Strübind

Ernst Klett Verlag
Stuttgart · Leipzig

# So lernst du mit „Moment mal!“

Das **Inhaltsverzeichnis** gibt dir einen Überblick über die verschiedenen Kapitel in „Moment mal!“.
Die Kapitel kann man weitgehend in beliebiger Reihenfolge bearbeiten. Allein die Kapitel 9–12 setzen die Kapitel 4, 5, 6 und 2 voraus.
Das Buch ist in Doppelseiten unterteilt: Die linke und die rechte Buchseite gehören immer zusammen.

Alle Kapitel haben denselben Aufbau:

**Einstiegsseite**
Die erste Doppelseite informiert dich darüber, was du im Kapitel lernen kannst und auf welchen Kenntnissen, die du schon mitbringst, das Kapitel aufbaut.
Außerdem sind die beiden Methoden genannt, die in diesem Kapitel hinzukommen. Wenn du das Kapitel bearbeitet hast, kannst du die Übersicht nutzen, um dich selbst zu überprüfen: Was habe ich gelernt, was kann ich gut (oder was kann ich noch nicht so gut)?

**Einstiegsaufgabe und Kapitelseiten**
Jedes Kapitel beginnt mit einer Situationsbeschreibung, die eine gewisse Herausforderung darstellt. Deshalb ist sie mit einer Aufgabe verbunden. Vollständig musst du diese Aufgabe erst am Ende des Kapitels bearbeiten können. Denn du brauchst dazu in der Regel Kenntnisse, die du wahrscheinlich noch nicht hast. Dazu helfen die darauf folgenden Doppelseiten.

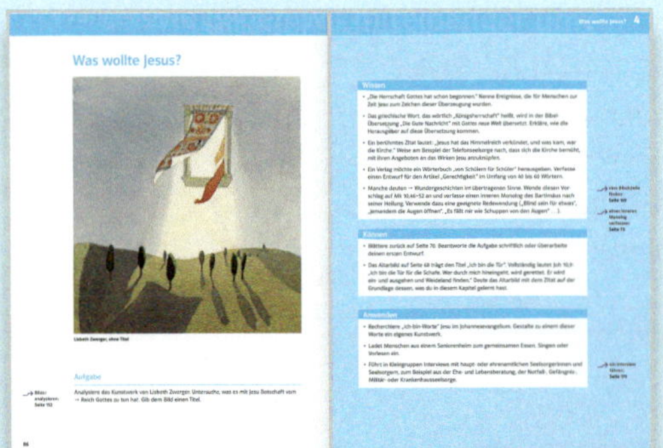


**Wissen, Können, Anwenden**
Auf der letzten Doppelseite wird auf das ganze Kapitel zurückgeblickt. Mit den Aufgaben zum Wissen und Können kannst du noch einmal prüfen, was du gelernt hast oder das Gelernte vertiefen. Im Bereich „Anwenden“ werden Projekte oder Aufgaben vorgeschlagen, die der Erweiterung und Anwendung des erworbenen Wissens dienen.

**Methoden-Karten**

In jedem Kapitel sind zwei Methoden erklärt, die du auf blauen Methoden-Karten findest. Damit du schnell auf die Karten zugreifen kannst, sind sie im Inhaltsverzeichnis einmal komplett aufgelistet.

**Methoden-Karte: ein Kugellagergespräch führen**

„Kugellager" ist eine Methode, die dazu dient, mit möglichst vielen Mitschülerinnen und Mitschülern über ein vorgegebenes Thema ins Gespräch zu kommen.

**So könnt ihr vorgehen:**

1. Teilt euch in zwei gleich große Gruppen auf. Bildet einen Innen- und einen Außenkreis.
2. Setzt oder stellt euch so hin, dass sich je ein Schüler beziehungsweise eine Schülerin aus dem Innenkreis und einer beziehungsweise eine aus dem Außenkreis ansehen.
3. Tauscht euch etwa zwei bis vier Minuten über das Gesprächsthema aus, das der Lehrer oder die Lehrerin vorgibt.
4. Bewegt euch nach Anweisung der Lehrerin oder des Lehrers weiter, zum Beispiel „Der Innenkreis bewegt sich um drei Personen nach rechts", und schließt eine weitere Gesprächsrunde an.
5. Führt vier bis fünf Gesprächsphasen durch. Dabei könnt ihr die Regeln verschieden abwandeln: (keine) Rückfragen zulassen, das Thema wechseln …

**Moment mal!**

Das rote „Moment mal!" soll dich zum Nachdenken anregen. Denn die Dinge sind nicht immer so einfach, wie es scheint. Ein „Moment mal!" ist als Anreiz zur Diskussion gedacht und will davor schützen, sich schnell mit einfachen Lösungen zufriedenzugeben.

**!** **Moment mal!**
Braucht man überhaupt ein Vorbild?

**Das hängt zusammen**

Fit in Religion ist man, wenn man auch zwischen unterschiedlichen Themen Zusammenhänge erkennt und Vernetzungen herstellt. Deshalb findest du am Rand häufiger einen Doppelpfeil (↔). Das Buch bietet die Möglichkeit, diese Verweise kurz zur Kenntnis zu nehmen oder ihnen auch ausführlicher nachzugehen.

In vielen Aufgaben wird mit Methoden gearbeitet. Falls du unsicher bist, wie eine Methode funktioniert, kannst du im Buch noch einmal nachschlagen. Damit du die Seite mit der Methodenbeschreibung schnell findest, gibt es am Rand neben der Aufgabe einen Verweis mit einem blauen Pfeil (→).

**Fachbegriffe**

Vor manchen Begriffen findest du einen → Pfeil. Diese Begriffe sind am Ende des Buches erklärt. So kannst du Grundwissen aufbauen und nach und nach lernen, dich in der Fachsprache auszudrücken.

# Inhalt

## 4 Was wollte Jesus? 70

## 5 Wie modern muss die Kirche sein? 90

## 6 Brauchen wir Vorbilder? 110

## 7 In welchen Sprachen redet die Bibel? 130

## 8 Was glauben die anderen? – Abraham und die Muslime 150

## 9 Warum musste Jesus sterben? 170

## 10 Wie passen Politik und Kirche zusammen? 190

## 11 Wie antworten Christen auf globale Fragen? 210

## 12 Wie viel Zweifel gehört zum Glauben? 230

## Neue Methoden

## Bekannte Methoden

# 1 Wo kommt Religion im Alltag vor?

## Wenn du dieses Kapitel bearbeitet hast, kannst du ...

- anhand von Beispielen erklären, was man unter „Religion“ verstehen kann.
- genauer erklären, was Symbole und Zeichen sind.
- in verschiedenen Bereichen des Alltags Spuren der jüdisch-christlichen Tradition aufzeigen (zum Beispiel in der Stadt oder in unserer Sprache).
- alltägliche Ausdrucksformen beschreiben, die mit religiösen Formen vergleichbar sind.
- religiöse Motive in der Werbung wahrnehmen und analysieren.
- kritisch untersuchen, wie religiöse Motive in der Öffentlichkeit verwendet werden.
- beschreiben, wie sich religiöse Symbole und Traditionen einerseits und Alltagsgegenstände und -gewohnheiten andererseits gegenseitig beeinflussen.

## Was kannst du schon?

- die Bedeutung wichtiger kirchlicher Feste erklären
- benennen, welche Zeichen und Symbole für bestimmte Feste typisch sind
- Spuren anderer Religionen in deiner Umwelt erkennen und beschreiben

## Diese Methoden wendest du an:

- ein Vier-Ecken-Gespräch führen
- ein Line-Up durchführen

# Was ist mir heilig?

Jürgen Markert, Entsorgt (2002/2003)

Seit mehreren Jahren erscheint in der Magazinbeilage der Süddeutschen Zeitung die Rubrik „Die Gewissensfrage“. Leserinnen und Leser schildern eine „moralische Zwickmühle“. Ein Experte wägt beide Seiten ab, formuliert aber stets eine klare Antwort. In einem Heft ging folgende Gewissensfrage ein:

PAUL B., KÖLN: „Beim Frühjahrsputz bin ich erneut auf ein altes Kreuz gestoßen. Ich lege es seit ungefähr zwei Jahren von einem zum anderen Platz, weil ich nicht weiß, was ich damit machen soll. Eigentlich brauche ich es nicht, dennoch sagt irgendetwas in mir, dass man ein derartiges Symbol nicht einfach in den Müll schmeißen kann. Ich war selbst einmal Ministrant, aber mit der katholischen Kirche kann ich mich nicht mehr identifizieren, auch wenn ich an Gott glaube. Darf man ein Kreuz wegwerfen?“

## Aufgabe

Verfasse eine Antwort auf die Leserfrage, wie sie in dem Magazin erscheinen könnte.

## Dazu ist es wichtig, ...

- genau zu beschreiben, worin die moralische Zwickmühle besteht.
- sich Klarheit darüber zu verschaffen, was unter einem Symbol oder einem religiösen Zeichen zu verstehen ist.
- sich am Beispiel des Kreuzes zu verdeutlichen, wodurch Gegenstände (religiöse) Bedeutung bekommen.

„Alle Dinge, die wir sehen, können wir doppelt anschauen: als Tatsache und als Geheimnis. Aus dem Wirklichen erwächst das Erstaunliche. Wer die Welt nur als Tatsache sieht, ist blind gegenüber dem Verborgenen hinter den Dingen und verlernt, nach dem Warum zu fragen. Wer die Welt nur als Geheimnis sieht, verliert den Boden unter den Füßen und den Kontakt zu den Menschen und verlernt, die Welt wirklich zu entdecken. Nur was gesehen, erlebt und erfahren worden ist, kann zum inneren Bild eines Menschen werden. Nur was mit den Sinnen wahrgenommen worden ist, kann Eindrücke in der Seele eines Menschen hinterlassen, kann als Tatsache und Geheimnis gesehen werden und zum Symbol werden."
*Rainer Oberthür, Religionspädagoge*

Wundergeschichten: Seite 74–75

„Der Gegenstand der Theologie ist das, was uns unbedingt angeht.
Das, was uns unbedingt angeht, ist das, was über unser Sein oder Nichtsein entscheidet."
*Paul Tillich, Theologe*

„Das Heilige ist ein Geheimnis, ein *Mysterium*, das zwei Gefühle auslöst: einerseits Erschauern, Scheu, Furcht vor dem Unheimlichen – die Gänsehaut ist etwas ‚Übernatürliches'. Andererseits aber hat es zugleich etwas eigentümlich Anziehendes und Faszinierendes. Beides, jenes tief *Schauervolle* und dieses tief *Wundervolle*, liegt im Geheimnis, das selig macht."
*nach Rudolf Otto, Theologe*

das Allerheiligste im Tempel: Seite 178–179

das „Heilige" in der NS-Zeit: Seite 197

## Aufgaben

1 Bringe einen Gegenstand in den Unterricht mit, der einen besonderen Wert für dich besitzt und den du nicht wegwerfen würdest. Erkläre den anderen, warum dieser Gegenstand für dich einen „Mehrwert" hat.

2 Erkläre die Aussage von Rainer Oberthür am Beispiel der Dinge, die dir und deinen Mitschülerinnen und Mitschülern wichtig sind. Prüfe, ob die Aussage wirklich für „alle Dinge, die wir sehen" gilt.

3 „Heilig ist mir …" Schreibe den Satz weiter und vergleiche dein Ergebnis mit dem Ergebnis eines Mitschülers oder einer Mitschülerin. Untersucht gemeinsam, inwieweit die Aussagen der Theologen Paul Tillich und Rudolf Otto auf das zutreffen, was euch heilig ist.

4 Erläutere, wie das abgebildete Herz vermutlich verwendet wird und was damit gesagt werden soll. Erörtere, ob dabei religiöse oder sogar christliche Vorstellungen eine Rolle spielen.

# Was macht einen Ort heilig?

*Die Journalistin Susann Sitzler hat Shoppingmalls besucht, die mit Andachtsräumen Platz für die innere Einkehr bieten, das DEZ in Innsbruck, das Sihlcity Zürich und auch das CentrO in Oberhausen. In einer Reportage schildert sie ihre Erfahrungen:*

Vom Himmel aus stellt sich die Situation folgendermaßen dar: Da steht ein riesiger Bau mit dem Grundriss eines Kreuzes. Es ist das CentrO in Oberhausen, die umsatzstärkste Shoppingmall der Republik. Neben dem Einkaufstempel sind ein Freizeitpark, ein Multiplexkino und ein Dutzend Restaurants untergebracht. Auf dem Luftbild nicht zu entdecken ist das angrenzende kümmerliche Häuschen. Es ist das Kirchenzentrum des CentrO. Denn in der Shoppingmall in Oberhausen findet man nicht nur Pullover, Kuchengabeln und Smartphones. Man kann auch beten oder wieder in die Kirche eintreten. Kann so etwas funktionieren?
Anders als im Foodcourt der Mall wird man im Kirchenzentrum nicht mit Musik beschallt. Das Kernstück der Einrichtung befindet sich im hinteren Teil des winkeligen Baus, direkt neben den Toiletten: der Raum der Stille. Die Tür steht immer offen. Ich gehe hinein.

Beten im Stadion? Seite 158

Bei mir funktioniert es nicht. Ich habe alle meine Tüten unter dem Stuhl verstaut und das Handy auf stumm geschaltet. Jetzt sitze ich in diesem nüchternen Raum. Auf einem Pult liegt aufgeschlagen ein Buch, das Buch, die Bibel. Außer mir ist niemand hier. Ich versuche mich auf die Atmosphäre, die Ruhe, die Blumen zu konzentrieren. Ruhe ist etwas, wonach ich mich sehne. Hier hätte ich sie nun, aber ich kann damit nichts anfangen.

Die großen Einkaufszentren locken mit ihrer mächtigen Verheißung, dass man hier aus dem Vollen schöpfen kann. An einigen Orten liegen abseits davon kleine Räume, in denen man sich kostenlos und ohne Verpflichtung für einen Moment auf ein Gefühl innerer Fülle besinnen könnte. Im Gegensatz zu den Shoppingmalls sind diese Räume fast immer leer. Die meisten Menschen, die hier einkaufen, wissen nichts mit ihnen anzufangen. Ohne Rituale haben weder Kirchen noch Andachtsräume einen spirituellen Sinn und bleiben deshalb ungenutzt.
Vielleicht sollten wir diese Andachtsräume in den Shoppingmalls deshalb einfach als Symbole betrachten. Beim wöchentlichen Großeinkauf können sie uns daran erinnern, dass eventuell noch etwas fehlt.

**Der „Raum der Stille" im Ökumenischen Kirchenzentrum im CentrO Oberhausen**

**Das Gipfelkreuz**

„Siehst du dort oben das Kreuz auf dem Berg?" Vater hatte den Kopf weit in den Nacken gelegt, während er seine Augen mit der flachen Hand beschattete. „In drei Stunden werden wir dort sein!" Er packte sich unternehmungslustig den Rucksack auf den Rücken und schien gar nicht zu bemerken, wie lustlos Michael dastand. Michael suchte mit seinen Augen das Gipfelkreuz. „Warum gibt es eigentlich auf den Bergen Kreuze?", fragte er.
Zwischen zwei kräftigen Schlucken aus der Wasserflasche meinte Vater: „Ich glaube, das hat was mit Gott zu tun." „Mit Gott?" „Berge waren für Menschen schon immer etwas Heiliges, eine Landschaft, in der man Gottes Nähe besonders spüren kann. Die Menschen haben sich vorgestellt, dass Gott im Himmel wohnt. Oben, auf dem Berg, sind sie dann näher bei Gott. Damit man das Ziel, nämlich Gottes Nähe, nicht verfehlt, hat man ein großes sichtbares Zeichen, das Gipfelkreuz, aufgestellt."
Michael war mit dieser Erklärung nicht ganz zufrieden. „Und die Kreuze in der Kirche und auf dem Friedhof? Die stehen doch unten im Tal."
„Das stimmt", antwortete Vater. „Aber sie bedeuten etwas ganz Ähnliches."
Vater schraubte die Flasche wieder zu und verstaute sie im Rucksack. Michael schaute zu und wartete. „Ja, und was?", fragte er. Vater dachte nach. „Weißt du, Kreuze sind so eine Art Fingerzeig auf Gott. Wo immer sie stehen, erinnern sie uns daran, dass Gott uns nah ist."
„So nah, dass man's spürt?"
„Ja, genau so!", sagte der Vater und stand auf. Er gab Michael einen freundlichen Klaps auf die Schulter. „Lass uns nur erst einmal oben sein."

*Heidi Kaiser, Religionspädagogin*

**!** **Moment mal!**
Gibt es Orte, die *niemals* und für *niemanden* heilig werden können?

## Aufgaben

1 Verfasse einen Text für ein Faltblatt des Kirchenzentrums, das in den „Raum der Stille" im CentrO einlädt und seine Vorzüge herausstellt.

2 Begründe, warum der „heilige Ort" im Shoppingcenter nach Meinung der Autorin „nicht funktioniert". Erläutere ihren Vorschlag am Ende der Reportage, Andachtsräume „einfach als Symbol zu betrachten", und nimm Stellung dazu.

3 Setze das Gespräch zwischen Michael und seinem Vater (Das Gipfelkreuz) fort, nachdem sie den Gipfel erreicht haben.

4 Nenne Beispiele für besondere Orte. Erkläre, was (für dich) einen Ort zu einem „heiligen" Ort macht.

5 Arbeite an folgenden Beispielen heraus, was heilige Orte in der Bibel auszeichnet: Gen 28,10–22; Ex 3,1–5; 1 Kön 19,1–13; Mt 21,12–17; Apg 9,1–9; Offb 21,1–4.

→ eine Bibelstelle finden: Seite 251

# Was gibt einem Zeichen (religiöse) Bedeutung?

1

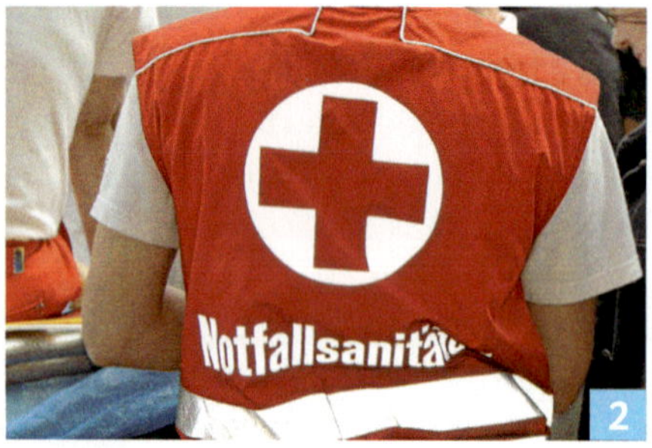
2

3

4

5

6

7

Die Erinnerung ist das einzige Paradies,
aus dem wir nicht vertrieben werden können.

Jakob Mayer
* 1.1.1950 † 10.1.2013

In Liebe
Anna Mayer
Klaus und Simone Ellger, geb. Mayer
Guido Mayer

Die Trauerfeier finden am Mittwoch, dem 16. Januar 2013, um 12 Uhr in der Friedhofskapelle **Musterstadt** statt. Anschließend Überführung zur Einäscherung.

8

9

10

11

12

13

### Wahrnehmungen und Deutungen des Kreuzes

*20 bis 30 Jahre nach Jesu Tod schreibt Paulus an die Gemeinde in Korinth. Gleich zu Beginn des Briefes schreibt er, auf welche Weise sich das → Evangelium, die christliche Botschaft, verbreiten wird:*

» Das kann nicht durch Worte voller Weisheit geschehen. Denn sonst verliert das Kreuz von Christus seinen Sinn.
Die Botschaft vom Kreuz erscheint denen, die verloren gehen, als eine Dummheit. Aber wir, die gerettet werden, erfahren sie als Kraft Gottes. «
(1 Kor 1,17bf.)

*Konstantin I. war von 306 bis 337 n. Chr. römischer Kaiser. Sein Biograf berichtet, wie Konstantin das Kreuzzeichen in einer entscheidenden Schlacht gesehen habe:*

Um die Stunde der Mittagszeit, da sich der Tag schon neigte, habe sich, so erzählte der Kaiser, oben am Himmel über der Sonne das Siegeszeichen des Kreuzes aus Licht gebildet, und er habe dabei die Worte gesehen: Durch dieses Zeichen siege.

*Katrin Göring-Eckardt ist Politikerin im deutschen Bundestag und wurde 2009 zur Vorsitzenden (Präses) der EKD-Synode gewählt:*

Das Kreuz, es ist ein Zeichen des Todes. Und es ist ein Zeichen des Lebens. Immer beides. Selten immer zugleich das eine und das andere. Das Kreuz fordert den → Glauben heraus, immer wieder.

Kreuz als Versöhnung: Seite 37, 184

## Info – Symbole und Zeichen

Das Besondere an Symbolen und Zeichen ist, dass sie auf etwas anderes hinweisen, also eine Bedeutung über sich selbst hinaus haben. Welche Bedeutung das im Einzelfall ist, hängt davon ab, wie ein Mensch das Symbol oder Zeichen auffasst oder benutzt. Kein Ding **ist** also schon für sich genommen ein Zeichen, sondern es kann für Menschen zu einem Zeichen **werden**. Es ist daher entscheidend, in welchem Zusammenhang wir einem Symbol oder Zeichen, wie zum Beispiel dem Kreuz, begegnen.

weitere Symbole und Zeichen: Seite 204, 206

**! Moment mal!**
Warum sind Zeichen und Symbole für die Religion so wichtig?

## Aufgaben

1. Schreibe die Nummern der Kreuzzeichen auf der linken Seite in dein Heft. Beschreibe jeweils in Stichworten, was das Kreuz deiner Meinung nach bedeutet. Vergleiche deine Ergebnisse in einem Lerntempo-Duett.

ein Lerntempo-Duett durchführen: Seite 253

2. Erläutere an einem der Beispiele, was Symbole und Zeichen sind.
3. Gib mit eigenen Worten wieder, wie Paulus, Kaiser Konstantin und Katrin Göring-Eckardt das Kreuz wahrnehmen und deuten.
4. Zeige anhand der Beispiele auf, wie unterschiedlich Bedeutungen sein können, die Menschen dem Zeichen des Kreuzes zuweisen.

# Was ist Religion?

Religion ist ein unscharfer Begriff. Theologen und Philosophen haben schon immer unterschiedliche Aspekte hervorgehoben:

*Religion ist der Glaube an eine höhere Macht.*

*Der Religion verdankt die Gesellschaft ihre Werte.*

*Was Religion ist, kann nur jeder für sich selber sagen.*

*Religion ist das, was einem hilft, das Leben zu bewältigen.*

## Methoden-Karte: ein Vier-Ecken-Gespräch führen

Diese Methode dient dazu, sich in wechselnden Gruppen mit verschiedenen Positionen oder Aspekten eines Themas zu beschäftigen.

**So könnt ihr vorgehen:**

1. Stellt die Tische so auf, dass in den vier Ecken des Klassenraums genug Platz ist.
2. Hängt oder legt in jede Ecke eine Aussage oder einen ähnlichen Impuls auf je einem DIN-A4-Blatt (in der Regel sorgt eure Lehrerin oder euer Lehrer dafür).
3. Geht einmal herum, bis ihr alle Aussagen einmal gelesen habt. Ordnet euch zunächst der Aussage zu, zu der ihr die größte Nähe empfindet.
4. Tauscht euch in der jeweiligen Ecke darüber aus, warum ihr dort steht.
5. Führt ein Gespräch über den ausliegenden Impuls.
6. Wechselt auf ein gemeinsames Zeichen die Ecke, bis ihr überall einmal ein Gespräch geführt habt. Je nach Absprache könnt ihr die Zahl der Runden auch begrenzen.
7. Haltet eure Ergebnisse entweder schriftlich in jeder Ecke auf einem Plakat fest oder tragt sie im Anschluss mündlich zusammen.

→ ein Plakat erstellen: Seite 254

Religion ist nicht nur eine Frage der Definition. Religion hat beobachtbare gemeinschaftliche und oft mehrere Generationen überdauernde Ausdrucksformen: Gebräuche, Riten, Feste, Lieder, Bilder und Kunstwerke, Gebäude, Mythen, Legenden, Lehren, Ämter und bestimmte Zeichenhandlungen.
Viele dieser Ausdrucksformen gibt es auch bei Popkonzerten oder Fußballspielen. Manches spielt in Filmen oder in der Werbung eine Rolle. Legenden und Gebräuche gibt es auch in Familientraditionen.

moderne Kirche: Seite 96–97

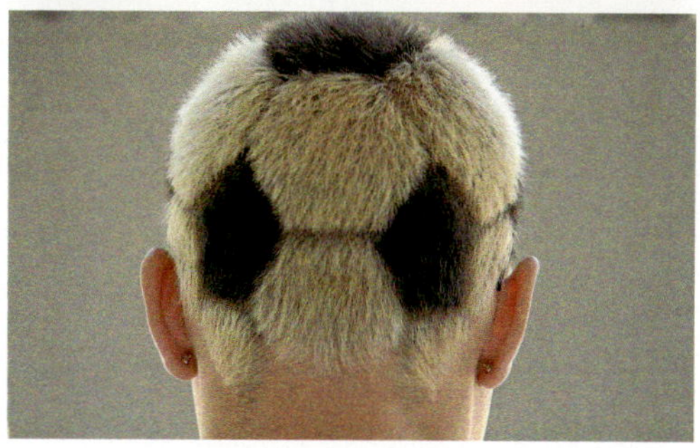

## Aufgaben

1 Führt ein Vier-Ecken-Gespräch zu den verschiedenen „Definitionen von Religion" auf Seite 18.

2 Formuliere eine eigene Definition von Religion und erläutere sie.

3 „Schuhe sind meine Religion", schrieb die Journalistin Hatice Akyün, die mehrere 100 Paare High Heels besitzt. Stelle dar, was Akyün unter „Religion" versteht.

4 Beschreibe die Ausdrucksformen, die auf den Bildern zu sehen sind oder mit der jeweiligen Situation verbunden sein können. Beurteile, inwiefern die einzelnen Abbildungen etwas mit Religion zu tun haben.

5 Gestaltet arbeitsteilig eine Wandzeitung zum Thema „Ausdrucksformen von Religion".

eine Wandzeitung gestalten: Seite 255

# Wovon sollen wir träumen?

Ich bin mitten drin
Und geb mich allem hin
Aber schaut man hinter die Kulissen
Dann fängt es immer so an
Ich schlafe immer zu lang
Kriegs nicht hin
Und fühl mich deshalb beschissen

Ich erkenn mich nicht
In den Schaufensterscheiben
Entdecke nichts, was mir gefällt
Ich brauch die schönsten Kleider
Und die stärksten Männer
Und eine Hand, die meine Hand für
Immer festhält

Reich Gottes: Seite 80

Wovon sollen wir träumen?
So wie wir sind, so wie wir sind,
So wie wir sind
Woran können wir glauben?
Wo führt das hin? Was kommt und bleibt?
So wie wir sind

Ich fühl mich leer
Und die Nacht liegt schwer
So schwer auf meinen Schultern
All die Hoffnung die war
Ist schon lang nicht mehr da
Schon wieder 'ne Nacht einfach vertan

Ich hab gesucht und gesucht
In den hintersten Ecken
Nach Augen, die mich interessieren
Noch nie hat es geklappt
Doch ich mag's nicht kapieren

Wovon sollen wir träumen?
So wie wir sind, so wie wir sind,
So wie wir sind
Woran können wir glauben?
Wo führt das hin? Was kommt und bleibt?
So wie wir sind

Wir lassen uns treiben durch die
Clubs der Stadt
Durch fremde Hände
Und wir werden nicht satt
Wir wachen dann auf
Bei immer anderen Geliebten
Von denen wir dachten
Dass wir sie nicht verlassen

Wir können nicht mehr atmen
Und vergessen zu essen
Wir trinken zu viel
Es bleibt ein Spiel ohne Ziel

Wann hört das auf?
Wann kommen wir hier raus?
Wovon sollen wir träumen?
Wo sind wir zu Haus?
Wo sind wir zu Haus?
Wo sind wir zu Haus?

*Frida Gold*
*Text: Axel Bosse / Alina Süggeler*

» Wie lieb sind mir deine Wohnungen, HERR Zebaoth!
Meine Seele verlangt und sehnt sich nach den Vorhöfen des HERRN; mein Leib und Seele freuen sich in dem lebendigen Gott.
Der Vogel hat ein Haus gefunden und die Schwalbe ein Nest für ihre Jungen – deine Altäre, HERR Zebaoth, mein König und mein Gott.
Wohl denen, die in deinem Hause wohnen; die loben dich immerdar. «
(Ps 84,2–4)

Jerusalemer Tempel: Seite 178–179

**Sehnsucht nach Geborgenheit**

Manchmal sitzt mein Vater im Wohnzimmer, er sitzt einfach da, und dann fragt meine Mutter: „Was machst du, Christian?“, und er antwortet: „Ich wohne.“ Mein Vater hat Humor. Im Wohnzimmer wohnt man, und das ist eben keine Tätigkeit wie das Kochen in der Küche, das Baden im Badezimmer oder das Schlafen im Schlafzimmer. „Wohnen“ ist überhaupt keine Tätigkeit. Und gerade deshalb ist dieses „Ich wohne“ nicht nur ein Witz, sondern zugleich Ausdruck höchster Zufriedenheit.
Wir alle wollen wohnen. Wir alle sehnen uns nach einem Haus, nach einem festen Ort. Ein Haus bedeutet Sicherheit und Gemeinschaft, bedeutet Ruhe und Bestand, ein Haus ist das Gegenteil von Unrast und Auf-der-Suche-sein und Für-sich-sorgen-müssen. Das Haus ist also auch ein tief religiöses Symbol. Denn das bedeutet → Glauben: Da ist einer, zu dem ich immer kommen kann, bei dem ich sicher bin. Und umgekehrt gilt dasselbe: Wenn ich einen Ort habe, an dem ich mich zu Hause fühle, ein Nest der Geborgenheit, dann ist dort ein Funke von der Herrlichkeit Gottes zu spüren. Genau das sagt der → Psalm: Wenn junge Schwalben zwitschern, singen sie Loblieder auf Gott. Denn ein Nest, ein Haus, das ist der Vorgeschmack auf das → Reich Gottes, oder in der Sprache des Psalms: „der Vor-Hof“ seines Königshauses.
Nach so einem Haus sehnen wir uns alle, nach einem gesegneten Ort.
Doch wie und wo, um alles in der Welt, kann man ihn finden?

Suche nach dem eigenen Ort: Seite 78

Reich Gottes: Seite 80

**!** **Moment mal!**
Sind alle Menschen religiös?

## Aufgaben

1 Analysiere die Situation des lyrischen Ichs im Song von Frida Gold. Unterscheide Aussagesätze und Fragen.

2 Setze das Foto mit Aussagen des Liedtextes in Beziehung. Gestalte eine Collage, die verschiedene Antworten auf die im Song gestellten Fragen gibt.

3 Der Refrain des Liedes wurde zu den täglichen Fernsehbildern einer Frauenfußball-WM gezeigt und bekam die Rolle eines Titelsongs. Führt ein Line-Up zur Frage durch, ob diese Zusammenstellung geeignet ist.

4 Analysiere den Auszug aus Ps 84. Fasse mit eigenen Worten zusammen, wie die Psalmverse im Text „Sehnsucht nach Geborgenheit“ gedeutet werden.

5 Setze den Songtext von Frida Gold mit den Psalmversen in Beziehung.

eine Collage gestalten: Seite 251
ein Line-Up durchführen: Seite 23
(Bibel-)Texte analysieren: Seite 147

# Religion im Produkt?

*Der Amerikaner Steve Jobs (1955–2011), einer der erfolgreichsten Unternehmer der Computerindustrie, wusste seine Produkte werbewirksam zu vermarkten.*

„Bluthandy“: Seite 226

Jesus als Wundertäter: Seite 74, 138

## Zweite Runde fürs Jesus-Handy

Montag ist Weihnachten – zumindest für Fans, die auf die Präsentation des neuen iPhone warten. Was kann die nächste Generation? Die Show ist stets die gleiche – und längst Kult: Ein großer Saal, eine riesige Bühne und ein Mann im schwarzen Rollkragenpullover, dessen Produktpräsentation ein begeistertes Publikum mit Applaus quittiert. So oder ähnlich dürfte es sich auch am Montag in San Francisco zutragen, wenn Apple-Guru Steve Jobs um 10 Uhr Ortszeit vor die Besucher tritt, um in einer One-Man-Show die neuesten Verheißungen vorzustellen. Je näher der Termin rückt, desto intensiver rätselt die Fangemeinde, welche Neuheit der Technik-Messias wohl diesmal vorstellen mag. Wenngleich sich das Unternehmen – wie vor jeder Präsentation – in eisernes Schweigen hüllt, gilt es dennoch als sicher, dass Jobs die zweite Generation des iPhone vorstellen wird. Offen ist jedoch, mit welchen technischen Raffinessen der Hersteller die getreuen Anhänger des vermeintlichen „Jesus-Phone“ diesmal beglücken wird.

*Focus, 06.06.2008*

Das Religiöse hat sich gewandelt, begegnet uns nicht mehr nur in den dafür vorgesehenen Orten und hat sich zu weiten Teilen in die Massenmedien verlagert, insbesondere auch in die Produkte und Geschäfte der Werbung. Die „Rückkehr der Engel“ verwundert also nicht! Gleichwohl ist die Sehnsucht nach Religiösem keineswegs immer schon Religion. In mindestens dreifacher Weise finden religiöse Motive in der Werbung Verwendung:

1. Werbung zitiert religiöse Begriffe, Formeln oder Bilder oder spielt auf sie an mit Witz.
2. Zu den religiösen Begriffen tritt eine Präsentation hinzu, sodass eine Aura des Überirdischen entsteht. Religiöses dient der Steigerung des Produktes.
3. Religion findet sich nicht mehr in der Werbung, sondern Werbung wird zur Religion beziehungsweise zum Religionsersatz: Sinnsprüche sollen Verheißungen erfüllten Lebens mit dem Produkt koppeln.

*Uwe Böhm, Religionspädagoge*

Alexander Kosolapov, This is my blood (2002)

This is my body (2002)

## Methoden-Karte: ein Line-Up durchführen

Die Methode „Line-Up“ verhilft dazu, deine eigene Position zu einer Frage zu finden und sie zu vertreten. Führt man die Methode zweimal durch, nämlich vor und nach einer intensiven Bearbeitung, zeigt sich, ob sich an deiner Meinung etwas geändert hat. Auf diese Weise kann man auch das Meinungsbild einer Gruppe sichtbar machen.

**So könnt ihr vorgehen:**

1. Zieht im Klassenzimmer eine (gedachte) Linie, die auf der einen Seite mit einem „Ja-Schild“, auf der anderen Seite mit einem „Nein-Schild“ endet.
2. Denkt, ohne zu sprechen, darüber nach, ob ihr die Frage, die die Lehrerin oder der Lehrer formuliert hat, mit Ja oder mit Nein beantworten würdet. Nehmt euch Zeit, bis jeder in Gedanken die richtige Position auf der Linie gefunden hat. Natürlich sind alle Abstufungen möglich.
3. Stellt euch an der für euch passenden Position der Linie auf. Begrenzt die Zahl der teilnehmenden Personen so, dass das Gesamtbild übersichtlich bleibt.
4. Begründet die Wahl eures Standpunktes.

## Aufgaben

1 Analysiere den Aufbau der Autowerbung.

Bilder analysieren: Seite 94

2 Erläutere
a) am Beispiel der Autowerbung,
b) am Beispiel der Handy-Präsentation,
wie Werbung auf Religion und religiöse Motive zurückgreift. Nutze dazu den Text von Uwe Böhm.

3 Führt ein Line-Up zu der Frage durch, ob die beiden Jesus-Darstellungen „This is my body“ und „This is my blood“ zu weit gehen, weil sie religiöse Gefühle verletzen.

Sakramente: Seite 266

4 Was auf den ersten Blick aussieht wie Werbung für Mc Donald’s und Coca-Cola, ist von einem russischen Künstler gestaltet. Analysiert die Darstellungen gemeinsam. Nennt mögliche Absichten des Künstlers und führt noch einmal ein Line-Up durch.

5 Entwirf für ein Parfum, ein Auto oder ein anderes Produkt eine Werbeanzeige, die mit religiösen Motiven arbeitet.

# Religiöse Spuren in unserer Umgebung

Straßenschilder rufen Namen und Lebensläufe in Erinnerung – unter anderem von Personen, die sich aus ihrem → Glauben heraus für andere eingesetzt haben.

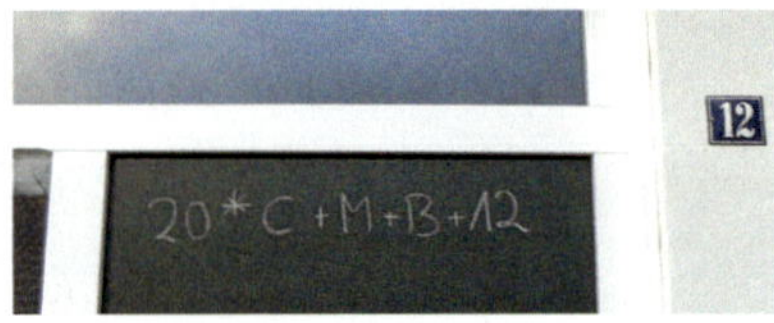


Sternsinger gehen um den 6. Januar, als Heilige Drei Könige verkleidet, von Haus zu Haus, sammeln Spenden und schreiben einen Segen über die Haustür.

An Häusern finden sich oft alte Inschriften, die auf Gott verweisen.

Wer Religiöses entdecken will, muss die Augen offen halten.

Einige Spuren lassen sich leicht, …

… andere weniger leicht deuten.
Dieses Schild hängt über einem Eine-Welt-Laden, also einem Geschäft für fair gehandelte Waren.

**Petrus bestreitet, dass er Jesus kennt**

» 54Die Männer nahmen Jesus fest, führten ihn ab und brachten ihn in das Haus des Obersten Priesters. Petrus folgte ihnen in einiger Entfernung.
55Sie hatten mitten im Hof ein Feuer angezündet und sich darumgesetzt. Petrus setzte sich zu ihnen. 56Ein Dienstmädchen
sah Petrus dort im Schein des Feuers sitzen. Sie musterte ihn aufmerksam und sagte: „Der da war auch mit ihm zusammen!" 57Petrus stritt das ab und sagte: „Ich kenne ihn gar nicht, Frau!"
58Kurz darauf sah ihn jemand anderes und sagte: „Du gehörst auch zu denen!" Aber Petrus erwiderte: „Mensch, ich doch nicht!"
59Etwa eine Stunde später behauptete ein anderer: „Ganz bestimmt gehört er zu denen! Er kommt doch auch aus Galiläa."
60Aber Petrus stritt es wieder ab: „Mensch, ich weiß überhaupt nicht, wovon du sprichst."
In demselben Moment – während er noch redete – krähte der Hahn. 61Der Herr drehte sich um und blickte Petrus an.
Da erinnerte sich Petrus an das, was der Herr zu ihm gesagt hatte: „Noch bevor heute der Hahn kräht, wirst du dreimal abstreiten, dass du mich kennst." 62Und Petrus lief hinaus und
weinte heftig. «
(Lk 22,54–62)

Die Wappen …

des Vatikans und der Stadt Trier.

» Und ich [Jesus] sage dir: Du bist Petrus. Und auf diesen Fels werde ich meine Gemeinde bauen. Noch nicht einmal die Macht des Todes wird ihr etwas anhaben können. Ich werde dir die Schlüssel zum Himmelreich geben: Was du auf der Erde für gültig erklärst, wird auch im Himmel gelten. Was du nicht für gültig erklärst, wird auch im Himmel nicht gelten. «
(Mt 16,18f.)

## Aufgaben

1 Beschreibe die sichtbaren religiösen Spuren auf der linken Seite. Gehe ihrer jeweiligen Bedeutung nach. Recherchiere, falls nötig, weitere Informationen.

→ eine Internetrecherche durchführen: Seite 252

2 Analysiere den oberen Bibeltext. Schreibe aus Petrus' Perspektive einen Tagebucheintrag zu den Vorfällen des Tages.

→ (Bibel-)Texte analysieren: Seite 147

3 Nenne mit Bezug auf Lk 22,54–62 mögliche Gründe, warum auf Kirchturmdächern der Hahn als Wetterfahne verbreitet ist.

4 Vergleiche die Wappen miteinander. Erläutere mithilfe von Mt 16,18f. ihre Symbole.

5 Macht euch selbst auf religiöse Spurensuche in eurer Umgebung. Teilt euch in Gruppen auf und präsentiert eure Ergebnisse auf einem Plakat.

→ ein Plakat erstellen: Seite 254

# Religion in unserer Alltagssprache

Luthers Bibelübersetzung: Seite 146

**Moment mal!**
Wann kann man von *Religion* in unserer Alltagssprache sprechen?

**BBC streicht das „nach Christus"**

London. Der britische Radio- und Fernsehsender BBC streicht die Geburt Jesu aus dem Programm: Moderatoren sollen sich bei Zeitangaben nicht mehr auf die Begriffe „vor Christus" und „nach Christus" beziehen, sondern religionsneutrale Wörter wählen – wie etwa: „nach unserer Zeitrechnung".

Diese neutralen Formulierungen, schreibt die BBC auf ihrer Website, entsprächen „gängigen, modernen Standards". Damit will der Sender auf andere Ethnien Rücksicht nehmen.

Dagegen regt sich jedoch heftiger Protest unter den Zuschauern. Christen werfen dem Sender bereits kommunistische Sprachpolitik vor: „Die BBC nimmt den Atheismus der alten Sowjetunion an, obwohl Großbritannien gar keine glaubensfreie Gesellschaft ist." Selbst Muslime und religiös Gleichgültige – für sie war diese Änderung eigentlich gedacht – haben die neuen Begrifflichkeiten als „bizarr" kritisiert.

***Kommentar auf Seite 2***

*Westdeutsche Allgemeine Zeitung*

**Ojemine!**

Ob wir religiös sind oder nicht: Gott ist ein fester Bestandteil unserer Sprache – „gottlob!", sagen die einen, „gottbewahre!" die anderen. Dabei merken die meisten von uns gar nicht mehr, wie oft wir von Gott sprechen. Denn es gibt weiß Gott viele Ausdrücke, deren Bedeutung wir uns, Gott sei Dank, nicht immer klar machen. Die süddeutsche Begrüßung „Grüß Gott" ist um Gottes willen keine Aufforderung, sondern ein Wunsch: Gott grüße und schütze dich! Und wer weiß schon, dass die Verabschiedungen „Tschö!" oder „Tschüs!" mit „Adieu!" und „Ade!" zusammenhängen und auf das lateinische „ad deum" („zu Gott") zurückgehen? „Herrje!", will man vielleicht ausrufen – und das wiederum ist die Kurzform von „Herr Jesus!". „O, Herr Jesus!" heißt auf Latein übrigens „O Iesu Domine!". Und auch das hat sich bis heute erhalten: Ojemine!

## Aufgaben

1 Auf der linken Seite sind elf „geflügelte Wörter" aus der Bibel abgebildet. Schreibe sie auf. Kontrolliere mithilfe folgender Bibelstellen: Dtn 28,29; Jos 3,14; 2 Sam 13,18f.; Ijob 4,15; Ps 91,12; Koh 10,8; Jes 40,3; Mt 7,6; Mt 7,15; Mt 19,24; Offb 5,1.

→ **eine Bibelstelle finden:** Seite 251

2 Schreibe kleine Geschichten aus der heutigen Zeit, in die du die abgebildeten Sprichwörter und Redewendungen einbaust.

3 Formuliere mit eigenen Worten, was der BBC-Sender damit bezweckt, die Zeitangabe „nach Christus" nicht mehr zu verwenden. Verfasse den „Kommentar auf Seite 2" und gehe darin auf die Argumente beider Seiten ein.

4 Stelle mithilfe des Textes „Ojemine!" dar, in welchen Situationen Ausdrücke für Gott besonders oft gebraucht werden. Nenne mögliche Gründe.

# Wo kommt Religion im Alltag vor?

*Blick von unten*

Hermann Bigelmayr, „Das Kreuz im Nichts", neue Friedhofsanlage in München/Riem (2000), Großplastik aus vier behauenen Eichenstämmen, auf denen in neun Meter Höhe eine Gesteinplatte (2,20 m x 2,20 m x 0,55 m, Gewicht: fünf Tonnen) liegt.

*Seitenansicht*

## Aufgabe

Entfalte mögliche Bedeutungen, die das „Kreuz im Nichts" hervorruft. Beziehe dabei den Standort, die Baumaterialien, die Maße, den Titel und die Symbolik mit ein.

## Wissen

- Martin Luther formuliert: „Woran du dein Herz hängst, das ist dein Gott.“ Gib mit eigenen Worten wieder, welche Vorstellung von Religion er damit ausdrückt.
- In seinem kleinen Handbuch für Glaubensfragen geht Martin Luther die Zehn → Gebote einzeln durch und erklärt ihre Bedeutung. Die Erklärungen beginnen immer mit derselben Formulierung: „Wir sollen Gott fürchten und lieben, dass wir …“. Stelle mit deinen Worten dar, wie Martin Luther die Heiligkeit Gottes auffasst.
- Bei der Besichtigung im Kölner Dom ruft eine Touristin aus: „Da ist ja die Friedenstaube auf einem Bild!“ Entwirf eine Antwort des Domführers.
- Erkläre, warum die evangelische Kirche ihre Arbeitsstellen für kirchliches Umweltmanagement „Der Grüne Hahn“ oder „Der Grüne Gockel“ nennt.

## Können

- Überarbeite deine Antwort auf die Anfrage des Lesers Paul B. (Seite 12).
- Das Foto auf Seite 12 ist nicht zufällig entstanden, sondern von einem Künstler unter dem Titel „Entsorgt“ bewusst zusammengestellt worden. Untersuche, inwieweit einzelne Teile des Kunstwerks als Symbol oder Zeichen verwendet werden.
- Nimm Stellung zu der Behauptung: „Fußball ist Religion.“

## Anwenden

- Führt ein Projekt zum Thema „Spuren von Religion in unserer Lebenswelt“ durch. Teilt euch dazu in verschiedene Themengruppen auf (Religion in der Musik, im Spielfilm, im Jugendbuch …). Präsentiert eure Ergebnisse anderen Menschen, zum Beispiel euren Eltern im Rahmen eines Elternabends.
- Lege ein Portfolio an zum Thema „Religion in der Werbung“. Recherchiere im Internet (Suchbegriffe: glauben + kaufen) nach Werbeanzeigen, die religiöse Motive benutzen. Analysiere auch die Werbung auf der Eingangsseite des Kapitels (Seite 10).
- Religiöse Symbole in der Öffentlichkeit sind manchmal sehr umstritten: das Kopftuch bei muslimischen Frauen, das Kreuz im Klassenraum (in Bayern). Beurteile, inwieweit solche Diskussionen berechtigt sind.

→ ein Portfolio anlegen: Seite 58
→ eine Internetrecherche durchführen: Seite 252
↔ Kopftuch: Seite 164–165

# 2 Was macht mich frei?

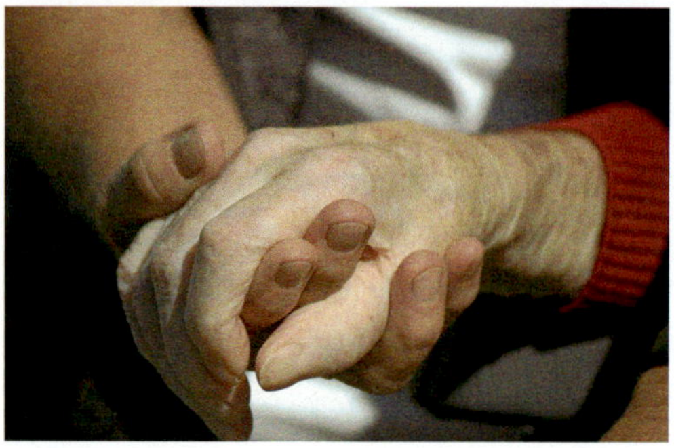

## Wenn du dieses Kapitel bearbeitet hast, kannst du . . .

- beschreiben, wie frei oder unfrei Menschen in bestimmten Situationen sind.
- aufzeigen, was der Begriff „Rechtfertigung" in der Fachsprache im Unterschied zur Alltagssprache bedeutet.
- darstellen, wie der Apostel Paulus und Martin Luther über die Rechtfertigung des Menschen denken.
- erklären, warum der Mensch frei und zugleich verantwortlich für sich und andere ist.
- lebenspraktische Konsequenzen benennen, die der Glaube für evangelische Christinnen und Christen hat.
- darstellen, inwiefern sich der christliche Gott von anderen Mächten unterscheidet.
- diakonische Projekte präsentieren, die aus dem christlichen Glauben resultieren.

## Was kannst du schon?

- deine eigenen Vorstellungen von Gott und die Gottesbilder anderer Menschen deuten
- erläutern, warum Menschen Dank, Freude, Lob, Trost und Klage mit Gott in Verbindung bringen
- wiedergeben, wie Menschen sich in der Bibel an Gott wenden

## Diese Methoden wendest du an:

- ein Schreibgespräch führen
- eine digitale Präsentation erstellen

# Bin ich, was ich leiste?

Albert Einstein Gymnasium

Appenstedter Weg 100 - Duisburg - 0203/4683579

## Zeugnis

Schuljahr 2014/2015 | 1. Halbjahr | Klasse 8h

Corinna Lernviel

geboren am 24. Mai 2001 in Fleißheim

Versäumte Unterrichtstage im 1. Halbjahr: 15 davon unentschuldigt: 3

**Pflichtunterricht:**

| | | | |
|---|---|---|---|
| Deutsch | 4 | Politik - Wirtschaft | 3 |
| Englisch | 5 | Religion | 1 |
| Französisch | 3 | Werte und Normen | -- |
| | | Mathematik | 5 |
| Latein | -- | Biologie | 4 |
| Griechisch | -- | Chemie | 4 |
| Musik | 2 | Physik | 5 |
| Kunst | 5 | | |
| Geschichte | 3 | Sport | 2 |
| Erdkunde | 5 | | |

**Wahlpflichtunterricht:**

**Wahlfreier Unterricht:**

**Teilnahme an folgenden Arbeitsgemeinschaften:**

**Arbeitsverhalten:**
Corinnas Arbeitsverhalten entspricht nicht den Erwartungen, weil sie oft keine Hausaufgaben anfertigt und Materialien vergisst.

**Sozialverhalten:**
Corinnas Sozialverhalten entspricht den Erwartungen.

**Bemerkungen:**
Die Leistungen in Deutsch und Biologie waren teilweise schwächer.

Duisburg, den 27. Januar 2015

Klassenlehrerin oder Klassenlehrer — Schulleiterin oder Schulleiter — gesehen: Unterschrift einer oder eines Erziehungsberechtigten

Notenstufen

| | | | | | | |
|---|---|---|---|---|---|---|
| 1: sehr gut | 2: gut | 3: befriedigend | 4: ausreichend | 5: mangelhaft | 6: ungenügend | n.e.: nicht erteilt |

Bewertungsstufen für das Arbeits- und Sozialverhalten

| | | | | |
|---|---|---|---|---|
| "verdient besondere Anerkennung" | "entspricht den Erwartungen in vollem Umfang" | "entspricht den Erwartungen" | "entspricht den Erwartungen mit Einschränkungen" | "entspricht nicht den Erwartungen" |

Samstagnachmittag, kurz nach drei Uhr. Corinna packt ihre Sporttasche und will gerade das Haus verlassen, als es klingelt. Vor der Tür steht ihre Oma, die zum Kaffeetrinken kommt: „Hallo, Corinna. Willst du gehen? Wie schade, da ich dich doch so selten sehe." „Ja, Oma", antwortet Corinna, „ich muss zum Spiel, tut mir wirklich leid." Die Mutter, die bereits den Kaffee gekocht hat, schaltet sich ein: „Corinna, eine Viertelstunde kannst du noch bleiben, dann bist du immer noch pünktlich." Corinna stellt ein wenig mürrisch ihre Sporttasche neben die Haustür und setzt sich mit an den Kaffeetisch.

„Wie geht es in der Schule, Corinna?" Klar, dass diese Frage kommen musste, denkt Corinna und kaut langsam an einem Stück Kuchen. Dann erwidert sie: „Ist schon o. k. da, aber nächste Woche schreiben wir drei Arbeiten und ich habe andauernd so viele Hausaufgaben auf. Ich weiß gar nicht, wie ich das alles schaffen soll." Jetzt holt Oma zu einer ihrer Grundsatzreden aus: „Lernst du was, dann kannst du was, dann hast du was, dann bist du was! Schau deinen Großvater und mich an, wir haben viel gelernt und gearbeitet und es dann auch zu was gebracht." Doch Corinna unterbricht sie und sagt: „Im Religionsunterricht haben wir aber gelernt, dass Leistung gar nicht entscheidend ist …"

## Aufgabe

Arbeite heraus, welche Argumente Corinna und welche Argumente ihre Großmutter für ihren jeweiligen Standpunkt haben und wie das Verhältnis von menschlicher Leistung und Freiheit ist.

## Dazu ist es wichtig, …

- unterscheiden zu können, was „Leistung" im Verständnis der Großmutter und im religiösen Sinn jeweils bedeutet.
- herauszufinden, was Gott mit der menschlichen Leistung und Freiheit zu tun hat.
- zu erkunden, wie Menschen ihre Freiheit nutzen oder missbrauchen.

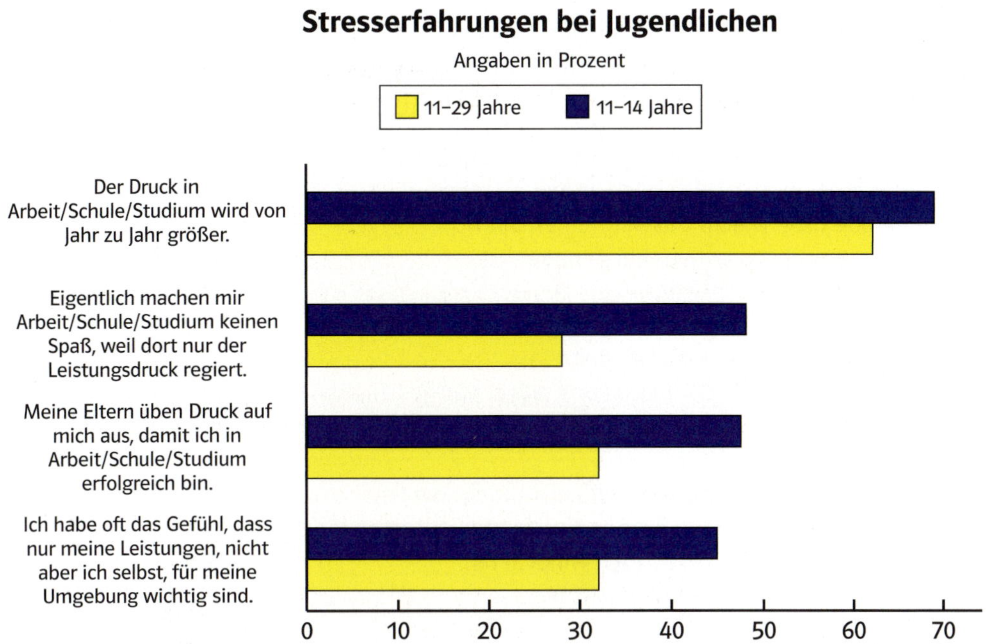


*Quelle: tfactory, Hamburg/TIMESCOUT Welle 12 (2007): rep. für 11- bis 39-jährige Trendsetter und Early Adopters, n = 1200; Sonderauswertung 11–29 Jahre www.jugendkultur.at/Leistungsdruck%20Report_2007_jugendkultur.at.pdf*

**Wie gehen wir mit Leistungsdruck um?**

Jugendliche leiden heute sehr unter zu hohem Leistungsdruck. Über zwei Drittel der 11- bis 14-Jährigen fühlen sich in der Schule unter starken Druck gestellt und sind der Auffassung, dass dieser Druck von Jahr zu Jahr zunimmt. Über 30 Prozent der Befragten sagen, dass sie von ihren Eltern unter Druck gesetzt werden, damit sie ihre Ziele erreichen. Diese Ziele scheinen oft von außen auferlegt, entstammen also nicht dem eigenen Wunsch der Jugendlichen. Darüber hinaus haben viele der Befragten den Eindruck, dass es ihrer Umgebung nicht in erster Linie um sie als Person geht, sondern nur um die Leistungen, die sie erbringen. Insbesondere die 11- bis 14-Jährigen empfinden den gesellschaftlichen Leistungsdruck besonders stark. So meinen fast 70 Prozent von ihnen, dass der Druck in der Schule von Jahr zu Jahr größer wird und über 45 Prozent fühlen sich von ihren Eltern unter Druck gesetzt.

*Bernhard Heinzlmaier, Sozialforscher*

Leistung und „neue Gerechtigkeit“: Seite 82–83

Telefonseelsorge: Seite 76

## Aufgaben

1 Lege eine Mindmap zum Thema „Leistungsdruck“ an. Setze dich dazu auch mit den Erfahrungen deiner Mitschülerinnen und Mitschüler auseinander.

Mindmapping: Seite 257

2 Vergleiche, ob die Ergebnisse der Studie und deren Interpretation mit deinen Erfahrungen übereinstimmen.

3 Stellt Regeln auf, die euch helfen können, besser mit Leistungsdruck umzugehen.

# Wovon mache ich mich abhängig?

Ich bin seit Wochen unterwegs und trinke zu viel Bier und Wein.
Meine Wohnung ist verödet, meinen Spiegel schlag ich kurz und klein.
Ich bin nicht der, der ich sein will und will nicht sein, wer ich bin.
Mein Leben ist das Chaos, schau mal genauer hin.

„Selbstsucht“: Seite 53

Ich bin tierisch eifersüchtig und ungerecht zu Frauen.
Und wenn es ernst wird, bin ich noch immer abgehauen.
Ich frage gerade dich: Macht das alles einen Sinn?
Mein Leben ist ein Chaos, schau mal genauer hin.

*Refrain:* Und du glaubst, ich bin stark und ich kenn' den Weg.
Du bildest dir ein, ich weiß, wie alles geht.
Du denkst, ich hab alles im Griff und kontrollier' was geschieht.
Aber ich steh nur hier oben und sing mein Lied.

Suchthilfe ELAS: Seite 123

Ich bin dauernd auf der Suche und weiß nicht mehr wo lang.
Ich zieh nächtelang durch Bars, immer der, der am lautesten lacht.
Niemand sieht mir an, wie verwirrt ich wirklich bin.
Ist alles nur Fassade, schau mal genauer hin.

*Refrain*

Stell dich mit mir in die Sonne oder geh mit mir ein kleines Stück,
ich zeig dir meine Wahrheit für einen Augenblick.
Ich frage mich genau wie du, wo ist hier der Sinn.
Mein Leben ist ein Chaos, schau mal genauer hin.

*Refrain*

*Ich und Ich, Stark*
*Text: Annette Humpe © Ambulanz Musikverlag*

„Also, so vier bis fünf Stunden sitze ich schon jeden Tag am PC. Das ist meine Welt!“

„Ich leg' viel Wert auf die richtigen Klamotten, man will sich ja auch präsentieren.“

„Mein Kopf gehört mir“: Seite 165

„Ohne mein Smartphone geht gar nichts. Als ich mit meinen Eltern kürzlich in so einem kleinen Hotel auf dem Land war, da gab es keinen Empfang. Ich bin fast ausgerastet. Wie kann man da nur hinfahren?“

„Ich trinke Alkohol, weil doch sonst keine Stimmung aufkommt. Alkoholfrei ist was für Weicheier und Warmduscher.“

**!**
**Moment mal!**
Ist es nicht wichtig, bei anderen gut anzukommen?

**Es geht auch OHNE!**

islamische Speisevorschriften: Seite 167

Fasten im Islam: Seite 161

Sucht: Seite 43, 123

## Aufgaben

1 Stell dir vor, der Sänger singt das Lied „Stark“ für seine Freundin.

a) Versetze dich, wenn du ein Mädchen bist, in die Lage dieser Freundin. Verfasse einen Brief an deine beste Freundin, um ihr von ihm zu berichten.

b) Versetze dich, wenn du ein Junge bist, in die Lage des Sängers. Verfasse einen Brief an deinen besten Freund, und erzähle ihm, wie du dich fühlst, nachdem du deiner Freundin dieses Lied gesungen hast.

2 Startet eine anonyme Umfrage zum Thema „Sucht“ an eurer Schule. Entwerft dafür einen Umfragebogen mit wenigen Fragen und wertet das Ergebnis aus, um es der Schulöffentlichkeit zu präsentieren (zum Beispiel auf der Homepage oder mithilfe einer Wandzeitung in der Pausenhalle).

ein Interview führen: Seite 252

eine Wandzeitung gestalten: Seite 255

eine Internetrecherche durchführen: Seite 252

3 Recherchiere, wo es in eurem Umfeld Institutionen gibt, an die man sich wenden kann, wenn man Angst hat, suchtkrank zu sein, oder suchtkranke Eltern hat. Stelle eine der Institutionen in einem Kurzreferat vor.

4 Gestalte einen Flyer mit dem Titel „Es geht auch OHNE“, in dem du auf Alternativen zu einem Suchtmittel (zum Beispiel Alkohol) und Behandlungsmöglichkeiten für Suchtkranke hinweist.

# Frei oder unfrei?

Menschenwürde: Seite 222–223

Gemacht als Mann und Frau: Seite 54

„Dann sprach Gott: „Nun wollen wir Menschen machen, ein Abbild von uns, das uns ähnlich ist! Sie sollen Macht haben über die Fische im Meer, über die Vögel in der Luft, über das Vieh und alle Tiere auf der Erde und über alles, was auf dem Boden kriecht.“ So schuf Gott die Menschen nach seinem Bild, als → Gottes Ebenbild schuf er sie und schuf sie als Mann und als Frau. Und Gott segnete die Menschen und sagte zu ihnen: „Seid fruchtbar und vermehrt euch! Füllt die ganze Erde und nehmt sie in Besitz! Ich setze euch über die Fische im Meer, die Vögel in der Luft und alle Tiere, die auf der Erde leben, und vertraue sie eurer Fürsorge an.““
(Gen 1,26–28)

Sündenfall: Seite 56

Bewahrung der Schöpfung: Seite 114–115

„Gott, der HERR, brachte also den Menschen in den Garten Eden. Er übertrug ihm die Aufgabe, den Garten zu pflegen und zu bewahren. Weiter sagte er zu ihm: „Du darfst von allen Bäumen des Gartens essen, nur nicht vom Baum der Erkenntnis.““
(Gen 2,15–17a)

**!** **Moment mal!**
Warum gibt es eigentlich zwei Schöpfungserzählungen?

## Methoden-Karte: ein Schreibgespräch führen

In einem „Schreibgespräch“ unterhält man sich schreibend (und schweigend!) über einen Sachverhalt, eine These oder ein Bild. In kleinen Gruppen vertieft man sich auf diese Weise intensiv in ein Thema. Hintergrundmusik kann helfen, während der Durchführung des Schreibgesprächs konsequent zu schweigen.

**So könnt ihr vorgehen:**
1. Bildet Vierer- oder Fünfer-Gruppen und stellt die Tische zu Gruppentischen zusammen.
2. Jede Gruppe erhält ein großes Stück Papier (DIN A2), jede Schülerin, jeder Schüler nimmt einen andersfarbigen Stift.
3. Schreibt bei absolutem Schweigen zunächst eigene Gedanken, Gefühle, Fragen und Vermutungen zum Thema auf (5–10 Minuten).
4. Lest dann die Notizen der anderen Gruppenmitglieder und kommentiert, ergänzt oder kritisiert sie schriftlich. Wichtig ist dabei, dass niemand spricht (10–20 Minuten).
5. Diskutiert im Anschluss an die Schreibphase in der Gruppe über das Ergebnis und seine Entstehung. Die Farben helfen euch, das Schreibgespräch zu rekonstruieren.
6. Stellt das Ergebnis der einzelnen Gruppen-„Gespräche“ zusammengefasst im Plenum vor.

*Der Apostel Paulus knüpft in seinem zweiten Brief an die Gemeinde in Korinth an die Schöpfungserzählungen des Alten Testaments an. Er vergleicht die Situation eines Menschen, der Christ geworden ist, mit einem neuen Schöpfungsgeschehen:*

„[17]Wenn jemand zu Christus gehört, gehört er schon zur neuen Schöpfung. Das Alte ist vergangen. Seht doch! Etwas Neues ist entstanden! [18]Das alles kommt von Gott. Durch Christus hat er uns mit sich versöhnt. Und er hat uns den Dienst übertragen, die Versöhnung zu verkünden. [19]Ja, in Christus war Gott selbst am Werk, um die Welt mit sich zu versöhnen. Er hat den Menschen ihre Verfehlungen nicht angerechnet. Und uns hat er sein Wort anvertraut, das Versöhnung schenkt. Die Botschaft, dass Jesus der Christus ist. [20]Wir treten also anstelle von Christus auf. Es ist, als ob Gott selbst die Menschen durch uns einlädt. So bitten wir anstelle von Christus: Lasst euch mit Gott versöhnen! [21]Gott hat Christus, der keine Sünde kannte, an unserer Stelle als Sünder verurteilt. Denn durch Christus sollten wir vor Gott als gerecht dastehen.“
(2 Kor 5,17–21)

Versöhnung in Lk 15,11–32: Seite 46–47

Gnade: Seite 81

Bedeutung des Kreuzes: Seite 17

Rechtfertigung bei Luther: Seite 102–103

## Aufgaben

1 Vergleiche die beiden Schöpfungserzählungen am Beginn der Bibel (Gen 1,1–2,4a und Gen 2,4b–25) und fasse die Gemeinsamkeiten und Unterschiede in einer Tabelle zusammen.

eine Bibelstelle finden: Seite 251

2 Führt ein Schreibgespräch zu der Frage durch, wie frei oder unfrei der Mensch in den beiden Schöpfungserzählungen ist.

3 Grafisiere das Verhältnis zwischen Gott, den Menschen und Jesus Christus sowie Paulus und der Gemeinde in Korinth. Kläre gemeinsam mit deinem Sitznachbarn oder deiner Sitznachbarin anhand dieser Grafik, wer eigentlich was tut. Beurteile, inwiefern ein Christ oder eine Christin dementsprechend frei oder unfrei ist.

Grafisieren: Seite 256

4 Beurteile, ob das Foto eine Deutung des Textes von Paulus darstellen kann.

5 Entwirf eine eigene kreative Umsetzung des Textes von Paulus.

# Paulus – ein freier Mensch?

Caravaggio, Die Bekehrung des Paulus (1601)

*Um das Jahr 32 n. Chr. erlebt Paulus eine markante Lebenswende. Darüber berichtet er etwa 20 Jahre später in seinem Brief an die Galater:*

» Brüder und Schwestern, das müsst ihr einsehen: Die Gute Nachricht, die ich verkündet habe, stammt nicht von Menschen. Denn ich habe sie nicht von einem Menschen empfangen. Ich wurde auch nicht von einem Menschen darin unterrichtet. Nein, Jesus Christus selbst hat sie mir offenbart. Ihr habt doch gehört, wie konsequent ich früher meinen jüdischen → Glauben gelebt habe. Mit aller Kraft habe ich die Gemeinde Gottes verfolgt und wollte sie vernichten. Ich übertraf viele Gleichaltrige in meinem Volk darin, den jüdischen Glauben zu leben. Denn ich setzte mich mit aller Leidenschaft für das ein, was von meinen Vorfahren überliefert wurde. Aber: Gott hatte mich schon im Mutterleib ausgewählt und in seiner → Gnade berufen. Er hatte beschlossen, mir seinen Sohn zu offenbaren. Bei allen Völkern sollte ich ihn bekannt machen. «
(Gal 1,11–16)

## Info – Wer war Paulus?

- Paulus wird als Jude geboren – wohl in Tarsus (Kilikien) um die Zeitenwende.
- Er ist zunächst strenger → Pharisäer und ein scharfer Christenverfolger.
- Um 32 n. Chr. hat er auf dem Weg nach Damaskus eine Christus-Erscheinung. Er lässt sich in Damaskus taufen, setzt sich fortan für die Verbreitung des christlichen → Glaubens ein und betitelt sich selbst als „Apostel".
- Ein wichtiges Thema seiner Verkündigung ist die sogenannte „Rechtfertigungslehre": Allein durch seinen Glauben an Jesus Christus ist der Mensch Gott recht, der Mensch braucht und kann nichts weiter dafür tun.
- Seine „Basis" ist in Antiochia, von wo aus er zwischen etwa 35–57 n. Chr. mehrere ausgedehnte Missionsreisen in das östliche Mittelmeergebiet unternimmt.
- Er gründet zahlreiche Gemeinden (unter anderem in Galatien und Korinth) und steht mit ihnen in brieflichem Kontakt. Sieben seiner Briefe sind Bestandteil des Neuen Testaments (1 Thess, 1 Kor, 2 Kor, Gal, Phil, Phlm, Röm).
- Er wird von Beamten des römischen Staates verhaftet und wohl unter Kaiser Nero um 60 n. Chr. in Rom hingerichtet.

Sakramente: Seite 266

Rechtfertigung: Seite 107

Abkürzungsverzeichnis biblischer Bücher: Seite 258

**!** **Moment mal!**
Heißt der nun Saulus oder Paulus?

## Aufgaben

1 Beschreibe das Gemälde von Caravaggio.

2 Vergleiche Caravaggios Darstellung mit Apg 9,1–19.

3 Erarbeitet in Gruppen ein Standbild zu Apg 9,1–19 und stellt es in der Klasse vor.

4 Vergleiche den Bericht von Paulus selbst mit der Darstellung, die Lukas in der Apostelgeschichte gibt.

Bilder analysieren: Seite 94

eine Bibelstelle finden: Seite 251

Standbilder inszenieren: Seite 257

# Was bedeutet „Zuspruch *und* Anspruch"?

Paulus antwortet in seinen Briefen auf konkrete Fragen der Gemeinden. Im Folgenden wird deutlich, dass es in Korinth ein Problem gibt im Umgang mit dem sogenannten „Götzenopferfleisch". Dabei handelt es sich um Fleisch aus Opferhandlungen an griechisch-römischen Tempeln, das also im Zusammenhang mit dem Polytheismus (Glauben an zahlreiche Götter) der griechisch-römischen Religion steht. Paulus betitelt die Götter dieser Religion als „→ Götzen".

» [4]Zurück zu unserer Frage: Darf man das Fleisch von Tieren essen, die als Opfer für → Götzen geschlachtet wurden? Wir sind uns einig: „Es gibt überhaupt keine Götzen in dieser Welt." Wir sind uns ebenfalls einig: „Es gibt keinen Gott außer dem Einen."
[5]Natürlich gibt es sogenannte Götter im Himmel wie auf der Erde. Tatsächlich sind es sogar viele solcher Götter und Herren.
[6]Aber für uns gilt: „Nur einer ist Gott: der Vater. Alles hat in ihm seinen Ursprung und er ist das Ziel unseres Lebens. Und nur einer ist der Herr: Jesus Christus. Alles ist durch ihn entstanden und durch ihn haben wir das Leben."
[7]Aber diese Einsicht teilen noch nicht alle. Nach alter Gewohnheit glauben sie: Wir verehren die Götzen, wenn wir das Fleisch von Tieren essen, die für sie geopfert wurden. Und weil sie in ihrer Überzeugung nicht sicher sind, belastet sie das.
[8]Was wir essen, wird uns nicht vor Gottes Gericht bringen: Es bringt uns keinen Nachteil, wenn wir etwas Bestimmtes nicht essen. Und umgekehrt haben wir auch keinen Vorteil, wenn wir es essen.
[9]Gebt aber Acht! Die Freiheit, die ihr in Anspruch nehmt, darf die Schwachen nicht zu Fall bringen!
[10]Stell dir vor: Du liegst gerade in einem Götzentempel zu Tisch, wie es ja deiner Einsicht entspricht. Und dabei sieht dich jemand, der selbst unsicher in seiner Überzeugung ist. Wird ihn das nicht geradezu ermutigen, auch an einem solchen Mahl teilzunehmen, das er für Götzendienst hält?

↔ Speisevorschriften im Islam: Seite 167

[11]Dann geht der Unsichere durch deine Einsicht zugrunde – der Bruder, für den Christus gestorben ist.
[12]So tut ihr euren Brüdern und Schwestern Unrecht und verunsichert sie noch mehr. Und damit tut ihr Christus Unrecht.
[13]Mein Essen kann also meinen Bruder zu etwas verleiten, was er für falsch hält. Wenn das so ist, will ich nie wieder Fleisch essen! Denn ich will meinen Bruder nicht zu irgendetwas verleiten. «
(1 Kor 8,4–13)

Reformation: Seite 103

Martin Luther: Seite 102–103

Verantwortung für andere: Seite 58

**!** **Moment mal!**
Rücksicht auf andere nehmen – ist das nicht doch wieder eine „Leistung"?

## Aufgaben

1 Benenne die zwei von Paulus beschriebenen Möglichkeiten, mit Götzenopferfleisch umzugehen.

2 Tausche dich mit deinem Sitznachbarn oder deiner Sitznachbarin darüber aus, wo die Freiheit eines Menschen ihre Grenzen hat. Beziehe dabei das Foto von dem Verkehrsschild mit ein.

3 Teilt die Klasse in zwei Gruppen und verfasst jeweils eine Reaktion auf die Antwort des Paulus – eine Gruppe aus der Perspektive der „Schwachen" und die andere Gruppe aus der Perspektive der „Starken".

4 Für Martin Luther ist es wichtig, dass der Mensch frei ist. Dennoch hält er ihn auch für einen „dienstbaren Knecht". Tauscht euch gemeinsam darüber aus, was damit gemeint sein könnte. Findet mögliche Beispiele aus unserer Zeit.

5 Begründe, warum 2017 das Jahr des 500-jährigen Reformationsjubiläums ist.

eine Internetrecherche durchführen: Seite 252

# Was hat Rechtfertigung mit Nächstenliebe zu tun?

**Das sogenannte → „Doppelgebot der Liebe“**

Feindesliebe: Seite 219

die ganze Tora: Seite 135

» 28 Ein Schriftgelehrter war dazu gekommen und hatte die Auseinandersetzung mit ange-
hört. Als er merkte, wie treffend Jesus den → Sadduzäern geantwortet hatte, fragte er ihn:
„Welches → Gebot ist das wichtigste von allen?“
29 Jesus antwortete: „Das wichtigste Gebot ist dieses: ‚Höre, Israel! Der Herr ist unser Gott, der
Herr allein.
30 Und du sollst den Herrn, deinen Gott, lieben mit deinem ganzen Herzen, mit deiner ganzen
Seele, mit deinem ganzen Willen und mit deiner ganzen Kraft.‘
31 Das zweite ist: ‚Liebe deinen Mitmenschen wie dich selbst.‘ Kein anderes Gebot ist wichtiger
als diese beiden.“
32 Da antwortete ihm der Schriftgelehrte: „Ja, Lehrer, du sagst die Wahrheit: ‚Einer ist Gott, und
es gibt keinen anderen Gott außer ihm.
33 Ihn zu lieben mit ganzem Herzen, mit ganzem Verstand und mit ganzer Kraft und seinen
Mitmenschen zu lieben wie sich selbst‘, das ist viel wichtiger als alle Brandopfer und anderen
Opfer.“
34 Als Jesus merkte, mit wie viel Einsicht der Schriftgelehrte geantwortet hatte, sagte er zu ihm:
„Du bist nicht weit weg vom Reich Gottes.“ «
(Mk 12,28–34)

Nächstenliebe: Seite 264

Fußwaschung: Seite 125

Reich Gottes: Seite 80

Narziss und Echo: Seite 53

**! Moment mal!**
Soll ich mich wirklich selbst lieben?

## Methoden-Karte: eine digitale Präsentation erstellen

Unter einer digitalen Präsentation versteht man die visuelle Unterstützung eines gesprochenen Referates mithilfe von Folien, die mit einem Computerprogramm (zum Beispiel „PowerPoint“) hergestellt werden.

**So kannst du vorgehen:**

1. Prüfe, welche Software geeignet ist und probiere die Technik aus.
2. Lege fest, wie umfangreich die Präsentation sein soll (Beispiel: Zehn Folien bei je einer Minute Präsentationszeit ergeben ein Referat von zehn Minuten Dauer).
3. Erarbeite die Inhalte des Referates und entscheide, welche zentralen Thesen und Bilder präsentiert werden sollen.
4. Beschrifte die einzelnen Folien nach dem Motto „Weniger ist mehr!“.
5. Lege das Layout fest, vor allem Schriftgröße und Schriftart, Farbe der Folien und Kopfzeile sowie die Art der Überblendung. Bedenke dabei, dass die einzelnen Folien nur für kurze Zeit zu sehen sind, also sofort und einfach lesbar sein müssen.

Brot für die Welt

Aktion Sühnezeichen Friedensdienste

DIE TAFELN®
Essen, wo es hingehört

Bund für Umwelt und Naturschutz Deutschland
BUND
FRIENDS OF THE EARTH GERMANY

Diakonie

Blaues Kreuz
Suchtkrankenhilfe

Diakonie: Seite 124

Sucht: Seite 35, 123

AMNESTY INTERNATIONAL

## Aufgaben

1 Stelle dar, worauf Jesus sich in seiner ersten Reaktion bezieht und woher die beiden „Gebote" stammen, die er zitiert.

2 Vergleiche die Ansicht Jesu zum wichtigsten Gebot mit dem, was du bisher über Paulus und die → Rechtfertigung des Menschen erfahren hast.

3 Für Jesus waren Brandopfer ein Alltagsthema. Formuliere die Antwort des Schriftgelehrten neu. Ersetze die Worte „Brandopfer/Opfer" durch Begriffe oder Zusammenhänge aus unserem Alltag.

4 Recherchiere, für welche Institutionen die abgebildeten Logos stehen. Erstellt in Gruppen digitale Präsentationen, um die Organisationen vorzustellen. Geht dabei auf folgende Punkte ein:
- Ursprünge und Geschichte,
- Leitbild,
- Hilfsangebote/Adressaten,
- die nächste Anlaufstelle in eurer Region.

eine Internetrecherche durchführen: Seite 252

# Wie frei sind wir im Umgang mit dem Fremden?

Zeus-Statue

8 In Lystra [eine Stadt im südlichen Klein-
asien, der heutigen Türkei] wohnte ein Mann,
der keine Kraft in seinen Beinen hatte. Er war
von Geburt an gelähmt und hatte noch nie
einen Schritt getan.
9 Dieser Mann war unter den Zuhörern, als
Paulus redete. Paulus blickte den Gelähmten
an. Er sah, dass der Mann fest darauf vertrau-
te, geheilt zu werden.
10 Da rief er laut: „Stell dich auf deine Beine –
gerade und aufrecht!“ Da sprang der Gelähm-
te auf und tat die ersten Schritte.
11 Als die Leute sahen, was Paulus getan hatte,
riefen sie auf Lykaonisch [die Sprache der Be-
wohner der Stadt Lystra]: „Die Götter haben
Menschengestalt angenommen und sind zu
uns herabgestiegen!“
12 Sie nannten Barnabas [Paulus Begleiter]
Zeus und Paulus Hermes, weil er der Wort-
führer war.
13 Der Priester aus dem Zeustempel vor der
Stadt brachte Stiere und Blumenkränze zum
Stadttor. Zusammen mit den Leuten wollte er
den beiden Opfer darbringen.
14 Als die Apostel Barnabas und Paulus das
hörten, zerrissen sie ihre Kleider. Sie stürzten
sich in die Menge und riefen:
15 „Männer, was tut ihr da? Wir sind doch Menschen genau wie ihr. Wir verkünden euch die
Gute Nachricht, damit ihr euch von diesen nutzlosen → Götzen abwendet. Wendet euch dem
lebendigen Gott zu! Er hat Himmel, Erde und Meer geschaffen mit allem, was darin ist.
16 In den vergangenen Zeiten ließ Gott alle heidnischen Völker ihre eigenen Wege gehen.
17 Und doch hat er sich auch ihnen immer wieder deutlich zu erkennen gegeben – durch all
das Gute, das er tut: Vom Himmel her gibt er euch Regen und lässt die Ernte reifen. Er schenkt
euch Nahrung und erfüllt euer Herz mit Freude.“
18 Doch selbst mit diesen Worten konnten Paulus und Barnabas die Leute kaum davon abhal-
ten, ihnen Opfer darzubringen.
(Apg 14,8–18)

## Der Pastor, der den → Koran verbrennen will

Der christlich-fundamentalistische US-Provinzprediger Terry Jones wittert eine islamische Weltverschwörung. Er will öffentlichkeitswirksam den Koran verbrennen in Gainesville/Florida am kommenden Samstag. Das ist der neunte Jahrestag der Anschläge vom 11. September 2001. Und es ist der Tag, an dem Terry Jones, Pastor des Dove World Outreach Center, ein Zeichen setzen will wider den „radikalen Islam", wie er sich ausdrückt. Er will am Samstagabend in der Dämmerung einen Scheiterhaufen errichten und den Koran, das heilige Buch der Muslime, verbrennen. Und da stört es ihn wenig, dass weder die Feuerwehr in Gainesville noch der US-Truppenführer im fernen Afghanistan begeistert sind von seinem Vorhaben. Jones' kleine Gemeinde, die nach eigenen Angaben nicht mehr als 50 Mitglieder zählt, hat eine Neigung zur anti-islamischen Provokation. Bereits im vergangenen Jahr schickten Gemeindemitglieder ihre Kinder mit T-Shirts zur Schule, auf denen in dicken Lettern stand: „Der Islam ist des Teufels."

*Reymer Klüver, Süddeutsche Zeitung*

der Koran im Islam: Seite 155

Terry Jones, US-Pastor

**Moment mal!**
Bücherverbrennung – Was ist daran schlimm?

## Aufgaben

1. Erarbeitet in Gruppen ein Standbild zur Reaktion von Paulus und Barnabas aus Apg 14,8–18.
2. Erkläre die Attribute des Zeus auf dem Foto der Zeus-Statue mit deinen Kenntnissen über die römische Götterwelt, etwa aus dem Geschichts- oder Lateinunterricht.
3. Fasse mit eigenen Worten die Aktion des US-Pastors Terry Jones zusammen. Beziehe das Foto mit ein und führe im Internet Recherchen zu der Aktion durch.
4. Verfasse eine Rede an die Menschen von Gainesville aus der Perspektive des Bürgermeisters, der Pastorin einer anderen christlichen Gemeinde oder eines muslimischen → Imams.

Standbilder inszenieren: Seite 257

eine Internetrecherche durchführen: Seite 252

# Was ist, wenn ich Fehler mache?

**Sieger Köder, Der verlorene Sohn**

❞ [11]Dann sagte Jesus: „Ein Mann hatte zwei Söhne. [12]Der jüngere sagte zum Vater: ‚Vater, gib
mir den Teil der Erbschaft, der mir zusteht.‘ Da teilte der Vater seinen Besitz unter den Söhnen
auf. [13]Ein paar Tage später machte der jüngere Sohn seinen Anteil zu Geld und wanderte in ein
fernes Land aus. Dort verschleuderte er sein ganzes Vermögen durch ein verschwenderisches
Leben. [14]Als er alles ausgegeben hatte, brach in dem Land eine große Hungersnot aus. Auch er
begann zu hungern. [15]Da bat er einen der Bürger des Landes um Hilfe. Der schickte ihn aufs
Feld zum Schweinehüten. [16]Er wollte seinen Hunger mit den Futterschoten stillen, die die
Schweine fraßen. Aber er bekam nichts davon. [17]Da ging der Sohn in sich und dachte: ‚Wie
viele Arbeiter hat mein Vater und sie alle haben reichlich Brot zu essen. Aber ich komme hier
vor Hunger um. [18]Ich will zu meinem Vater gehen und zu ihm sagen: Vater, ich habe Schuld

auf mich geladen – vor Gott und vor dir. [19]Ich bin es nicht mehr wert, dein Sohn genannt zu werden. Nimm mich als Arbeiter in deinen Dienst.'
[20]So machte er sich auf den Weg zu seinem Vater. Sein Vater sah ihn schon von Weitem kommen und hatte Mitleid mit ihm. Er lief seinem Sohn entgegen, fiel ihm um den Hals und küsste ihn. [21]Aber sein Sohn sagte zu ihm: ‚Vater, ich habe Schuld auf mich geladen – vor Gott und vor dir. Ich bin es nicht mehr wert, dein Sohn genannt zu werden.' [22]Doch der Vater befahl seinen Dienern: ‚Holt schnell das schönste Gewand aus dem Haus und zieht es ihm an. Steckt ihm einen Ring an den Finger und bringt ihm Sandalen für die Füße. [23]Dann holt das gemästete Kalb her und schlachtet es: Wir wollen essen und feiern! [24]Denn mein Sohn hier war tot und ist wieder lebendig. Er war verloren und ist wiedergefunden.' Und sie begannen zu feiern.
[25]Der ältere Sohn war noch auf dem Feld. Als er zurückkam und sich dem Haus näherte, hörte er Musik und Tanz. [26]Er rief einen der Diener zu sich und fragte: ‚Was ist denn da los?' [27]Der antwortete ihm: ‚Dein Bruder ist zurückgekommen! Und dein Vater hat das gemästete Kalb schlachten lassen, weil er ihn gesund wiederhat.' [28]Da wurde der ältere Sohn zornig. Er wollte nicht ins Haus gehen. Doch sein Vater kam zu ihm heraus und redete ihm gut zu. [29]Aber er sagte zu seinem Vater: ‚Sieh doch: So viele Jahre arbeite ich jetzt schon für dich! Nie war ich dir ungehorsam. [30]Aber mir hast du noch nicht einmal einen Ziegenbock geschenkt, damit ich mit meinen Freunden feiern konnte. Aber der da, dein Sohn, hat dein Vermögen mit Huren vergeudet. Jetzt kommt er nach Hause, und du lässt gleich das gemästete Kalb für ihn schlachten.' [31]Da sagte der Vater zu ihm: ‚Mein lieber Junge, du bist immer bei mir. Und alles, was mir gehört, gehört auch dir. [32]Aber jetzt mussten wir doch feiern und uns freuen: Denn dein Bruder hier war tot und ist wieder lebendig. Er war verloren und ist wiedergefunden.'" “
(Lk 15,11–32)

Fehler machen: Seite 61

Versöhnung durch Christus: Seite 37

## Info – Gleichnis

Als Gleichnis bezeichnet man in der Bibel Parabeln. Gleichnisse sind kleine fiktive Erzählungen, die einen Vergleich mit etwas Alltäglichem aus der Lebenswelt der Zeitgenossen Jesu enthalten. Dadurch sollten die Menschen Jesu Botschaft besser verstehen.

Botschaft vom Reich Gottes: Seite 80–81

## Aufgaben

1. Teilt die Erzählung aus dem Lukasevangelium in einzelne Szenen ein. Bildet dann so viele Gruppen, wie ihr Szenen erarbeitet habt, und stellt die jeweilige Szene als Standbild dar.
2. Beschreibe das Gottesbild, das in diesem Gleichnis durch Jesus vermittelt wird.
3. Beschreibe die Gefühle der drei Personen auf dem Bild von Sieger Köder mithilfe von Gedankenblasen. Zeichne diese in dein Heft.
4. Erläutere, inwiefern das Gleichnis vom sogenannten „verlorenen" Sohn in der Diskussion zwischen Corinna und ihrer Großmutter (Seite 32) eine Rolle spielen könnte.

Standbilder inszenieren: Seite 257

# Was macht mich frei?

**Laura Dekker, Weltumseglerin**

Das Foto zeigt Laura Dekker, eine Niederländerin, die im Jahr 2010 mit 14 Jahren zu einer Solo-Weltumsegelung startete. Am 21. Januar 2012 kam sie auf der niederländischen Karibikinsel St. Maarten an und vollendete damit ihre Weltumsegelung nach mehr als 500 Tagen. Sie gilt damit als jüngster Mensch, der jemals allein um die Welt segelte. Allerdings erkennen Segelverbände und die Guiness-Buch-Redaktion diese Leistung nicht als offiziellen Rekord an. Man will nicht, dass immer jüngere Segler und Seglerinnen sich auf riskante Fahrten begeben.

## Aufgaben

→ eine Internetrecherche durchführen: Seite 252

1 Informiere dich über die Diskussion zwischen Laura, ihren Eltern, den Gerichten und der Öffentlichkeit vor ihrem Aufbruch und nach ihrer Rückkehr.

2 Nimm begründet Stellung zu der Frage, ob und wodurch Laura Dekker ein „freier" Mensch ist.

## Wissen

- „Ich bin o. k. – du bist o. k." – Erkläre, weshalb dieser Satz *nicht* als „Übersetzung" von Luthers Rechtfertigungslehre gelten kann.
- „Deine ‚Rechtfertigungen' kannst du dir sparen." Erkläre mithilfe des Fachbegriffs „→ Rechtfertigung", warum evangelische Christinnen und Christen diesem Satz aus der Alltagssprache grundsätzlich zustimmen können.
- Gestaltet eine Paulus- und eine Luther-Figur für eure Klasse und klebt Zettel darauf, auf denen jeweils biografische Daten und Grundgedanken stehen.

Martin Luther: Seite 102–103

- Deine katholische Tante schreibt dir: „Vielen Dank für die Einladung zu deiner Konfirmation. Ich freue mich und komme gerne! Aber eine Frage habe ich doch: Ich habe immer gedacht, dass die Protestanten ihren → Glauben nicht besonders ernst nehmen und auch gar keinen Einsatz für Gott zeigen müssen. Stimmt das eigentlich?" Verfasse eine Antwort.
- Martin Luther hat das Verhältnis von → Rechtfertigung und guten Taten eines Menschen häufiger mit dem Stamm und den Früchten eines Baums verglichen. Erkläre dieses Bild.

## Können

- Vervollständige deine Liste der Argumente für Corinna und ihre Großmutter von Seite 32.
- Spielt die Fortsetzung der Szene als Rollenspiel.

## Anwenden

- Spiele das Paulus-Online-Spiel der EKD unter www.ekd.de/paulus/.

eine Internetrecherche durchführen: Seite 252

- Überlegt euch ein diakonisches Praxisprojekt und führt es durch. Ihr könnt darauf zurückgreifen, was ihr euch im Rahmen der Erkundung diakonischer Einrichtungen erarbeitet habt. Möglich sind Projekte wie
  - Besuchsdienste mit Vorlesen im Seniorenheim,
  - Benefizveranstaltungen für das Einwerben von Spendengeldern,
  - Mitarbeit in einer lokalen „Tafel",
  - Spiele-Nachmittage in einer Einrichtung für Menschen mit Behinderung.
- Verfasse einen Bericht über eurer Praxisprojekt und veröffentliche ihn schulintern oder in der lokalen Zeitung.

# 3 Gemacht als Mann und Frau –

# was heißt das?

## Wenn du dieses Kapitel bearbeitet hast, kannst du ...

- erklären, was (biblische) Mythen über Menschen und ihre Beziehungen sagen.
- beschreiben, dass Menschen auf Beziehung und Bestätigung angewiesen und zugleich verführbar sind.
- erklären, was die Bibel meint, wenn sie von Sünde spricht.
- an Beispielen beschreiben, wie vielfältig die Bilder von Männern und Frauen in der Bibel sind.
- überprüfen, wie eigene und gesellschaftliche Bilder von Männern und Frauen entstehen.
- beurteilen, wie diese Bilder vor dem Hintergrund biblischen Redens vom Menschen zu beurteilen sind.
- einordnen, inwieweit Menschenbilder identitätsfördernd oder lebensfeindlich sind.

## Was kannst du schon?

- darlegen, welche Funktion Schöpfungsmythen für den Menschen haben
- erläutern, welche Bedeutung die Gottesebenbildlichkeit für dich und andere hat
- erklären, warum der Mensch als Ebenbild Gottes für sich selbst, für seine Mitmenschen und für seine (Um-)Welt Verantwortung trägt

## Diese Methoden wendest du an:

- einen Bilddialog verfassen
- ein Portfolio anlegen

# Ich und ich?

Symbole und Zeichen: Seite 17

Nächstenliebe: Seite 42

## Ich heirate mich selbst.

**Eine Niederländerin hat endlich die Single-Ehe durchgesetzt.**

Zum Glück gibt es die Niederlande. In Haarlem, bei Amsterdam, hat jetzt eine alleinstehende Frau die Single-Heirat durchgesetzt. Wen sie heiratet? Sich selbst natürlich. Leicht ist ihr das nicht gefallen, aber auch andere machen es sich ja nicht leicht, bevor sie sich zu diesem schweren und folgenreichen Gang aufraffen. Wo sie den Widerstand eines Partners überwinden müssen, musste Jennifer Hoes (29) nur sich selbst überwinden. Nur? Sie sei jahrelang mit sich uneins gewesen. Als der Konflikt ausgetragen war und sich Jennifer mit sich selbst versöhnt hatte, beschloss sie, mit sich vor den Altar zu treten. Eine Freundin half ihr, die Festivitäten vorzubereiten. Ein Foto in der Lokalzeitung zeigt sie im cremefarbenen Brautkleid, strahlend, wenn auch ohne Bräutigam beziehungsweise Braut.

Der Kulturbeigeordnete der Stadt hat als Standesbeamter die ganze Zeremonie durchgeführt, Trauzeugen eingeschlossen, nur ins Register am Standesamt wolle er Jennifer nicht eintragen, so der Beamte. „Liebe deinen Nächsten wie dich selbst", fordert die Bibel, was voraussetzt, dass man sich erst einmal selbst liebt. So gesehen ist, was Jennifer da gemacht hat, eigentlich die Voraussetzung für jede gewöhnliche Heirat. „Du musst erst mit dir im Reinen sein, bevor du dich auf jemanden anderen einlässt", verkündete sie. „Scheiden lassen werde ich mich nicht von mir. Diese Heirat ist wirklich, bis dass der Tod uns scheidet." Uns?

*Frankfurter Rundschau*

Selbstannahme: Seite 267

## Aufgabe

Dieser Artikel stand vor einiger Zeit in der Zeitung. Verfasse einen Leserbrief, in dem du deine Position zur „Single-Ehe" begründet darlegst.

## Dazu ist es wichtig, ...

- die Bedeutung partnerschaftlicher Beziehungen für das eigene Leben aufzuzeigen.
- zu erkennen, wie der Mensch und seine Partnerschaft biblisch gedacht sind.
- sich religiöser und gesellschaftlicher Rollenerwartungen bewusst zu werden.

**Narziss und Echo**

Der Halbgott Narziss war von wunderbarer Schönheit, dazu aber überaus stolz. So verschmähte er hochmütig jeden, der sich in ihn verliebte – auch die Nymphe Echo, die an ihrem Schmerz über die unerwiderte Liebe schließlich sogar starb.
Noch manch andere Nymphe wurde unglücklich durch den stolzen, lieblosen Narziss. So bat schließlich einer der Verschmähten die Göttin Aphrodite: „So soll es auch ihm in der Liebe ergehen, so soll auch er, was er liebt, nicht bekommen!" Aphrodite gewährte ihm die Bitte.
An einem heißen Sommertag kam Narziss an eine Quelle mit klarem, reinem Wasser. Als er sich zum Trinken über die Quelle beugte, erblickte er sein Spiegelbild – und verliebte sich sofort. Er betrachtete seine Augen – sie glichen einem Sternenpaar –, das Haar, die Wangen, den Hals wie Elfenbein, die Anmut des Gesichts, die Mischung von Schneeweiß und Rot. Er bestaunte sich selbst, ohne zu ahnen, dass er sich bewunderte und liebte. Er versuchte, sein Gesicht zu küssen, doch er küsste nur das kühle Wasser, voller Sehnsucht streckte er die Arme aus, doch vergeblich.
Narziss vergaß zu essen, er vergaß zu schlafen. Laut klagte er: „Hat je einer grausamer unter der Liebe gelitten? Er gefällt mir, und ich sehe ihn; doch was ich sehe und was mir gefällt, kann ich nicht finden." Und zu seinem Spiegelbild: „Wer du auch sein magst, komm zu mir heraus; was täuschst du mich und wohin gehst du, Ersehnter? Du versprichst mir mit deinem Gesicht Hoffnungsvolles, sogar die Arme streckst du mir entgegen, wenn ich sie dir entgegenstrecke. Du lächelst, wenn ich lächle, sogar Tränen habe ich bei dir gesehen, während auch ich geweint habe. Du scheinst mit mir zu sprechen, doch ich verstehe deine Worte nicht …"
Da endlich erkannte Narziss: „Ich bin es selbst! Die Liebe zu mir selbst verbrennt mich und lässt mich leiden." Er spürte, wie der Liebesschmerz ihm die Kräfte nahm. Doch auch jetzt konnte er sich nicht von seinem Bild trennen, starrte in die Quelle und verging langsam an seiner Liebe: „Jetzt werden wir zu zweit als ein Herz und eine Seele sterben."
Und als man seinen Leichnam am nächsten Morgen suchte, fand man ihn nicht. Es stand dort aber eine Blume von kalter und starrer Schönheit, mit weißen Blättern.

*nach Ovid, römischer Dichter*

Abhängigkeit: Seite 34–35

**!** **Moment mal!**
Ist der Mensch tatsächlich so selbstverliebt? Ich auch?

## Aufgaben

1 Grafisiere die Situation, in der Narziss sich befindet.

2 Erkläre ausführlich, was dieser → Mythos über den Menschen aussagt.

3 Nenne mögliche Gründe, warum der Dichter Ovid die Nymphe „Echo" nennt.

4 Verfasse einen inneren Monolog des Jugendlichen auf dem Foto.

Grafisieren: Seite 256

einen inneren Monolog verfassen: Seite 75

# Es ist nicht gut, dass der Mensch allein sei

Lucas Cranach d. Ä., Adam und Eva (1533)

Genesis: Seite 261

»26Dann sprach Gott: „Nun wollen wir Menschen machen, ein Abbild von uns, das uns ähnlich ist! […]“ 27So schuf Gott die Menschen nach seinem Bild, als → Gottes Ebenbild schuf er sie und schuf sie als Mann und als Frau.«
(Gen 1,26a.27)

» 18Gott, der HERR, dachte: „Es ist nicht gut, dass der Mensch so allein ist. Ich will ein Wesen schaffen, das ihm hilft und das zu ihm passt.“ […]
21Da versetzte Gott, der HERR, den Menschen in einen tiefen Schlaf, nahm eine seiner Rippen heraus und füllte die Stelle mit Fleisch. 22Aus der Rippe machte er eine Frau und brachte sie zu dem Menschen. 23Der freute sich und rief: „Endlich! Sie ist's! Eine wie ich! Sie gehört zu mir, denn von mir ist sie genommen.“«
(Gen 2,18.21–23)

**Die Frau – keine Schöpfung zweiter Klasse**

Am Anfang der Paradiesgeschichte in Gen 2,7 macht Gott aus Erde (hebräisch: *adama*) den Menschen (hebräisch: *adam*). Nach der Feststellung, es sei nicht gut, dass der Mensch allein sei, erschafft Gott in Gen 2,22 aus der Seite (hebräisch: *zela*) des Menschen die Frau. Das hebräische Wort *zela* wird unterschiedlich übersetzt: In der griechischen Übersetzung des AT heißt *zela* einfach „Seite" (*pleura*), in der lateinischen wird *zela* mit „Rippe" übersetzt. Wenn das hebräische Wort *zela* Gen 2,22 „Rippe" heißt, dann heißt es nur an dieser Stelle des AT „Rippe". Überall sonst heißt es „Seite" und es gibt keinen Grund, warum es nicht auch hier „Seite" heißen soll. Das ist nicht unwichtig, denn es ist nicht dasselbe, ob die Frau als die eine Seite des Menschen erschaffen wurde oder aus einem überzähligen Knochen des Mannes. Die Frau wird aus der Seite des Menschen gemacht – was übrig bleibt, ist der Mann. Anders formuliert: Den Mann gibt es in der erzählten Geschichte erst in dem Moment, in dem es die Frau gibt.

*Jürgen Ebach, Theologe*

**! Moment mal!**
Sind die Feinheiten einer Schöpfungserzählung wirklich wichtig?

Adam war nichts als ein roher Entwurf, und die Schöpfung des Menschen ist Gott erst völlig gelungen, als er Eva erschaffen hat.

*Simone de Beauvoir, Philosophin*

**Eva aus Sicht der feministischen Theologie**

In dem ganzen → Mythos ist Eva die intelligentere, die aggressivere und die mit dem größeren Empfindungsvermögen. Sie zitiert Gott und interpretiert das Verbot („Rühret sie auch nicht an"). Die Frau ist sowohl Theologin als auch Interpretin. Sie betrachtet den Baum und überlegt alle Möglichkeiten. Sie sieht, dass von dem Baum gut zu essen ist. Er befriedigt ein Bedürfnis des Körpers. Vor allem aber ist er verlockend, weil er klug macht. Dann nimmt sie die Frucht und isst. Die Initiative und die Entscheidung sind allein ihre. Sie berät sich nicht mit ihrem Mann. Sie bittet weder um seinen Rat noch um seine Erlaubnis. Sie handelt unabhängig.

*Phyllis Trible, Theologin*

„Die Frau schweige in der Gemeinde": Seite 144

**Von einer Frau gestaltetes Schokoladenumschlagpapier**

## Aufgaben

1 Vergleiche die Erschaffung des Menschen in Gen 1 mit der in Gen 2.

2 Analysiere das Bild von Lucas Cranach.

3 Vergleiche die Darstellung des ersten Menschenpaares von Cranach mit den entsprechenden Bibeltexten aus Gen 1 und Gen 2. Berücksichtige dabei insbesondere die Stellung der Frau.

4 Erläutere, was die Gestalterin des hier abgedruckten Einschlagpapiers für Schokolade unter Versuchung versteht und welches Verhältnis von Mann und Frau damit verbunden ist.

5 Vergleiche die Darstellung des ersten Menschenpaares von Cranach mit der Darstellung bei Phyllis Trible.

Schöpfung: Seite 36
Bilder analysieren: Seite 94

# Wie gehen wir mit dem Zerbrechen von Beziehungen um?

**Emil Nolde, Verlorenes Paradies (1921)**

Das Alte Testament hat drei verschiedene Begriffe für unser deutsches Wort „Sünde". Diese drei hebräischen Begriffe haben allerdings eines gemeinsam: Immer bezeichnet „Sünde" die Verletzung eines Gemeinschaftsverhältnisses durch den Menschen. Meistens ist die Gemeinschaft zwischen Gott und Mensch gemeint. Die *Verletzung* dieser *Gemeinschaft*, die „Sünde", ist aber selten mit einem Vorwurf verbunden (Warum hast du …?), auch nicht mit einer Anklage (Du hast …!), sondern die Verletzung der Gemeinschaft ist im Alten Testament ein Grund zur *Klage* (Ach, wäre doch nicht …).

Was ist, wenn ich Fehler mache: Seite 46–47

Die erste in der Bibel erzählte Verletzung der Gemeinschaft zwischen Gott und Mensch (und zwischen den Menschen selbst) nennt man „→ Sündenfall".

*nach Wilfried Härle, Theologe*

## Methoden-Karte: einen Bilddialog verfassen

Bilddialoge vertiefen eine Bildanalyse und führen sie fort, indem man die Personen auf dem Bild zum Sprechen bringt.

**So kannst du vorgehen:**

1. Stelle dir vor, die Personen auf einem Bild könnten etwas (zueinander) sagen.
2. Arbeite heraus, was die Körperhaltung sowie die Blickrichtung über die jeweiligen Personen oder ihre Beziehungen zueinander aussagen. Du kannst die jeweilige Haltung nachahmen, um ein Gefühl für die Situation zu bekommen, in der die Personen sich befinden.
3. Verfasse einen fiktiven Dialog, der deine Überlegungen zu Körperhaltung und Blickrichtung einbezieht.
4. Lest eure Dialoge in der Klasse mit verteilten Rollen vor.

„Letztes Jahr haben sich meine Eltern getrennt, weil mein Vater sich neu verliebt hat. Ich finde das ziemlich mies, auch wenn seine Neue ganz nett ist und ich ihn ja lieb hab. Warum liebt er meine Mutter nicht mehr? Ich verstehe das nicht, es gab doch gar nicht so viel Streit. Jetzt muss ich jedes zweite Wochenende zu Besuch zu meinem Vater fahren. Im Grunde freue ich mich auf ihn, aber ich hab eben auch nur am Wochenende Zeit für meine Kumpels." (Marc, 13)

„Unsere Eltern haben nächstes Jahr Goldene Hochzeit. Mir graut schon vor der Feier. ‚Aushalten, durchhalten, Maul halten', sagt meine Mutter zu ihrer Ehe. Sie hatte auch keine Wahl. Wovon hätte sie leben sollen? Sie war nie berufstätig, und da waren ja auch ich und meine drei Geschwister. Und mein Vater? Der ist, wie er ist. Ich find's auch nicht leicht, mit ihm auszukommen. Ich glaube, eine Trennung wäre ein Segen für beide gewesen. Lieber ein Ende mit Schrecken als ein Schrecken ohne Ende. Aber an Scheidung war damals nicht zu denken. Wenn ich nicht bei Freunden gelingende Ehen miterlebt hätte, hätte ich selbst nie den Mut zum Heiraten gehabt!"
(Sabine Schmidt, 47)

## Aufgaben

1 Grafisiere das Verhältnis von Gott, Adam und Eva, wie es vor und nach dem „Sündenfall" in Gen 2 und 3 dargestellt ist.

→ Grafisieren: Seite 256

2 Verfasse jeweils einen Bilddialog zu den Bildern von Lucas Cranach und Emil Nolde.

3 Erkläre den Unterschied zwischen dem umgangssprachlichen Begriff „Sünde" und dem Begriff „Sünde" in der theologischen Fachsprache. Nutze dafür auch die drei kursiv gesetzten Worte im Text des Theologen Wilfried Härle.

4 „Jeder geliebte Mensch ist der Mittelpunkt eines Paradieses." Erkläre, was mit diesem Zitat von Novalis gemeint ist.

5 Schreibe einen Brief an Marc oder Frau Schmidt, in dem du darauf eingehst, was dich selbst im Hinblick auf Beziehungen und Freundschaften ermutigt oder entmutigt.

# Welche Rolle spielt Sexualität?

Mythos: Seite 264

Wege der Bibelauslegung: Seite 133

Religion und Werbung: Seite 22–23

Wurde ursprünglich im biblischen „→ Sündenfall"-Mythos von der Trennung zwischen Gott und Mensch erzählt, wandte sich später der Blick auf Eva, auf „die Frau", die das paradiesische Leben „verspielt" habe. Der in der → katholischen Tradition beliebte Doppelname „Eva-Maria" deutet an, dass Eva und Maria (die Mutter Jesu) zwei „Ur-Mütter" sind: Während durch Eva die Sünde in die Welt kam, gilt Maria als die „reine Magd". Die katholischen Lehren von ihrer „unbefleckten Empfängnis" (Gedenktag am 8. Dezember) und ihrer „Himmelfahrt" (Gedenktag am 15. August) unterstützten eine Verknüpfung von Sünde und Sexualität und damit eine negative Bewertung von Sexualität.
Medien und Werbung spielen mit diesen religiösen Mythen und Vorstellungen, indem sie Verführung, Nacktheit, Sünde und Lust mit Warenkonsum in Verbindung bringen. Auch bestimmte Zeitschriften gestalten ihre Titelseiten nach dem Motto „Sex sells" („Sex verkauft (sich)").

## Methoden-Karte: ein Portfolio anlegen

Ein Portfolio ist eine Mappe mit gezielt ausgesuchten Einlagen. Es zeigt etwas von dir und deiner Auseinandersetzung mit einem bestimmten Thema.

**So kannst du vorgehen:**

1. Sammle alle Arbeiten, die du zum Thema angefertigt hast: Texte, Collagen, Bilder mit Kommentar …
2. Wähle aus deinem Material die besten Dinge aus und stelle deine Einlagen zusammen.
3. Fertige zu jeder Einlage ein Deckblatt an, das Angaben zu folgenden Punkten enthält:
   a) Titel der Einlage
   b) was diese Einlage mit dem Thema zu tun hat
   c) warum du diese Einlage ausgewählt hast
   d) was die Einlage von dir und deiner Auseinandersetzung mit dem Thema zeigt

Liebesdichtung in der Bibel: Seite 134

Nach den Aussagen der Bibel ist der Mensch ein leibhaftes und in seiner Leibhaftigkeit ein sexuelles Wesen. Durch die Zuwendung und Vereinigung, die das Gegenüber sucht und meint, gebrauchen die Partner sich nicht bloß gegenseitig als Mittel zum Zweck der Fortpflanzung, sondern nehmen einander in ihrer unverwechselbaren Eigenart wahr. Die damit gegebene Ausrichtung an der Geschlechtergemeinschaft von Mann und Frau kann jedoch nicht ohne Weiteres gleichgesetzt werden mit den Leitbildern Ehe und Familie. In den biblischen Schöpfungsaussagen ist nicht ausdrücklich von diesen – geschichtlich und kulturell variablen – Formen des Zusammenlebens die Rede, sondern lediglich von der Bedeutung der Geschlechtergemeinschaft von Mann und Frau für das Menschsein. Aber die Tiefe der leibhaften Verbindung, die durch die sexuelle Gemeinschaft entsteht, tendiert von sich aus zu einer lebenslangen Verantwortung für das Gegenüber, das man sich so vertraut gemacht hat.

*Stellungnahme der Evangelischen Kirche in Deutschland (EKD)*

*„Wahre Liebe wartet"* ist eine internationale Initiative, in der die zeitlose Überzeugung „Kein Sex vor der Ehe" vertreten wird. Das geschieht in Form einer freiwilligen Selbstverpflichtung, die junge Leute als Ausdruck ihrer Überzeugung unterschreiben können. *„Wahre Liebe wartet"* möchte die guten Gründe des Wartens wieder bekannt machen und dazu anregen, den Umgang mit der eigenen Sexualität zu überdenken. Ihren Ursprung hat die Initiative in den USA. Unabhängig von den amerikanischen Ideengebern wird die Initiative mittlerweile in über 100 Ländern weitergegeben. Wir glauben, dass es wichtig ist, das Bewusstsein für einen verantwortungsvollen Umgang mit der eigenen Sexualität immer wieder neu zu wecken. Sexuelle Enthaltsamkeit bis zur Ehe ist eine christliche Tugend, die sich auf viele Teile des Lebens positiv auswirkt. Eine Überzeugung, die eben nie alt wird!

*Michael Müller, Aktion „Wahre Liebe wartet"*

**!** **Moment mal!**
Ist es Gott überhaupt wichtig, wie ich mit meiner Sexualität umgehe?

## Aufgaben

1 Arbeite aus der Stellungnahme der EKD Schlüsselbegriffe heraus. Erläutere „die" evangelische Position zu Partnerschaft und Sexualität.

2 Notiere mögliche Gründe, warum Jugendliche die Selbstverpflichtungserklärung der Aktion „Wahre Liebe wartet" unterschreiben. Nimm Stellung zu der Aktion.

3 Entwickelt eine Podiumsdiskussion, zu der ein Vertreter der EKD und ein Vertreter der Kampagne „Wahre Liebe wartet" sowie zwei eurer Mitschülerinnen oder Mitschüler eingeladen sind.

4 Lege ein Portfolio an zum Thema „Das Bild von Mann und Frau in der Werbung". Nimm insbesondere deine Auseinandersetzung mit Werbeanzeigen auf, die mit Anklängen an die Paradiesgeschichte werben. Du kannst auch dein Portfolio „Religion in der Werbung" (Seite 29) entsprechend erweitern.

# Wie schreiben Männer und Frauen in der Bibel Geschichte?

Welche Frau beklagte sich bei Jesus, weil ihre Schwester ihr nicht in der Küche half – und bekam von ihm *keine* Unterstützung?
Lk 10,38–42

Welche Frau galt als „hervorragende" Apostelin?
Röm 16,7

Welche Frau war als Diakonin berufstätig und unternahm Dienstreisen?
Röm 16,1–2

Welcher Mann wurde „Vater vieler Völker", bekam aber seine familiäre Vaterrolle nicht in den Griff?
Gen 21,9–14

Welcher Mann redete nicht darum herum, dass er Schwächen hatte?
2 Kor 11,30

Welche Frau arbeitete als → Prophetin im Tempel zu Jerusalem?
Lk 2,36

Welcher Mann spielte so gut Harfe, dass sein Spiel bei Depressionen half?
1 Sam 16,1–23

**Moment mal!**
Warum kennt man aus der Bibel in erster Linie Männer?

Welcher Mann liebte seinen Freund so sehr wie sein eigenes Leben?
1 Sam 18,1–3

Welche Frau war oberste Richterin, regierte Israel und führte das Volk in eine siegreiche Schlacht?
Ri 4,4–8

Welcher Mann weinte, weil er seinen eigenen Ansprüchen nicht gerecht wurde?
Mk 14,72

**Jesus – der erste neue Mann**

Jesus hat gesucht und gefunden, geheilt und gepflegt, getröstet und geholfen, geweint und gelacht, Geschichten erzählt, die Weltliteratur wurden, Frauen fasziniert, Männer verwirrt und von Kindern gelernt. Er war ein Mann tiefen Gefühls und Mitgefühls, ein ganz anderer Mann als der, an den ich vier Jahrzehnte „geglaubt" habe. […] Jesus ist der erste neue Mann. Ich nenne ihn so, weil er beispielhaft das Weibliche in sich nicht verdrängt, sondern entwickelt und integriert hat. Deshalb waren die Frauen, die ihm vor 2000 Jahren begegnet sind, „verrückt" nach ihm. Als Mann des rationalen Gefühls ist Jesus das leuchtende Beispiel für sich emanzipierende Frauen und Männer und für suchende Jugendliche.

*Franz Alt, Journalist*

Orientierung an Jesus: Seite 84–85

Marc Chagall, David und Batseba (1979)

Fehler machen: Seite 46–47

## Aufgaben

1 Beschreibe, wie Marc Chagall das Liebespaar David und Batseba darstellt. Vergleiche seine Darstellung mit der Geschichte, wie sie in 2 Sam 11,1–12,25 erzählt wird.

2 Verfasse einen Bilddialog zu Chagalls „David und Batseba".

3 Gib mit eigenen Worten wieder, wie Franz Alt Jesus sieht. Erkläre, was er mit den „weiblichen Anteilen" gemeint haben könnte. Vergleiche seine Einschätzung von Jesus mit deiner eigenen.

4 „Frauen sind ..." – „Männer sind ..." – Vervollständige die beiden Sätze, indem du Eigenschaften biblischer Gestalten (zum Beispiel von dieser Doppelseite) einfügst. Prüfe, ob die Bibel ein klares Männer-Frauen-Bild hat.

Bilder analysieren: Seite 94
eine Bibelstelle finden: Seite 251
einen Bilddialog verfassen: Seite 57

# Wie viel Freiheit lässt man mir?

Gender-Brille

Bereits kurz nach der Geburt lautet die erste Frage: „Ist das Kind ein Mädchen oder ein Junge?“ Daraufhin werden dann in den meisten Familien die Strampler entweder in Rosa oder in Blau gekauft, die Kinderzimmer mit Dinosaurier- oder Feenmuster tapeziert. Später werden dann Schulranzen mit Raumschiffen und Rennwagen oder mit Pferden und Prinzessinnen als Aufdruck ausgesucht.
Ich habe mich während meiner Schulzeit oft gefragt, ob wirklich alle Jungs total gerne mit Autos spielen und alle Mädchen gerne mit Puppen oder ob sie es nur tun, weil alle anderen das auch machen oder sie denken, dass es von Eltern und Großeltern erwartet wird.
Eine Frage hat mich so sehr beschäftigt, dass ich mich nach meinem Abitur entschlossen habe, Gender Studies zu studieren: Wieso wird überhaupt in unserer Gesellschaft so viel Wert auf das Geschlecht einer Person und die damit verbundenen Eigenschaften gelegt? Beispielsweise beim Buchen eines Flugtickets oder bei der Eröffnung eines Facebook-Accounts scheint die Frage, ob männlich oder weiblich, ganz selbstverständlich zu sein. Doch wieso ist das so wichtig? In meinem Studiengang beschäftigen wir uns unter anderem mit der Frage, welche Bedeutung die Einteilung von Menschen in zwei Geschlechter hat. Die klischeehaften Bilder von sanften, freundlichen, aber auch zickigen, kurz: emotionalen Mädchen stehen denen der Jungen gegenüber, die stark, laut und rational denkend sein sollen. Doch inwiefern können diese Geschlechterstereotypen unsere Zukunft als Mann oder Frau prägen?
Während des Studiums haben wir uns neben der Frage nach der Bedeutung von Geschlecht in der Gesellschaft noch mit anderen Aspekten beschäftigt, die einen Menschen ausmachen, wie beispielsweise dem Alter, der Ethnizität, der Kultur, der Religion, der Sexualität und sozialen Stellung in der Gesellschaft. Nur weil sich jemand als Mädchen oder Junge sieht, heißt das natürlich nicht, dass alle Mädchen und Jungen gleich sind, gleich denken oder gleich fühlen. Einen Menschen machen verschiedene Aspekte und Eigenschaften aus, die nicht allein durch das Geschlecht beeinflusst werden. Deswegen sollten Jungen und Mädchen nicht auf geschlechtsspezifische Zuschreibungen reduziert werden, sondern selber bestimmen können, welche Prioritäten sie sich für ihr Leben und ihre Zukunft setzen.

*Merle Büter, Studentin der „Gender-Studies“*

**Wovon mache ich mich abhängig?** Seite 34–35

**Moment mal!**
Sind klare Geschlechterrollen nicht wichtig für die eigene Sicherheit?

*Der Jugendroman „Billy Elliot. I will dance“ von Melvin Burgess erzählt die Geschichte eines Jungen, der in einer englischen Arbeiterfamilie aufwächst und entgegen allen Erwartungen und Konventionen Balletttänzer werden möchte.*

Umgang mit Fremdem: Seite 44

Ich wusste, was er wollte. Er wollte, dass ich sagte, tut mir leid. Tja, würde ich aber nicht. Da konnte er ewig drauf warten. Das war bescheuert! Was hatte ich denn falsch gemacht? „Ballett“, sagte er schließlich. „Mädchen, Billy. Nicht Jungen. Jungen spielen Fußball oder machen Boxen oder Ringen oder so was.“ „Das ist doch bloß Tanzen. Weiter nichts. Was ist denn daran verkehrt? Das Ding ist … Tja, vielleicht werde ich auch kein Bergmann. Und selbst wenn, na und? Warum tun wir so was nicht? Bloß weil das bis jetzt noch niemand getan hat, nur deswegen. Tja, aber wenn ich es tue, dann ist es doch was, was wir tun, denn ich bin ja auch einer von uns. Es kann doch wohl nicht sein, entweder bin ich wie er oder gar nichts. Ich werde doch nicht gleich ein anderer Mensch, bloß weil ich gerne tanze. Oder?“
„Du willst wohl eine Tracht Prügel.“ „Nein, will ich nicht. Ehrlich nicht, Dad.“ Er dachte, ich wäre einfach nur dickköpfig, aber ich verstand wirklich nicht, wieso er so einen Aufriss machte, um mich vom Ballett abzuhalten. „Doch, Billy.“ „Das sind nicht bloß Schwule, Dad. Balletttänzer sind genauso fit wie Sportler. Das ist harte Arbeit.“

## Aufgaben

1 Überprüfe die Beobachtungen von Merle Büter anhand deiner Kindheitsfotos. Erläutere an einem Beispiel, was es heißt, wenn du durch eine „Gender-Brille“ gesehen wirst und jemand zu dir sagt: „Ah, typisch Junge!“ oder „Ah, typisch Mädchen!“

2 Befrage deine Eltern und Großeltern nach ihrem Rollenverständnis von Mann und Frau.

ein Interview führen: Seite 252

3 Erläutere den Konflikt zwischen Billy und seinem Vater und benenne die Argumente, die beide anbringen.

4 Notiert Situationen, in denen Jugendliche durch die Erwartungshaltung anderer nicht so sein können, wie sie möchten.

5 Schreibt ein Rollenspiel: Billy kommt am nächsten Tag in seine Schulklasse und erzählt den anderen, dass er von nun an Ballettunterricht nehmen wird.

# Gemacht als Mann und Mann/ als Frau und Frau?

**Verbotene Liebe?**

Eigentlich waren es gerade mal fünf Sekunden eines zaghaften Kusses gewesen, aber er fühlte sich plötzlich so anders. Einerseits war das Gefühl schön gewesen, aber dann war da noch diese brennende Angst, etwas Verbotenes getan zu haben und dabei vielleicht beobachtet worden zu sein. So als hätte man etwas aus seinem Innersten preisgegeben, das niemand hatte erfahren sollen. Ihm zitterten die Knie. Seinem Gegenüber ging es nicht besser, das konnte er sehen. Er blickte ihm ins Gesicht. Sven guckte daraufhin weg, auf den Boden. Dabei hatten sie sich gerade einfach nur geküsst, er, also Christoph, und Sven. Er wusste nicht wieso, es hatte sich irgendwie ergeben. Sie kannten sich schon lange durch mittlerweile zwei gemeinsame Jahre in der Jugendfeuerwehr und waren schnell die allerbesten Freunde geworden. Zeltlager, diesen Sommer Training für die Leistungsspange*, und jetzt waren sie gerade zu zweit mit dem Rad unterwegs, zwei Freunde eben, hatten rumgealbert und gekabbelt und sich dann plötzlich still gegenübergestanden, sich in die Augen gesehen und sich geküsst. Sven nahm Christophs Hand. Sven bewegte sich nicht, sondern sah von ihm weg auf den Boden. Aber er wehrte sich nicht. Und jetzt? Was war jetzt? Nahm man als 16-jähriger Junge einen anderen einfach so an die Hand? Ihm war danach, weil er Sven nun mal so sehr mochte. Und wenn jetzt jemand dort hinten um die Ecke käme? Erschrocken ließ er Svens Hand los.

* Die Leistungsspange ist die höchste Auszeichnung, die ein Jugendfeuerwehrangehöriger innerhalb der Deutschen Jugendfeuerwehr erreichen kann. Die Verleihung erfolgt nach einer erfolgreichen Abnahmeprüfung. An dieser Prüfung kann jeder Jugendfeuerwehrangehörige innerhalb einer Gruppe teilnehmen, der mindestens 15 Jahre alt und mindestens ein Jahr in einer Jugendfeuerwehr Mitglied ist.

Wege der Bibelauslegung: Seite 133

Viele homosexuelle Christen leiden in → fundamentalistischen Gemeinden. Auch Tom Haus musste diese Erfahrung machen. Er war in der → evangelikalen Bewegung in Chemnitz als Liedermacher aktiv. Während eines Konzerts outete er sich. Anschließend sei er ausgegrenzt und diskriminiert worden, berichtet er in einem Beitrag des Fernsehsenders 3Sat. Es sei sein „sozialer Tod" gewesen, er habe sogar Morddrohungen über Telefon erhalten. „Das Schlimmste war", so Haus, „als ich mit einem Zeckenbiss im Krankenhaus gelegen habe. Da kam ein anonymer Anruf, wo einer sagte: Das ist jetzt die Strafe Gottes, ich hoffe, du stirbst."

*Mission Gottesreich, 66*

Die christliche Religion, in der Gott die Liebe und die Quelle der Liebe ist, gebietet Respekt vor allen, die sich lieben.
*Helga Kuhlmann, Professorin für Evangelische Theologie*

Die bekannten Stellen des Alten und Neuen Testaments zur Homosexualität sind in der Beurteilung der Homosexualität als Sünde anscheinend einhellig. Diese Stellen haben aber keine homosexuelle Partnerschaft vor Augen. Vor allem weil Homosexualität in heidnischen Tempelkulten praktiziert wurde, galt sie als → Götzendienst und Gräuel. Da war Sexualität mit Ausbeutung verbunden.
Zur Zeit der Entstehung der biblischen Schriften war nicht bekannt, dass Homosexualität eine Prägung der Sexualität ist, die nach wissenschaftlicher Erkenntnis mehr als 10 % der Menschen betrifft. Insofern ist es auch keine Verletzung der Schöpfung oder Missachtung der Ehe, wenn Homosexualität als vorgegeben verstanden wird. Homosexuelle pauschal als Gräueltäter zu disqualifizieren, entspricht nicht dem, was Jesus für das menschliche Zusammenleben erwartet.
*Manfred Kock, ehemaliger Ratspräsident der EKD*

**Gegendemonstration zum „Christopher Street Day"**

Sünde: Seite 56

Götze: Seite 262

evangelisches Prinzip der Bibelauslegung: Seite 133

## Aufgaben

1 Schreibe einen Brief an Christoph aus dem Beitrag „Verbotene Liebe?", in dem du ihm rätst, was er nun tun soll.

2 Vorurteile, Diskriminierungen und Ausgrenzungen fallen oft dann besonders hart aus, wenn sie auf etwas treffen, wovor Menschen bei sich selbst Angst haben. Erkläre diesen Sachverhalt am Beispiel des anonymen Anrufers bei Tom Haus.

3 Informiere dich über die Geschichte und die Ziele des „Christopher Street Day".

4 Fasse mit eigenen Worten die Position zusammen, die der Theologe Manfred Kock und die Theologin Helga Kuhlmann vertreten.

5 Informiere dich über Ziele und Grundsätze des Arbeitskreises „Homosexuelle und Kirche" (HuK).

eine Internetrecherche durchführen: Seite 252

# Starke Frauen im Islam

Frederick Goodall, Hagar und Ismael (1866)

Die Rolle Hagars ist nicht die einer passiven, gehorsamen Frau, die alles über sich ergehen lässt. Als Abraham sie verlassen wollte, fragte sie ihn, warum er dies tue, ob dies aufgrund seiner Entscheidung geschehe oder ob er einem Befehl Gottes folge. Als er antwortete, dass Gott ihn damit beauftragt habe, war sie beruhigt. Sie war eine gläubige Frau, die Vertrauen in Bestimmungen Gottes hatte.

Frauen im Islam: Seite 145, 165

Obwohl für sie als Mutter eine schwierige Zeit anbrach, war sie zuversichtlich, dass es einen Ausweg geben würde, den sie aber auch aktiv suchen musste. Sie begab sich auf die Suche nach Wasser in einer trockenen Wüste, ein Unternehmen, das zuerst sinnlos erschien. Sie wartete nicht nur tatenlos mit Hoffnung auf Hilfe.

Ihre Gläubigkeit und ihr Gottvertrauen führten sie nicht zur Passivität und Tatlosigkeit; der → Glaube war die Triebkraft, nicht aufzugeben und nicht stehen zu bleiben, auch dann, wenn die Mühe aussichtslos schien. Sie legte ihren dem Verdursten nahen Sohn auf die Wüstenerde und begann mit der Suche nach Wasser.

In ihr loderte die Flamme des Vertrauens auf einen Gott, der sie so lange begleitet und so weit gebracht hatte. Sie gab ihr die Kraft, mehrmals zwischen zwei Bergen hin und her zu laufen und immer weiter nach Wasser zu suchen. Als sie der Erschöpfung und Enttäuschung nahe nach ihrem Sohn sah, fand sie neben ihm eine Quelle hervorsprudeln. Das Wasser, das Zeichen des Lebens und der Hoffnung mitten in einem öden Land, bereitete ihr unendliche Freude. Dieses Geschenk nahm sie dankbar und in tiefer Demut an.

Das Wasser zog nach und nach Karawanen an, die Richtung Süden unterwegs waren, sie waren erstaunt, an dieser Stelle Wasser zu finden. Einige von ihnen siedelten sich an dieser Stelle an, so dass im Laufe der Zeit aus einem öden Land eine fruchtbare Stadt wurde, die immer mehr Menschen anzog. Als Abraham nach einiger Zeit nach Hagar und Ismail schaute, fand er eine neue Stadt vor sich, in der seine Frau und sein Sohn wohlbehalten wohnten. An dieser Stelle liegt heute die Stadt Mekka, der Pilgerort der Muslime.

Pilgerfahrt im Islam: Seite 159

*Hamideh Mohagheghi, muslimische Theologin*

**Moment mal!**
Eine biblische Person als „starke Frau im Islam" – wie passt das zusammen?

## Aufgaben

1 Lies in der Bibel Gen 16 und 21,8–21. Erstelle ein Soziogramm zur Konstellation der an der Geschichte beteiligten Figuren.

2 Verfasse einen inneren Monolog der Hagar auf dem Bild von Frederick Goodall.

3 Erläutere, wie die Muslima Hamideh Mohagheghi die Figur Hagars wahrnimmt. Vergleiche ihre Darstellung mit deinem inneren Monolog aus Aufgabe 2.

4 Recherchiere, wer Irshad Manji, Rola El-Halabi oder Tawakkul Karman sind. Beurteile, inwiefern sie als „starke Frauen im Islam" gelten können. Benenne Gemeinsamkeiten und Unterschiede zur biblischen Hagar.

→ eine Bibelstelle finden: Seite 251
→ ein Soziogramm erstellen: Seite 255
→ einen inneren Monolog verfassen: Seite 75
→ eine Internetrecherche durchführen: Seite 252

# Gemacht als Mann und Frau – was heißt das?

## Aufgaben

1 Begründe, ob du dieses T-Shirt tragen oder verschenken würdest.

2 Untersuche, welches Bild von Jungen und Mädchen und welches Bild von Beziehung zwischen Mann und Frau das T-Shirt ausdrückt.

3 Entfalte mögliche Gründe, warum diese T-Shirts so gerne gekauft werden.

## Wissen

- Die „Bibel in gerechter Sprache" übersetzt Mt 6,9 nicht mit „Vater unser im Himmel", sondern mit „Du, Gott, bist uns Vater und Mutter im Himmel". Nenne verschiedene Argumente, die man dafür anführen kann.

Bibel in gerechter Sprache: Seite 147

- Entwirf für die Personen auf den Fotos (Seite 50) Sprechblasen. Notiere die Auswirkungen, die Rollenbilder von Erwachsenen auf das Selbstbild von Jungen und Mädchen haben können.
- Untersuche Werbung für Kinderspielzeug. Überprüfe, welches Bild von Jungen und Mädchen hier vermittelt wird.
- „Der Mensch ist auf Beziehung angelegt." Erläutere diese Aussage, indem du die Rolle des Menschen in den biblischen Schöpfungserzählungen entfaltest.

Genesis: Seite 261

- „Kleine Sünden bestraft der liebe Gott sofort." – Lege dar, warum dieser Spruch nichts mit dem biblischen Verständnis von Sünde zu tun hat.

## Können

- Überarbeite deinen Leserbrief an die Zeitung (Seite 52), in dem du deine Position zur „Single-Ehe" deutlich machst. Arbeite ein, was du zum biblischen Menschenbild in diesem Kapitel erfahren hast.
- Nimm begründet Stellung, ob Jennifer Hoes (Seite 52) bei der Hochzeit mit sich selbst die Kette mit dem geteiltem Herzen tragen könnte.

## Anwenden

- Erstelle Steckbriefe für Männer- und Frauenfiguren aus dir bekannten Märchen.
- Interviewt verschiedene Paare aus eurer Familie oder eurem Freundeskreis. Fragt sie nach ihrem „Geheimrezept" für eine gelingende Beziehung und stellt die Antworten schriftlich zusammen.

ein Interview führen: Seite 252

- Lies den Roman „Billy Elliot. I will dance" von Melvin Burgess und stelle ihn in der Klasse vor. Schaut euch gemeinsam die Verfilmung des Romans an und vergleicht sie mit der Buchvorlage.

# 4 Was wollte Jesus?

Ich bin die Tür. Johannes 10,9
Wolf Hirtreiter, Altarbild der
Grafenauer Christuskirche

## Wenn du dieses Kapitel bearbeitet hast, kannst du ...

- einige Wundergeschichten wiedergeben und deuten.
- aufzeigen, wie die Taten und Worte Jesu Hoffnung und Trost spenden können.
- anhand aktueller Beispiele darstellen, auf welche Weise Zuwendung neue Lebensmöglichkeiten eröffnet.
- erläutern, was Jesus meinte, wenn er vom Reich Gottes sprach.
- beschreiben, wie (unterschiedlich) Menschen auf Jesus reagieren.
- verschiedene Möglichkeiten aufzeigen, wie man heute von Wundern sprechen kann.
- dich mit der Frage auseinandersetzen, inwiefern Jesu Wirken bis heute Orientierung bietet.

## Was kannst du schon?

- in Grundzügen darstellen, wer Jesus von Nazareth war und wie er gelebt hat
- einige Gleichnisse Jesu erzählen und deuten
- erläutern, dass sich Jesus den Armen, Kranken und Ausgestoßenen zugewandt hat

## Diese Methoden wendest du an:

- einen inneren Monolog verfassen
- eine Schreibkonferenz durchführen

# Sind Wunder möglich?

Mehr als die Hälfte der Deutschen glaubt an Wunder. Das geht aus einer Umfrage für die „Frankfurter Allgemeine Zeitung“ hervor. Insgesamt 56 Prozent beantworteten die Frage „Glauben Sie an Wunder?“ mit Ja. Was genau unter einem Wunder zu verstehen ist, wird unterschiedlich beantwortet. So sagen 67 Prozent, die Heilung von einer schweren, scheinbar hoffnungslosen Krankheit könne als Wunder bezeichnet werden. Fast 47 Prozent nennen auch die Geburt eines Menschen und die Rettung aus scheinbar aussichtslosen Notlagen ein Wunder. 54 Prozent sind davon überzeugt, dass es Fälle gibt, in denen jemand eine drohende Gefahr im Voraus spürt. Es wurden 2000 Menschen ab 16 Jahren befragt.

*Allensbach-Umfrage, 20.09.2006*

**Die Wunder Jesu**

Wer sich genauer mit der Symbolik und der Botschaft der Wunder Jesu auseinandersetzt, wird bald merken: Die Frage, ob die Wunder tatsächlich stattgefunden haben oder nicht, ist Glaubenssache, aber nicht das Zentrale an der ganzen Sache.

*Stephan Sigg, Theologe und Journalist*

Man kann nicht elektrisches Licht und Radioapparat benutzen, in Krankheitsfällen moderne medizinische und klinische Mittel in Anspruch nehmen und gleichzeitig an die Geister- und Wunderwelt des Neuen Testaments glauben.

*Rudolf Bultmann, Theologe*

Wir mögen durch die bizarren Wunder der Evangelien manchmal irritiert sein, aber sie enthalten in einfacher und eindringlicher Form jenen Protest gegen Aussonderungen jeder Art, der die ganze Bibel prägt.

*Gerd Theißen, Theologe*

## Aufgabe

Erörtere, welche Bedeutung biblische → Wundergeschichten für die Botschaft Jesu haben. Nimm einen begründeten Standpunkt zu den Vorschlägen ein, mit Wundergeschichten umzugehen.

## Dazu ist es wichtig, ...

- sich mit Wundergeschichten aus der Bibel auseinanderzusetzen.
- zusammenfassend darzustellen, was Jesus den Menschen sagen wollte.
- die Taten Jesu zu seiner Botschaft in Beziehung zu setzen.
- verschiedene Möglichkeiten zu prüfen, Wunder heute aufzufassen.

Wunder-Hund

**Der Hund, der „Mama“ sagt**

**Mini-Bullterrier Armani kann ein ganz besonderes Kunststück – er sagt tatsächlich „Mama“.**

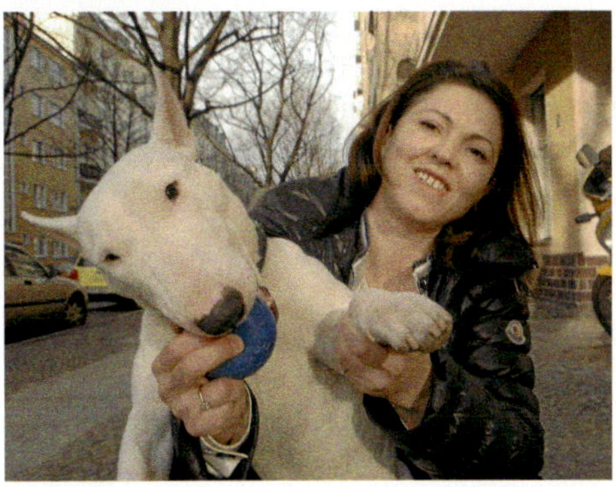

## Aufgaben

1 Führt gemeinsam eine Klassenbefragung durch, ob und in welchem Sinn ihr Wunder für möglich haltet. Vergleicht euer Ergebnis mit dem Ergebnis der Allensbach-Umfrage.

2 Beschreibe die Zeichnung auf dieser Seite (oben rechts). Vergleiche sie mit Joh 11,32–44.

→ eine Bibelstelle finden: Seite 251

3 Wähle eine der Abbildungen aus und verfasse zwei unterschiedliche Texte dazu: zum einen eine Schilderung des „Wunders“ aus der Sicht einer beteiligten Person, zum anderen einen Bericht, der das jeweilige Geschehen rein sachlich darstellt und erklärt. Vergleiche die Wirkung.

# Was steht hinter den Wundergeschichten?

**Thomas Germillon, Sturm (2009)**

Aufbau von Wundergeschichten: Seite 138

» Am Abend dieses Tages sagte Jesus zu seinen Jüngern: „Wir wollen ans andere Ufer fahren." Sie ließen die Volksmenge zurück.
Dann fuhren sie mit dem Boot los, in dem er saß. Auch andere Boote fuhren mit. Da kam ein starker Sturm auf. Die Wellen schlugen ins Boot hinein, sodass es schon voll lief. Jesus schlief hinten im Boot auf einem Kissen. Seine Jünger weckten ihn und riefen: „Lehrer! Macht es dir nichts aus, dass wir untergehen?"
Jesus stand auf, bedrohte den Wind und sagte zu dem See: „Werde ruhig! Sei still!" Da legte sich der Wind und es wurde ganz still.
Und Jesus fragte die Jünger: „Warum habt ihr solche Angst? Wo ist euer → Glaube?" Aber die Jünger überkam große Furcht. Sie fragten sich:
„Wer ist er eigentlich? Sogar der Wind und die Wellen gehorchen ihm." «
(Mk 4,35-41)

## Aufgaben

einen inneren Monolog verfassen: Seite 75

1 Lies die Geschichte von der Sturmstillung. Stelle dir vor, du würdest dich als Jünger zusammen mit dem schlafenden Jesus auf dem Schiff befinden, das du auf dem Bild siehst. Verfasse einen inneren Monolog.

2 Inszeniert die Geschichte gemeinsam: Lest sie in verteilten Rollen und setzt passende Geräusche ein. Tragt an der Stelle, an der die Jünger Jesus wecken wollen, mehrere Monologe aus Aufgabe 1 vor – alles ohne Unterbrechung.

3 Beschreibt am Ende der Szene eure Gefühle aus der Rolle heraus. Verfasst nun einen zweiten Teil eures Monologs aus Aufgabe 1: einen Rückblick auf das Erlebnis.

## Methoden-Karte: einen inneren Monolog verfassen

Ein innerer Monolog ist ein stummes Selbstgespräch einer literarischen Person. Der Monolog bringt das zur Sprache, was die Figur in einer bestimmten Situation wahrnimmt, denkt und empfindet.

**So kannst du vorgehen:**

1. Denke dich genau in die Figur ein: Wie würdest du dich fühlen, was würdest du empfinden, wenn du jetzt an ihrer Stelle wärst?
2. Schreibe in Ich-Form und in direkter Rede.
3. Lass auch unsystematische Gedankenbewegungen oder widersprüchliche Empfindungen zu und verwende einfache Sprache.

**!** **Moment mal!**
Konnte Jesus die Wunder gar nicht *wirklich* vollbringen?

## Aufgaben

1 Beschreibe nacheinander die beiden Bilder der Doppelseite und vergleiche sie.

2 Verfasse einen Monolog des Jugendlichen auf dem Bild oben. Vergleiche mit der Sturmstillung und erfinde einen Schluss mit dem Titel „Ruhe nach dem Sturm".

3 Manche übersetzen den Satz „Jesus hat Blinde geheilt" mit „Jesus hat Menschen die Augen geöffnet". Nimm Stellung zu einem solchen Wunderverständnis.

Tatsache oder Geheimnis? Seite 13

# War Jesus ein Seelsorger?

Diakonie: Seite 124

Die Telefonseelsorge (TS) gehört zu den bekanntesten Institutionen kirchlicher Seelsorgearbeit. Gegenüber anderen Formen der Beratung hat die TS einige Vorteile:

- *leichte Zugänglichkeit:* Die TS ist rund um die Uhr, ohne Kosten, von jedem Ort der Bundesrepublik aus zu erreichen.
- *Bedingungslosigkeit:* Die TS steht grundsätzlich jedem Anrufer zur Verfügung. Auch wer schon viele Therapieversuche hinter sich hat, ist bei der TS willkommen.
- *niedrige Hemmschwelle:* Anrufende Personen können jederzeit auflegen.
- *Anonymität:* Anrufer müssen sich nicht zu erkennen geben; Beraterinnen und Berater bleiben anonym, sie sind zur Verschwiegenheit verpflichtet.
- *Perspektive:* In den Fällen, in denen mehr als ein oder mehrere Gespräche nötig wären, kann die TS wichtige Informationen über weitergehende Hilfemöglichkeiten geben.
- *Ehrenamtlichkeit:* Ohne das ehrenamtliche Engagement der Telefonberaterinnen und Telefonberater wäre der Dienst der TS weder kräftemäßig noch ökonomisch durchführbar.

Ehrenamt: Seite 126

Zu den Problemen gehört für die Mitarbeiterinnen und Mitarbeiter ihre faktische Machtlosigkeit. Es bleibt offen, was die anrufende Person tun wird, wenn der Hörer aufgelegt ist. Es ist wichtig, dass die Mitarbeiterinnen und Mitarbeiter der TS regelmäßig die Möglichkeit erhalten, in der Supervision über Probleme zu sprechen.

### Erste Hinweise für Beratungsgespräche aller Art

**billiger Trost**
- falsche Versprechen, „Es wird schon wieder gut."
- von eigenen Situationen erzählen, „Das kenne ich. Ich habe es aber geschafft, du schaffst es auch."
- Floskeln, „Kommt Zeit, kommt Rat"
- schnelle Ratschläge

**echter Trost**
- den anderen erzählen lassen
- das Problem ernst nehmen
- die eigene Hilflosigkeit und Ratlosigkeit eingestehen
- dem Gegenüber zutrauen, selbst eine Lösung zu finden

**Jesus schenkt neue Hoffnung**
Jesus war kein Zauberer. Aber er konnte heilen. Er wandte sich Kranken und Ausgestoßenen auf besondere Weise zu. Körperliche Krankheiten hängen oft mit psychischen Leiden zusammen: Wer ausgegrenzt wird und sich abgelehnt fühlt, ist nicht lebenskräftig und gesund. Und leider gilt umgekehrt oft dasselbe.
Jesus empfing diejenigen, die zu seiner Zeit besonders geringgeschätzt wurden, mit offenen Armen: Zöllner, Kinder, Prostituierte, Arme und eben auch Kranke. Jesus gab ihnen ihre Würde und ihren Lebensmut zurück. In welchem Umfang er Krankheiten heilen konnte, lässt sich kaum sagen. Die → Wundergeschichten zeigen, dass Jesus Menschen das Gefühl gab, nicht allein, sondern angenommen zu sein, dass er ihnen von Grund auf neue Hoffnung schenkte und zugleich Heilung brachte.

↔ Jesus als Apotheker: Seite 137
↔ Dämonenaustreibung: Seite 139

**!** **Moment mal!**
War Jesus einfach nur ein guter Zuhörer?

## Methoden-Karte: eine Schreibkonferenz durchführen

Eine Schreibkonferenz bietet die Möglichkeit, selbst verfasste Textentwürfe in der Kleingruppe zu verbessern. Wichtig ist es, strukturierte Überarbeitungsvorschläge zu machen und zugleich wertschätzend mit den Texten umzugehen. Zeiten, Abläufe und die Gruppenzusammensetzung müssen vorher festgelegt sein.

**So könnt ihr vorgehen:**
1. Verfasst in Einzelarbeit jeweils einen Textentwurf zum vorgegebenen Thema.
2. Reicht die Textentwürfe jeweils mit dem Kommentarbogen der Textlupe in der Gruppe herum, bis mindestens zwei Personen die Spalten ausgefüllt haben.

***Textlupe***

| *Das gefällt mir besonders gut.* | *Hier fällt mir etwas auf/habe ich noch Fragen.* | *Meine Tipps! Meine Angebote!* |
|---|---|---|
| … | … | … |

3. Gebt die Kommentare an die Autorin oder den Autor zurück. Überarbeitet eure Entwürfe in Einzelarbeit.
4. Präsentiert die fertigen Texte in der Klasse.

## Aufgaben

1 Mitarbeiterinnen und Mitarbeiter der Telefonseelsorge werden vor ihrer Tätigkeit gründlich geschult und in ihrem Dienst begleitet. Begründe, warum das wichtig ist.

2 Nimm an, ein Freund oder eine Freundin hat wegen schlechter Schulnoten zu Hause Ärger und sucht Rat. Übe mit deinem Sitznachbarn oder deiner Sitznachbarin ein Rollenspiel ein. Wertet das Gespräch mithilfe der „Ersten Hinweise für Beratungsgespräche" gemeinsam aus.

↔ Leistungsdruck: Seite 32–33

3 Arbeite aus den Erzählungen Mk 1,40–42 und Joh 5,1–9 heraus, was das Besondere am Handeln Jesu ist. Vergleiche mit dem Text „Jesus schenkt neue Hoffnung".

→ eine Bibelstelle finden: Seite 251

4 Jesus hat sicher länger mit den Kranken gesprochen, als in Mk 1,40–42 oder Joh 5,1–9 erzählt wird. Erzähle eine der beiden Bibelstellen neu. Führt gemeinsam eine Schreibkonferenz zu euren Texten durch.

# Sind die Verheißungen Jesu eine Utopie?

Sehnsucht nach Geborgenheit: Seite 21

**Recht auf den eigenen Lebensentwurf**

Viele Menschen finden heute ihren eigenen Ort nicht mehr. Sie fühlen sich heimatlos, unterwegs, ohne es zu wollen. Sie merken, wie der von ihnen eingeschlagene Lebensweg nicht zu dem von ihnen angepeilten Ziel führt. Dies gilt für manche Familie, die bald nicht mehr weiß, wie sie klarkommen soll. Es gilt für die Älteren, deren Rente, gegebenenfalls durch Erspartes ergänzt, nur noch für ein Auskommen genügt, das weit unter dem einst Erhofften bleibt. Es gilt für Jugendliche, die einen Ausbildungsplatz suchen, allzu oft ohne Erfolg, oder die gut ausgebildet und hoch motiviert sich um einen Arbeitsplatz bemühen und doch ohne Arbeit bleiben. Es gilt für ältere Arbeitslose, die arbeiten wollen, dazu aber keine Chance mehr erhalten. All diese Menschen wollen ihren eigenen Ort finden; aber sie können es nicht. Sie zweifeln an dem eingeschlagenen Lebensweg. In der Orientierungslosigkeit, die dadurch entsteht, dürfen wir sie nicht allein lassen. Die genannten Gruppen von Menschen brauchen Perspektiven, damit sie sich selbst wieder etwas zutrauen und deshalb auch anderen vertrauen.

Zweifel: Seite 268
Dazugehören: Seite 94–95

*Wolfgang Huber, ehemaliger Ratsvorsitzender der EKD*

Beate Heinen, Friede für die Schöpfung (1996, Bildausschnitt) © ars liturgica Buch- & Kunstverlag MARIA LAACH, Nr. 4792

**Der Friedenskönig und sein Reich**

» Ein Spross wächst aus dem Baumstumpf Isai, ein neuer Trieb schießt hervor aus seinen Wurzeln. Ihn wird der HERR mit seinem Geist erfüllen, dem Geist, der Weisheit und Einsicht gibt, der sich zeigt in kluger Planung und in Stärke, in Erkenntnis und Ehrfurcht vor dem HERRN. Gott zu gehorchen ist ihm eine Freude. Er urteilt nicht nach dem Augenschein und verlässt sich nicht aufs Hörensagen. Den Entrechteten verhilft er zum Recht, für die Armen im Land setzt er sich ein. Seine Befehle halten das Land in Zucht, sein Urteilsspruch tötet die Schuldigen. [...] Dann wird der Wolf beim Lamm zu Gast sein, der Panther neben dem Ziegenböckchen liegen; gemeinsam wachsen Kalb und Löwenjunges auf, ein kleiner Junge kann sie hüten. Die Kuh wird neben dem Bären weiden und ihre Jungen werden beieinander liegen; der Löwe frisst dann Häcksel wie das Rind. Der Säugling spielt beim Schlupfloch der Schlange, das Kleinkind steckt die Hand in die Höhle der Otter. Niemand wird Böses tun und Unheil stiften auf dem Zion, Gottes heiligem Berg. «

(Jes 11,1–4.6–9)

Wovon sollen wir träumen? Seite 20

### Info – Utopie

Der Begriff stammt aus dem Griechischen und bedeutet wörtlich „Nicht-Ort" („ou-topos"). Manchmal wird er eher abwertend benutzt: Utopien sind Vorstellungen, die nirgendwo Wirklichkeit sind oder werden können, bloße Wunschideen oder Träume von einem perfekten Ort, an dem die Menschen friedlich zusammenleben; Ideen, die sich niemals annähernd verwirklichen lassen.

Visionen: Seite 121

**! Moment mal!**
Kann man sich für eine bessere Welt einsetzen, ohne an Wunschbilder zu glauben?

## Aufgaben

1. Überprüfe die Behauptung Wolfgang Hubers, dass viele Menschen „ihren Ort nicht mehr finden".
2. Notiere in Stichworten, was du von deinem Leben erwartest und wie dein (zukünftiger) „Ort" aussieht. Zeichne deinen Lebensweg.
3. Analysiere das Bild von Beate Heinen. Vergleiche es genau mit Jesajas Vision vom Friedensreich.
4. Verfasse in Anlehnung an Jesaja einen Text, der eine wunderbare Zukunft für die Menschen ankündigt, die Wolfgang Huber beschreibt. Führt gemeinsam eine Schreibkonferenz durch.
5. Für Christinnen und Christen ist der Friedenskönig, den Jesaja im Alten Testament ankündigt, in Jesus Christus gekommen. Nenne Textstellen, die dafür sprechen, und begründe.

Bilder analysieren: Seite 94

eine Schreibkonferenz durchführen: Seite 77

# Das „Reich Gottes" hat schon begonnen

*Andreas, ein junger Jude, wird vom römischen Statthalter Pilatus erpresst. Er soll Material über neue religiöse Bewegungen in Palästina sammeln. Dabei wird er auf Jesus und seine Anhänger aufmerksam. Auch in Nazareth, dem Heimatdorf Jesu, stellt er Nachforschungen an und spricht mit dem Ehepaar Susanna und Tholomäus. Die beiden sind verzweifelt: Ihre drei Söhne haben sie im Stich gelassen. Bartholomäus, der jüngste, ist allerdings nicht wegen der herrschenden Armut aufgebrochen. Er hatte einen anderen Grund. Andreas kann das nicht verstehen:*

„Viele erwarten die Herrschaft Gottes", sagte ich. „Aber deswegen verlassen sie nicht ihre Eltern."
„Das ist es eben!", sagte Tholomäus. „Er hat es auch nicht von selbst getan. Einer aus unserem Dorf hat ihn überredet. Er heißt Jesus. Er zieht durch das Land und verkündet, die Herrschaft Gottes beginne schon jetzt. Bartholomäus hat mir bei seinem Besuch einige Worte Jesu gesagt. Es sind schöne Worte:

Seligpreisungen: Seite 218

Wovon sollen wir träumen? Seite 20–21

Glücklich seid ihr Armen, denn euch
gehört die Herrschaft Gottes!
Glücklich seid ihr, die ihr jetzt hungert,
denn ihr werdet satt werden!
Glücklich seid ihr, die ihr jetzt weint,
denn ihr werdet lachen!

Mit diesen Worten zieht Jesus durchs Land und sagt einigen jungen Leuten, die es hier nicht mehr aushalten: ‚Folgt mir nach! Es wird anders werden. Die Armen werden nicht mehr arm sein, die Hungernden nicht mehr hungern, die Weinenden nicht mehr weinen.' Da schaltete sich Susanna ein. Sie war sichtlich erregt: „Dieser Jesus ist ein schlimmer Verführer. Er verdirbt die jungen Leute. Das klingt ja so schön: ‚Glücklich seid ihr Weinenden, denn ihr werdet lachen!' Aber was bewirkt er tatsächlich? …"

*Gerd Theißen, Theologe*

## Info – Reich Gottes

Der griechische Begriff für „Reich Gottes" ist schwer zu übersetzen. „Gottes neue Welt", „Himmelreich", „Königsherrschaft" – alle Übersetzungen meinen dasselbe. Denn der Begriff bezeichnet sowohl die Herrschaft als auch den Ort, den Herrschaftsbereich. Der Kern der Botschaft Jesu besteht darin, dass diese „neue Welt" sich zwar noch nicht vollständig durchgesetzt habe, mit ihm aber bereits angebrochen sei. Verschiedene Bibelstellen geben genauer darüber Aufschluss, wie sich Jesus das Reich Gottes vorgestellt hat: Mt 18,1–5; Mt 5,3.10; Lk 10,9; Lk 11,2; Mt 12,28; Lk 17,20f.

eine Bibelstelle finden: Seite 251

*Auf die Frage, ob er der erwartete → Messias sei, antwortet Jesus:*

» „Blinde sehen und Lahme gehen. Menschen mit Aussatz werden rein, Taube hören, Tote werden zum Leben erweckt und Armen wird die Gute Nachricht verkündet.
Glückselig ist, wer sich nicht von mir abbringen lässt.“ «
(Mt 11,5f.)

**Alle Knospen springen auf**

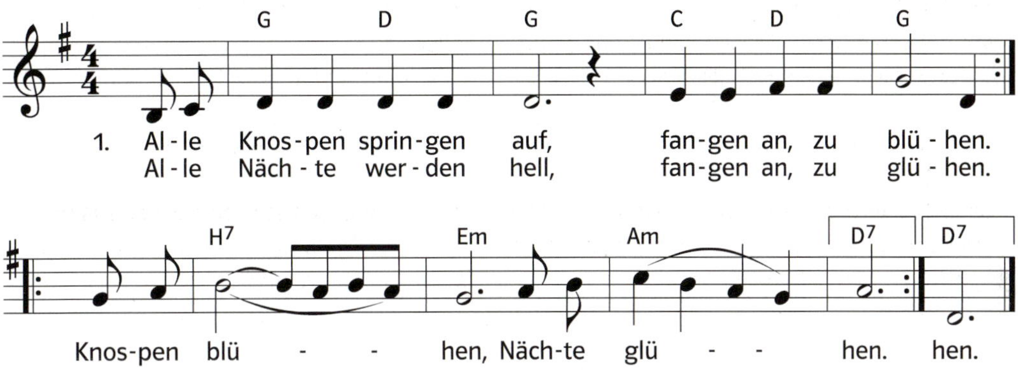


2. Alle Menschen auf der Welt fangen an zu teilen. Alle Wunden nah und fern fangen an zu heilen. Menschen teilen – Wunden heilen. Knospen blühen – Nächte glühen.
3. Alle Augen springen auf, fangen an zu sehen. Alle Lahmen stehen auf, fangen an zu gehen. Augen sehen – Lahme gehen. Menschen teilen – Wunden heilen. Knospen blühen – Nächte glühen.
4. Alle Stummen hier und da fangen an zu grüßen. Alle Mauern tot und hart, werden weich und fließen. Stumme grüßen – Mauern fließen. Augen sehen – Lahme gehen. Menschen teilen – Wunden heilen. Knospen blühen – Nächte glühen.

*Text: Wilhelm Willms, Melodie: Ludger Edelkötter, KiMu Kinder Musik Verlag GmbH, 50259 Pulheim*

## Aufgaben

1 Verfasse einen inneren Monolog eines Bewohners von Nazareth, nachdem er die Botschaft Jesu gehört hat. Führt gemeinsam eine Schreibkonferenz zum Thema „Reaktionen auf Jesu Botschaft“ durch.

→ einen inneren Monolog verfassen: Seite 75
→ eine Schreibkonferenz durchführen: Seite 77

2 Schlage die Bibelstellen zum Reich Gottes nach. Fasse in eigenen Worten zusammen, was Jesus darunter versteht.

3 Erkläre, warum manche über ein Ortsschild „Himmelreich“ schmunzeln. Beschreibe, wie der Ort sein oder noch werden muss, damit der Name passt.

4 In Mt 11,5f. nennt Jesus sechs Anzeichen dafür, dass das Reich Gottes gekommen ist. Gestalte jeweils ein passendes Piktogramm (ein einfaches grafisches Zeichen wie ein Verkehrs- oder Hinweisschild) und vervollständige dazu jeweils den Satz „Das Reich Gottes ist da, denn …“.

5 Vergleiche Mt 11,5f. mit dem Liedtext. Verfasse selbst eine oder mehrere Strophen.

# Wie sieht die neue Gerechtigkeit aus?

Gerechtigkeit: Seite 116, 261

**Gerecht oder ungerecht?**

**Benjamin und Nele haben beide zusammen für eine Klassenarbeit gelernt, gleich lang und gleich viel. Benjamin schreibt jedoch eine 4 und Nele eine 1.**

**Ein Arzt verdient im Monat durchschnittlich 6000 Euro, ein Bauarbeiter 2500 Euro im Monat.**

**Ein Lehrer gibt allen seinen Schülerinnen und Schülern aus Protest gegen das Notensystem eine 2 als mündliche Note.**

**Menschen mit einem höheren Bildungsabschluss haben durchschnittlich ein höheres Einkommen.**

**Jeder bekommt eine Grundversorgung vom Staat, unabhängig davon, ob er arbeiten möchte oder nicht.**

**Eltern, die es sich leisten können, können ihren Kindern eine bessere Ausbildung finanzieren.**

**Eine Großmutter gibt ihren beiden Enkeln gleich viel Geld für den Führerschein, obwohl der eine fast doppelt so viel Fahrstunden braucht wie der andere.**

**Die Schülerinnen und Schüler, die ein Instrument gelernt haben, sind im Musikunterricht 1–2 Noten besser als ihre Mitschüler.**

**Die Letzten werden die Ersten sein (Mt 20,16).**

Was leisten Kinder, Alte, Kranke, Behinderte? Ist eine gerechte Leistungsgesellschaft eine humane, eine solidarische, eine menschenwürdige Gesellschaft? Kann man Anerkennung, Liebe, Glück durch Leistungen verdienen? Muss man etwas leisten, den gesellschaftlichen Erwartungen gemäß funktionieren, muss man „gut" sein, um geachtet, anerkannt, geliebt zu werden? Die → Gleichnisse Jesu: Bilder vom → Reich Gottes.

*Gerd Laudert-Ruhm, Religionslehrer und Sachbuchautor*

Gleichnis: Seite 47

Reich Gottes: Seite 80

Gleichnis vom Gastmahl: Seite 94–95

**Die Letzten werden die Ersten sein**

Ein Unternehmer hat ein höchst erfolgreiches Produkt entdeckt, das seinem Unternehmen für die kommenden Jahre ein beträchtliches Wachstum verspricht. Er stellt Arbeitskräfte ein und sichert ihnen über ein Grundeinkommen hinaus vertraglich zu, sie nach sechs Jahren zu 1 % an den erwirtschafteten Überschüssen zu beteiligen. Da das Unternehmen weiter wächst, kann er nach zwei Jahren weitere Arbeitskräfte einstellen. Wieder wird eine Gewinnbeteiligung in Aussicht gestellt. Nach weiteren zwei Jahren kann der Unternehmer diesen Schritt noch ein weiteres Mal wiederholen. Fast sechs Jahre nach der Entdeckung seines Produkts wirbt er einige Langzeitarbeitslose an, deren Beteiligung an den betrieblichen Überschüssen im Vertrag offen bleibt.
Einen Monat später hält der Unternehmer im Rahmen einer Betriebsfeier eine Rede, in der er auf den Erfolg der letzten sechs Jahre zurückblickt und die Arbeit seiner Angestellten würdigt. Als erstes und sehr ausführlich würdigt er die, die erst seit einem Monat zum Betrieb gehören: Neben einem Blumenstrauß erhalten sie die Versicherung, in den nächsten Tagen mit 1 % am Überschuss beteiligt zu werden. In diesem Moment gehen die langgedienten Angestellten, die das Unternehmen mit aufgebaut haben, davon aus, entsprechend höher am Gewinn beteiligt zu werden, bekommen aber denselben Blumenstrauß und dieselbe vor sechs Jahren vereinbarte Summe.

↔ Leistung: Seite 32–33

**ge|rẹcht;** jmdm., einer Aufgabe gerecht werden
**...ge|recht** (z. B. behindertengerecht, kindgerecht); **Ge|rẹch|te,** der *u.* die; -n, -n
**Ge|rẹch|tig|keit,** die;

**! Moment mal!**
Verwechselt Jesus Gerechtigkeit und Güte?

## Aufgaben

**1** Führt auf einem Zettel die Umfrage auf der linken Seite geheim durch (Antworten: ja/nein/kommt darauf an) und fasst die Abstimmungsergebnisse zusammen. Setzt euch in kleinen Gruppen mit den Fällen auseinander, in denen es entweder sehr unterschiedliche Einschätzungen oder besonders viele „Kommt darauf an"-Stimmen gab.

**2** Gib mit deinen Worten wieder, welches Problem in der Geschichte „Die Letzten werden die Ersten sein" aufkommt. Schreibe einen eigenen Schluss, in dem sich die Angestellten und der Chef auseinandersetzen.

**3** Die Geschichte oben ist eine moderne Fassung von Mt 20,1–10. Untersuche, ob die Übertragung alle wesentlichen Aspekte berücksichtigt.

→ eine Bibelstelle finden: Seite 251

**4** Lies Mt 20,11–16 und formuliere in eigenen Worten, was Jesus unter Gerechtigkeit versteht. Nimm den Text von Gerd Laudert-Ruhm zu Hilfe.

**5** Angenommen, dem Weinbergbesitzer/dem Unternehmer wird ein schriftliches Zeugnis ausgestellt. Bewerte seine Fähigkeiten, indem du den Punkt „Umgang mit den Mitarbeiterinnen und Mitarbeitern" verfasst.

# Auf welche Weise bietet Jesus Orientierung?

Jesus Freaks: Seite 96

**Interview mit Europas größtem Schuhhändler**

**Herr Dr. D., es geht um die Frage, mit welchen Werten oder welcher Werteorientierung man sein Geschäft betreibt. Was sind Ihre Grundsätze?**
Seit vielen Jahren gibt es ein Leitwort in der Firma, das habe ich irgendwann einmal geprägt: Die Firma hat den Menschen zu dienen. Es geht nicht darum, dass der Unternehmer viel Geld verdient, sondern dass er eine vernünftige Aufgabe in der Gesellschaft verrichtet. Wir sind als Mensch auch gleichzeitig Mitmenschen; den Mitmenschen dienen wollen, das ist auch der Weg zum Erfolg. Werte liegen in dieser praktizierten Mitmenschlichkeit.

Diakonie: Seite 124–125

**Eigentlich wollten Sie Arzt werden oder sind es ja auch geworden. War es eine schwere Entscheidung, damit aufzuhören?**
Nein. Wenn ich heute an meinen Leitspruch denke, dem Menschen dienen, dann ist man als Arzt von vornherein dazu angetreten. Aber für mich war das Zusammensein mit den Menschen im Geschäft und das Bedienen der Kunden, wie ich es von meinem Vater, von meiner Mutter her noch miterlebt hatte, genauso ein Dienst an den Mitmenschen. Ich habe das an meinem Vater gesehen, wie er sich außer diesem Dienst mit der Schuhbedienung um Arme und Kranke aus der Umgebung gekümmert hat. Ich sehe keinen Widerspruch darin. Als Christ und Unternehmer habe ich gelernt, mein Leben so zu führen, und ich bin ganz glücklich dabei geblieben.

**Was war Ihnen wichtig, als Sie Ihre Kinder erzogen haben?**
Da hat keine besondere Überlegung dahinter gestanden. Sie haben mitbekommen, wie mein Leben und das Leben meiner Frau durch den → Glauben an Jesus Christus bestimmt waren.

**Wenn Sie einen Wunsch frei hätten, was würden Sie sich wünschen?**
Ich schaue auf meine Frau und auch auf die Vergangenheit, die wir hatten, aber das ist vorbei. Was soll ich mir jetzt wünschen? Dass ich mein Glück darin finde, dass ich mich immer noch einbringen kann.

„Ein Unternehmen muss Geld verdienen. Moralische Erwägungen spielen dabei keine Rolle."
*Jason Reitman, Regisseur*

**!** **Moment mal!**
Schließt es sich nicht aus, wenn man Gewinn machen und „dem Menschen dienen" will?

Eine Frau träumte, sie beträte einen ganz neuen Laden am Markt, und zu ihrem Erstaunen stand Gott hinter dem Ladentisch. „Was verkaufst du hier?", fragte sie. „Alles, was dein Herz begehrt", sagte Gott.
Die Frau wagte kaum zu glauben, was sie hörte, beschloss aber, das Beste zu verlangen, was ein Mensch sich nur wünschen konnte. „Ich möchte Frieden für meine Seele und Liebe und Glück, und weise möchte ich sein und nie mehr Angst haben", sagte sie. Nach kurzem Nachdenken fügte sie hinzu: „Nicht nur für mich allein, sondern für alle Menschen auf der Erde."
Gott lächelte: „Ich glaube, du hast mich falsch verstanden, meine Liebe", sagte er, „wir verkaufen hier keine Früchte, nur die Samen."
*Anthony de Mello, Schriftsteller*

Wenn ich Mitleid empfinde, in einem Konflikt nachgebe oder jemandem helfe, dann denke ich nie an Jesus. Selbst wenn ich ganz bewusste Entscheidungen treffe und mich für eine gute Sache engagiere, tue ich das nicht, weil ich Jesus nacheifern und ihm ähnlich sein möchte. Vielmehr trage ich, wie wahrscheinlich alle Menschen, die tiefe Sehnsucht nach einer guten und friedlichen Welt in mir.
Ich kann nicht sagen, woher ich den Glauben habe, dass ich dazu etwas beitragen kann. Aber Jesus hat die Herrschaft Gottes unbeirrbar erwartet und radikal danach gelebt. Und vielleicht wächst in jedem, der seinen Worten und Taten ernsthaft begegnet, ein kleines Pflänzchen dieser verändernden Kraft.
*Claudia Bechstedt, Altenpflegerin*

Diakonie: Seite 124

## Aufgaben

1 Arbeite heraus, inwiefern die Firma für sich öffentlich eine Unternehmensführung „nach christlichen Grundsätzen" in Anspruch nimmt. Führt gemeinsam eine Pro- und Kontra-Diskussion dazu, wie das zu bewerten ist. Bezieht die Einschätzung von Jason Reitman mit ein.

2 Vergleiche die kurze Geschichte von Anthony de Mello mit dem → Gleichnis Lk 13,18f.

3 Erkläre, warum die Geschichte von de Mello ein Argument gegen die Behauptung ist, Jesus habe sich geirrt und das → Reich Gottes sei eine Utopie.

4 Stelle mit eigenen Worten dar, auf welche Weise sich Claudia Bechstedt am Handeln Jesu orientiert. Vergleiche ihre Sicht mit der Aussage, die in der Geschichte von de Mello deutlich wird.

eine Pro- und Kontra-Diskussion führen: Seite 98

eine Bibelstelle finden: Seite 251

Utopie: Seite 79

# Gibt es heute noch Wunder?

Stefan Schmidt (Links) singt mit dem Straßenchor

**Den Menschen eine Stimme geben**

Eine außergewöhnliche Idee, ein mutiges, ungewöhnliches Projekt: ein Chor aus Menschen, die im Leben nicht gerade auf der Sonnenseite stehen. Ob Wohnungslose, Hartz-IV-Empfänger, Drogensüchtige – Chorleiter Stefan Schmidt lädt sie alle ein, bei dem Projekt mitzumachen. Während seine bisherigen Schüler zahlreiche Preise auf nationalen und internationalen Wettbewerben abräumten, will er nun 50 Menschen höchste Töne entlocken, die zum Teil noch nie zuvor gesungen haben.
Ist diese Aufgabe zu bewältigen? Sind alle Chormitglieder gleichermaßen engagiert bei der Sache? Was hat sie motiviert, mitzusingen und welche Geschichten verbergen sich hinter ihren Schicksalen? Wie wird der Straßenchor ihr Leben verändern? Werden alle Mitglieder durchhalten und wird es dem Chor am Ende gelingen, die Menschen mit ihrer Darbietung zu begeistern?
Mit „Der Straßenchor" präsentiert ZDFneo eine reale Doku-Soap, die sozial schwach gestellten Menschen eine Stimme geben will. Die Aufgabe, als Gruppe eine Chorgemeinschaft zu bilden, vermittelt ihnen das Gefühl, gebraucht zu werden und Teil unserer Gesellschaft zu sein. Und vielleicht hilft ihnen das neu gewonnene Selbstwertgefühl auch dabei, ihre schwierige Lebenssituation langfristig zu verändern.

*ZDF*

Jesus als Seelsorger: Seite 76–77

**Wunder geschehen**

Auch das Schicksal und die Angst kommt über Nacht.
Ich bin traurig, gerade hab ich noch gelacht und an sowas Schönes gedacht.
Auch die Sehnsucht und das Glück kommt über Nacht.
Ich will lieben, auch wenn man dabei Fehler macht, ich hab mir das nicht ausgedacht.

***Refrain***: Wunder gescheh'n, ich hab's geseh'n
Es gibt so vieles, was wir nicht versteh'n.
Wunder gescheh'n, ich war dabei
Wir dürfen nicht nur an das glauben, was wir seh'n.

Immer weiter, immer weiter geradeaus, nicht verzweifeln, denn da holt dich niemand raus.
Komm, steh selber wieder auf.

Was auch passiert
Ich bleibe hier
Ich geh den ganzen langen Weg mit dir
Was auch passiert
Wunder geschehen *(Echo)*

*Nena*
*Text: Nena Kerner © EMI Songs Musikverlag*

**Sei selbst das Wunder**

*Bruce Nolan (Jim Carry) ist Fernsehreporter und völlig unzufrieden mit seinem Leben – bis er eines Tages Gott (gespielt von Morgan Freeman) trifft. Bruce beschuldigt Gott, sich nicht um ihn zu kümmern. Kurzerhand übergibt Gott Bruce vorübergehend seine göttliche Macht, während er selber in den Urlaub fährt. Bruce beginnt, seine neue Kraft einzusetzen, benutzt sie aber zunächst nur zu seinem Vergnügen. Er teilt aus Freude seine Suppe im Restaurant, er lässt seiner Frau größere Brüste wachsen und treibt Späße mit seinem Fernsehpartner. Später erkennt er seinen Eigennutz und versucht, alle Menschen glücklich zu machen: Er erfüllt alle Wünsche, was zu einem absoluten Chaos führt. Am Schluss des Films sucht er Gott auf und bittet ihn, ihm seine Wunderkraft wieder zu nehmen. An dieser Stelle findet folgendes Gespräch statt:*

**Bruce:** Es waren so viele. Und ich habe ihnen gegeben, was sie wollten.
**Gott:** Ja, aber seit wann wissen die Menschen denn schon, was sie wollen?
**Bruce:** Und was mache ich jetzt?

**Gott:** Die Suppe zu teilen, das war kein Wunder, das war ein Zaubertrick. Eine alleinerziehende Mutter mit drei Kindern und zwei Jobs, die immer noch Zeit findet, um ihren Sohn zum Fußball zu fahren, das ist ein Wunder. Ein Teenager, der Nein zu Drogen und Ja zu seinem Schulabschluss sagt, das ist ein Wunder. Die Menschen wollen immer, dass ich alles für sie tue. Dabei vergessen sie, dass sie es selbst in der Hand haben.

↔ Zuspruch und Anspruch: Seite 40

## Aufgaben

1 Seit Gründung des Straßenchores im Jahr 2009 haben sich zwar nicht für alle, aber für viele der Beteiligten neue Perspektiven ergeben. Erkläre, was das Projekt gelingen ließ. Beziehe dabei die Ergebnisse von Seite 77 mit ein.

2 Der Straßenchor hat als erstes Musikvideo den Song „Wunder geschehen" von Nena aufgenommen. Stelle in eigenen Worten dar, was für Nena ein „Wunder" ist. Verfasse einen inneren Monolog eines Chormitglieds direkt nach der Aufnahme, in dem die Bedeutung dieses Songs für den Chor zum Ausdruck kommt.

→ einen inneren Monolog verfassen: Seite 75

3 Arbeite mithilfe der Filmbeschreibung den Unterschied zwischen Zauberei und „echten Wundern" heraus.

4 Der Pastor eurer Gemeinde erklärt sich bereit, einen Schulgottesdienst zum Thema „Wunder heute" vorzubereiten. Entwerft eine 3–5-minütige Szene für diesen Gottesdienst, in der auch Kritik oder offene Fragen zur Sprache kommen dürfen.

# Was wollte Jesus?

Lisbeth Zwerger, ohne Titel

## Aufgabe

→ Bilder analysieren: Seite 94

Analysiere das Kunstwerk von Lisbeth Zwerger. Untersuche, was es mit Jesu Botschaft vom → Reich Gottes zu tun hat. Gib dem Bild einen Titel.

## Wissen

- „Die Herrschaft Gottes hat schon begonnen." Nenne Ereignisse, die für Menschen zur Zeit Jesu zum Zeichen dieser Überzeugung wurden.
- Das griechische Wort, das wörtlich „Königsherrschaft" heißt, wird in der Bibel-Übersetzung „Die Gute Nachricht" mit *Gottes neue Welt* übersetzt. Erkläre, wie die Herausgeber auf diese Übersetzung kommen.
- Ein berühmtes Zitat lautet: „Jesus hat das Himmelreich verkündet, und was kam, war die Kirche." Weise am Beispiel der Telefonseelsorge nach, dass sich die Kirche bemüht, mit ihren Angeboten an das Wirken Jesu anzuknüpfen.
- Ein Verlag möchte ein Wörterbuch „von Schülern für Schüler" herausgeben. Verfasse einen Entwurf für den Artikel „Gerechtigkeit" im Umfang von 40 bis 60 Wörtern.
- Manche deuten → Wundergeschichten im übertragenen Sinne. Wende diesen Vorschlag auf Mk 10,46–52 an und verfasse einen inneren Monolog des Bartimäus nach seiner Heilung. Verwende dazu eine geeignete Redewendung („Blind sein für etwas", „Jemandem die Augen öffnen", „Es fällt mir wie Schuppen von den Augen" …).

→ **eine Bibelstelle finden:** Seite 251

→ **einen inneren Monolog verfassen:** Seite 75

## Können

- Blättere zurück auf Seite 72. Beantworte die Aufgabe schriftlich oder überarbeite deinen ersten Entwurf.
- Das Altarbild auf Seite 70 trägt den Titel „Ich bin die Tür". Vollständig lautet Joh 10,9: „Ich bin die Tür für die Schafe. Wer durch mich hineingeht, wird gerettet. Er wird ein- und ausgehen und Weideland finden." Deute das Altarbild mit dem Zitat auf der Grundlage dessen, was du in diesem Kapitel gelernt hast.

## Anwenden

- Recherchiere „Ich-bin-Worte" Jesu im Johannesevangelium. Gestalte zu einem dieser Worte ein eigenes Kunstwerk.
- Ladet Menschen aus einem Seniorenheim zum gemeinsamen Essen, Singen oder Vorlesen ein.
- Führt in Kleingruppen Interviews mit haupt- oder ehrenamtlichen Seelsorgerinnen und Seelsorgern, zum Beispiel aus der Ehe- und Lebensberatung, der Notfall-, Gefängnis-, Militär- oder Krankenhausseelsorge.

→ **ein Interview führen:** Seite 252

# 5 Wie modern muss die Kirche sein?

## Wenn du dieses Kapitel bearbeitet hast, kannst du …

- den Zusammenhang zwischen moderner Kunst und moderner Kirche beschreiben.
- die reformatorischen Grundeinsichten erklären.
- darstellen, wie es zur Trennung in katholische Kirche und evangelische Kirchen gekommen ist.
- erklären, warum evangelische Kirchen die Zeit ihrer Entstehung als „Reformation“ bezeichnen.
- an Beispielen erläutern, welche Reformvorstellungen die evangelischen Kirchen bis heute in Bezug auf ihre Organisation, ihre Projekte und ihre Kirchengebäude prägen.
- darlegen, weshalb sich die Kirche immer wieder erneuern muss.
- aufzeigen, welche Funktion die Bibel und ihre Sprache von der Reformation bis heute für die evangelischen Kirchen haben.

## Was kannst du schon?

- Aufgaben von Kirche als Gemeinschaft erklären
- Besonderheiten von katholischen und evangelischen Kirchengebäuden benennen
- Gemeinsamkeiten und Unterschiede im Glauben evangelischer und katholischer Christinnen und Christen aufzeigen

## Diese Methoden wendest du an:

- Bilder analysieren
- eine Pro- und Kontra-Diskussion führen

# Setzt sich die Kirche ins rechte Bild?

1990 wurde ein neues Altarbild in der evangelischen Kirche der Nordseeinsel Langeoog enthüllt. Unter den Gemeindegliedern gab es Ärger, Lob und viele Diskussionen. Bis heute gilt das Gemälde des Malers Hermann Buß als eine Besonderheit. Viele Besucher aus anderen Kirchengemeinden besichtigen das Altarbild, weil sie überlegen, ob auch sie für ihre Kirche eine Modernisierung mit einem Kunstwerk von Buß ins Auge fassen sollten. Inzwischen hat der Künstler auch für weitere Gemeinden moderne Altarbilder gestaltet.

In der Diskussion wurden verschiedene Standpunkte vertreten:

Alles soll immer modern sein! Mit diesem Bild kann doch niemand etwas anfangen. Das will ich mir nicht jeden Sonntag ansehen müssen. Ein Altarbild sollte schön sein! Kein Wunder, dass auf diesem Bild der Tisch leer bleibt!

Wo soll da die gute Botschaft stecken? Das passt nicht zu dem, was ich von der Kirche erwarte. … Man stelle sich mal vor, was ein Pfarrer noch predigen kann, mit diesem Bild vor Augen und wenn er weiß, wie das Bild auf uns Besucher wirkt!

Was erwartet ihr? Wer hier schimpft, sollte sich lieber fragen, welchen Platz im Bild er sich schon ausgesucht hat.

Ein Schiff, das sich Gemeinde nennt: Seite 99

Mein Gott, das trifft zu! Ein Schiff, das sich Gemeinde nennt … Wir sind in eine ganz schöne Schieflage geraten. Bei einem gestrandeten Schiff, da bewegt sich nichts mehr.

## Aufgabe

Formuliere deine Gedanken zu dem Gemälde für einen Eintrag in das Langeooger Gästebuch, das in der Kirche ausliegt.

## Dazu ist es wichtig, …

- die bildlichen „Botschaften“ des Gemäldes zu entschlüsseln.
- zu überprüfen, wie das Bild zu einer evangelischen Kirche und ihren Glaubensvorstellungen passt.
- dich damit auseinanderzusetzen, was „modern“ ist.
- einen eigenen Standpunkt dazu einzunehmen, ob das Bild einen gelungenen Beitrag für eine moderne Kirche leisten kann.

Hermann Buß, Altarbild, Ev. Inselkirche Langeoog (1990)

## Aufgaben

1 Begründe, welchen Äußerungen auf Seite 92 du spontan zustimmst. Führt gemeinsam eine Vor-Abstimmung für oder gegen das Altarbild durch.

2 Arbeite mithilfe der Methode „Bilder analysieren" heraus, was bei Buß' Altarbild vermutlich Diskussionen und Streit ausgelöst hat.

→ Bilder analysieren: Seite 94

3 Beschreibe, welche Aspekte von Kirche im Bild auf Seite 90 besonders angesprochen werden.

# Kann jeder in der Kirche seinen Platz finden?

**Jesus erzählt ein → Gleichnis von einem großen Gastmahl**

Dazugehören: Seite 78

❞ Ein Mann veranstaltete ein großes Festessen und lud viele Gäste ein. Als das Fest beginnen sollte, schickte er seinen Diener los und ließ den Gästen sagen: „Kommt, jetzt ist alles bereit!" Aber einer nach dem anderen entschuldigte sich. Der erste sagte zu ihm: „Ich habe einen Acker gekauft. Und jetzt muss ich unbedingt gehen und ihn begutachten. Bitte, entschuldige mich!", ein anderer sagte: „Ich habe fünf Ochsengespanne gekauft und bin gerade unterwegs, um sie genauer zu prüfen. Bitte, entschuldige mich!" Und wieder ein anderer sagte: „Ich habe gerade erst geheiratet und kann deshalb nicht kommen."

Der Diener kam zurück und berichtete alles seinem Herrn. Da wurde der Hausherr zornig und sagte zu seinem Diener: „Lauf schnell hinaus auf die Straßen und Gassen der Stadt. Bring die Armen, Verkrüppelten, Blinden und Gelähmten hierher." Bald darauf meldete der Diener: „Herr, dein Befehl ist ausgeführt – aber es ist immer noch Platz." Und der Herr sagte zu ihm: „Geh hinaus aus der Stadt auf die Landstraßen und an die Zäune. Dränge die Leute dort herzukommen, damit mein Haus voll wird! Denn das sage ich euch: Keiner der Gäste, die zuerst eingeladen waren, wird an meinem Festmahl teilnehmen!" ❝
(Lk 14,15–24)

## Methoden-Karte: **Bilder analysieren**

„Ein Bild sagt mehr als tausend Worte" behauptet ein Sprichwort. Manche Bilder erschließen sich auf Anhieb, bei anderen sollte man dem Dreischritt der Bildanalyse folgen: „Wahrnehmung – Beschreibung – Deutung".

**So kannst du vorgehen:**

1. Lass deinen Blick über alle Teile und Bereiche des Bildes wandern. Achte darauf, was du spontan **wahrnimmst**, was deinen Blick anzieht oder abstößt. Nimm auch wahr, was das Bild in dir auslöst: Gefühle, Stimmungen, Erinnerungen, Einfälle.
2. **Beschreibe** genau, was wie auf dem Bild dargestellt ist, ohne Mutmaßungen anzustellen, was das jeweils bedeuten soll: Figuren, Formen, Farben, Linienführung, Lichtführung, Hell-Dunkel- oder Farb-Kontraste. Beachte, was im Zentrum steht und/oder beleuchtet ist.
3. Mache die Bildkomposition **sichtbar**, indem du ein Pergamentpapier oder eine Folie auf die Abbildung legst und Linienführung, Bildaufteilung und die Umrisse der Figuren nachzeichnest.
4. **Deute** das Bild, indem du Entsprechungen zwischen Botschaft und Gestaltung benennst. Beziehe Informationen zum Künstler oder zur Künstlerin, zum Titel, zur Entstehungszeit und gegebenenfalls zum Standort oder Auftraggeber des Bildes ein.
5. Bringe das Bild und seine Botschaften zum Sprechen. **Versetze** dich dazu
   a) in eine dargestellte Person **hinein** oder
   b) als Beobachter an einen ausgewählten Platz des Gemäldes.

eine Internetrecherche durchführen: Seite 252

Willy Fries, Das große Gastmahl (1965)

Verheißungen Jesu: Seite 78–79

## Aufgaben

1 Analysiere das Bild von Willy Fries. Vergleiche es nach der Beschreibung mit dem → Gleichnis vom großen Gastmahl in Lk 14,15–24.

2 Verfasse pro Abschnitt der Gleichniserzählung in einem inneren Monolog des Gastgebers, was ihn bewegt und was er empfindet.

einen inneren Monolog verfassen: Seite 75

3 Manche Menschen beziehen das sprachliche Bild vom Gastmahl auf die Lage der Kirche: Die Kirche lädt ein, aber die Eingeladenen kommen nicht. Nimm Stellung dazu, ob diese Interpretation dem Gleichnis gerecht wird.

4 Der Innenraum der Kirche, die zu Beginn des Kapitels abgedruckt ist (Seite 90), enthält keine Bilder. Formuliere eine erste Einschätzung, wie eine Kirchengemeinde am besten zeigen kann, dass sie in unsere moderne Zeit passt: durch das Bild von Willy Fries (diese Seite), das von Hermann Buß (Seite 93) oder durch gar kein Bild. Begründe deine Wahl.

# Welche Gemeinde passt zu jungen Menschen?

Orientierung an Jesus: Seite 84–85

Festival der Jesus Freaks

„Als Jesus Freaks behaupten wir, dass trotz langweiliger Kirchengottesdienste, ‚Geld scheffelnder' Fernsehprediger und all dem pseudo-religiösen Getue hinter der Sache mit Jesus etwas Wahres und sehr Fantastisches steckt! Der Jesus, den man in der Bibel findet, ist krass. Er nahm kein Blatt vor den Mund und kritisierte alles, was ihm nicht gefiel, und doch wurde jeder von ihm angenommen und geliebt. Wir fragten Ihn: Können wir so sein, wie wir sind und trotzdem radikal mit Dir leben? Wie könnte unsere Gemeinde aussehen? Wie könnten Dinge wie Gottesdienst, Predigt, Anbetung für uns gestaltet werden? Unsere Vision ist es, dass in unserem Land, in Europa und überall auf der ganzen Welt unsere Generation für Jesus aufsteht, da für sie ein kompromissloses Leben mit Jesus das Coolste, Heftigste, Intensivste und Spannendste überhaupt ist. Diese „Jesusbewegung" will Leute ermutigen, ihre eigenen Gemeinden zu starten, mit ihrem Background, ihrem Stil und in ihrer Kultur."

**!** **Moment mal!**
Kann man Jesus „krass" finden und „Partys" für ihn feiern?

## Info – Jesus Freaks

Ab Beginn der 1990er-Jahre entwickelten sich in verschiedenen deutschen Städten besonders unter Jungendlichen und jungen Erwachsenen offene christliche Gruppen unter dem Namen „Jesus Freaks". Sie wollen keine eigene Kirche sein, sondern in ihren Gottesdiensten eigene Formen der Feier und des christlichen Lebens suchen.

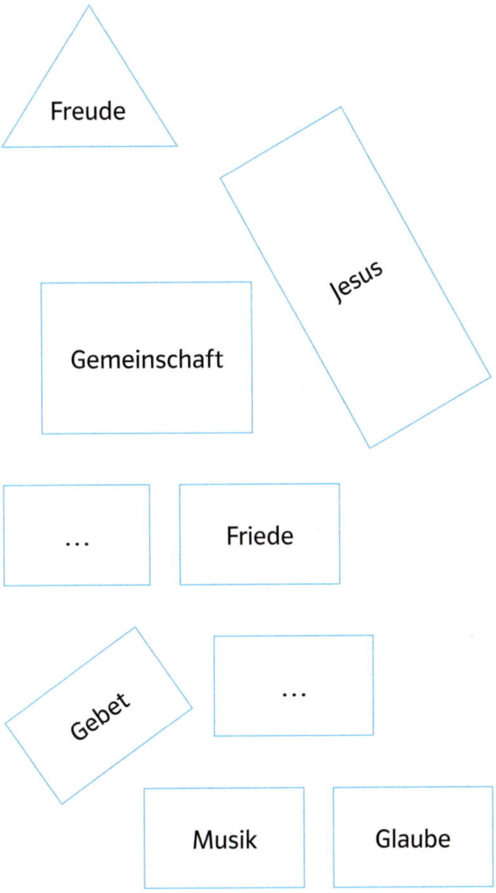


Das wird gut,
komm schon, los, damit wir nicht die Letzen sind,
endlich geht da mal was ab.

Lass dein Gesangbuch liegen,
das brauchen wir diesmal nicht.

Du wirst schon sehen,
das wird ganz anders.

Los doch, kannst ruhig den bunten Schal nehmen,
ist ja schließlich nicht wie sonst.
Du brauchst nicht die ganze Zeit still zu sitzen.

Gitarren gibt es und Schlagzeug,
Hier der Liederzettel, siehst du,
was ich meine?

Ach was, Gottesdienst,
Jesus-Party heißt das dort, ist doch total
gut, nicht wahr?
Endlich mal nicht feiern wie sonst. Bin gespannt,
was das für ein Abend wird.

Mama und Papa warten im Auto,
hab ihnen auch noch nichts genauer verraten.

Na los, Oma, komm schon.

**! Moment mal!**
Ist die „normale Kirche" immer nur etwas für ältere Leute?

## Aufgaben

1 Arbeite heraus, was den Jesus Freaks in bestehenden Kirchengemeinden fehlt.

2 Stelle zusammen, was zu einer Kirche gehören soll. Zeichne ein Kirchengebäude aus verschiedenen Bausteinen in dein Heft. Bestimme, was Fundament, Kirchenraum oder Turm sein soll.

3 Vergleiche deine Entwürfe für eine gute Kirche mit Erfahrungen aus Kirchenveranstaltungen. Tausche mit deinen Mitschülerinnen und Mitschülern sowohl gute als auch schlechte Erfahrungen aus. Ändere deinen Entwurf entsprechend.

4 Erkläre, warum der oben beschriebene Versuch, der gesamten Familie eine Freude mit der Jesus-Party zu machen, vermutlich scheitern wird.

5 Finde heraus, welche Möglichkeiten es für Jugendliche in deiner Kirchengemeinde gibt, mitzumachen und mitzugestalten.

→ eine Internetrecherche durchführen: Seite 252

# Ist die Kirche von heute von gestern?

Ausdrucksformen von Religion: Seite 19

*Ein Jugendpfarrer erzählt von seiner Arbeit in der Gemeinde:*
Bei dem Wort „Kirche" hab ich früher an ganz vieles gedacht. Immer dabei ist der Eindruck, wie ich als kleines Kind zu Weihnachten in der hölzernen Kirchenbank auf das Lied „Stille Nacht" warte, bevor es heim zu den Geschenken ging.
Heute bin ich Jugendpfarrer und denke dabei an meine Aufgabe: dafür zu sorgen, dass die Botschaft von Jesus, dem Christus, nach all den Jahrhunderten noch ankommt.
Im Konfirmandenunterricht habe ich damals → Psalm 23 auswendig lernen sollen. *„Der Herr ist mein Hirte ..."*. Komisch, etwas zu kennen, das seit fast dreitausend Jahren gesprochen wird. Manchmal gehen mir die Worte so durch den Kopf, manchmal sage ich sie als → Gebet. Dann denke ich, besser hätte ich das nicht ausdrücken können. Deshalb tut es gut, wenn einer der Jugendlichen sie für den Gottesdienst aussucht.
Bis heute ist unsere Kirche bei Jugendgottesdiensten noch nie leer geblieben.
Oft warten einige am Ende ab, bis sie die Letzten sind. Dann gucken sie noch herum oder gehen langsam an einer bestimmten Stelle vorbei, unter dem Kreuz oder vor dem Altar. Komischerweise machen Erwachsene das manchmal genauso. Einmal hat ein Mädchen noch zu mir gesagt: „Der Segen am Ende ist mir am wichtigsten, sonst fehlt was." Das sehe ich auch als meine Aufgabe an: zu zeigen, was unsere alten Traditionen noch können, und Menschen dabei das Gefühl zu geben, zusammenzugehören und Christen zu sein.
Als einmal die Glocken ausgefallen waren, spielten wir stattdessen ein Lied aus unserer Anlage. Da fragten einige, warum das Geläut gefehlt habe. Andere meinten, wir könnten die Glocken ruhig immer weglassen. Am Ende diskutierten sie eine Stunde, ob unsere Gottesdienste überhaupt aus den traditionellen Teilen wie Gebete, Predigt, Kirchenliedern bestehen müssen.

## Methoden-Karte: eine Pro- und Kontra-Diskussion führen

Mit einer Pro- und Kontra-Diskussion können unterschiedliche Standpunkte in einem Rollenspiel zum Ausdruck gebracht und Argumente ausgetauscht werden.

**So könnt ihr vorgehen:**

1. Formuliert eine Streitfrage so, dass sie mit „Ja, weil ..." oder „Nein, weil ..." zu beantworten ist.
2. Legt die Rollen „Befürworter", „Gegner", „Moderator" und „Beobachter" fest.
3. Sammelt arbeitsteilig Argumente und passende Beispiele für Befürworter und Gegner. Ordnet sie nach Überzeugungskraft.
4. Bereitet den Raum so vor, dass sich die Parteien vom Moderator getrennt gegenübersitzen. Der Moderator legt Ablauf und Zeitrahmen der Diskussion fest, erteilt das Wort und sorgt für einen fairen Umgang miteinander.
5. Stellt als Befürworter oder Gegner zu Beginn euren jeweiligen Standpunkt vor. Geht beim Austausch der Argumente aufeinander ein. Tipp: Wiederhole kurz ein gegnerisches Argument und knüpfe dein eigenes an.
6. Tragt nach Abschluss der Diskussion mithilfe der „Beobachter" zusammen, welche Hilfen das Streitgespräch für die Entscheidung liefern konnte.

**Ein Schiff, das sich Gemeinde nennt (evangelisches Kirchenlied, Strophe 1–3)**

2. Das Schiff, das sich Gemeinde nennt, / liegt oft im Hafen fest, / weil sich's in Sicherheit und Ruh bequemer leben lässt. / Man sonnt sich gern im alten Glanz, / vergangner Herrlichkeit und ist doch heute für den Ruf / zur Ausfahrt nicht bereit. / Doch wer Gefahr und Leiden scheut, / erlebt von Gott nicht viel. / Nur wer das Wagnis auf sich nimmt, / erreicht das große Ziel.

3. Im Schiff, das sich Gemeinde nennt, / muss eine Mannschaft sein, / sonst ist man auf der weiten Fahrt / verloren und allein. / Ein jeder stehe, wo er steht, / und tue seine Pflicht; / wenn er sein Teil nicht treu erfüllt, / gelingt das Ganze nicht. / Und was die Mannschaft auf dem Schiff / ganz fest zusammenschweißt / in Glaube, Hoffnung, Zuversicht, / ist Gottes guter Geist.

*Text und Melodie: Martin Gotthard Schneider (1960), Gustav Bosse Verlag, Kassel*

**Moment mal!**
Gibt es für Junge und Alte in der Kirche überhaupt etwas, das sie zusammenbringt?

## Aufgaben

1 Arbeite heraus, inwiefern laut Aussage des Jugendpfarrers auch Jugendlichen Traditionen wichtig sind. Vergleiche die Erfahrungen des Pfarrers mit deinen eigenen.

2 Stelle die Aufgaben einer Kirchengemeinde zusammen und halte fest, inwiefern dir der Vergleich mit einem Schiff passend erscheint.

3 Erläutere, wie der Liedtext zu dem Altarbild aus Langeoog (Seite 93) passt.

4 Führt eine Pro- und Kontra-Diskussion zur Frage, ob die traditionelle Gottesdienstform ersetzt werden sollte. Erarbeitet Argumente aus dem Erfahrungsbericht des Jugendpfarrers und dem Lied. Ergänzt eigene Argumente.

5 Einigt euch in eurer Lerngruppe auf ein Eingangsritual für die Religionsstunde, das ihr das nächste halbe Jahr erprobt: das Singen eines Liedes, das Vortragen eines Gedichts oder Spruchs aus dem Buch der Sprüche, das gemeinsame Sprechen eines Psalmverses …

# Was lehrte die Kirche im Spätmittelalter?

Rogier van der Weyden, Mittelteil eines Altarbildes (15. Jh.)

„Außerhalb der Kirchengemeinschaft ist kein Heil für die Seelen der Menschen zu finden", verkündeten die Oberen der Kirche im späten Mittelalter. Einzig die Kirche zeige den Weg zu Gott und seinem Heil. Einzig die Priester sollten die Bibel studieren und den Christen Gottes Willen verkünden. Die Kirche sei dabei selbst ein Teil dieses Weges. Der Papst nannte sich *pontifex maximus*, der „größte Brückenbauer".

In den Kirchengebäuden zeigten Altarbilder die Botschaft der Kirche besonders eindrücklich. Und genau dort suchten die Menschen Antworten auf die großen Fragen ihres Lebens.

Der links abgebildete Mittelteil eines Altarbildes zeigt Jesus, der am Jüngsten Tag die Lebenden und die Toten richtet.

Links führt der Weg zur Himmelspforte, rechts zum Höllenschlund. Dort stellte man sich zuerst das Fegefeuer vor, einen Ort, an dem man zeitlich befristet die Strafe erlitt für begangene „lässliche" Sünden im Leben, bevor man in den Himmel kam. Für schwere Sünden („Todsünden"), die vor dem Tod nicht gebeichtet und bereut wurden, war der direkte Weg in die Hölle vorgesehen. Die meisten Menschen wuchsen mit solchen Vorstellungen auf.

Sünde: Seite 56

***Martin Luther** berichtete als alter Mann, wie er sich früher als junger Mönch gefühlt hatte:*
„Ich hasste dieses Wort aus dem Neuen Testament: ‚→ Gerechtigkeit Gottes'. Denn obgleich ich als untadeliger Mönch lebte, fühlte ich mich vor Gott als Sünder und lebte ständig mit unruhigstem Gewissen. Ich konnte einfach nicht darauf vertrauen, dass meine Mühen, gut und richtig zu leben, aus Gottes Sicht ausreichend waren. Oft war ich mir dagegen sicher, dass nichts, was ich tat, gut genug sein konnte.
So liebte ich nicht, nein ich hasste diesen ‚gerechten und die Sünder strafenden Gott'. Ich dachte: Der Mensch fühlt sich durch all die Regeln der Bibel bedroht und zu Boden geworfen, weil er sie niemals alle erfüllen kann. Er muss sich als armer, verlorener Sünder fühlen. Will Gott uns durch das → Evangelium, seine frohe Botschaft, seine Gerechtigkeit und seinen Zorn androhen und uns so Leid zufügen?"

↔ Der barmherzige Vater: Seite 46–47

*Im Auftrag des Papstes hielt damals **Johannes Tetzel** vor den Menschen an vielen Orten im deutschen Reich Predigten, die wohl so klangen:*
„Auch du bist in die großen Gefahren dieser Welt gestellt und weißt nicht, ob du den sicheren Hafen des Heils im Himmel erreichst. Wisse, dass jeder, der gebeichtet, bereut und Geld in diesen Kasten unserer Mutter Kirche getan hat, eine Vergebung aller seiner Sünden haben wird.
Habt ihr nicht auch die Stimmen eurer Eltern und anderer Verstorbener gehört, die zu euch rufen: ‚Erbarmt euch, denn wir leiden sehr harte Strafen und Folter im Fegefeuer, von denen ihr uns loskaufen könnt'?
Die Heiligen haben mit ihrem Übermaß an guten Werken der Kirche einen Schatz erworben, aus dem sie euch gerne etwas austeilt. Ihr könnt Anteil bekommen an diesem Schatz, wenn ihr Ablassbriefe bei mir kauft. Der Ablassbrief schenkt euch Vergebung und erlässt euch die Strafen für eure Sünden."

↔ Schuld und Vergebung: Seite 37, 267

Viele Christinnen und Christen hörten zu und kauften Ablassbriefe, auf denen die Zeit festgehalten wurde, um die sich das Leiden im Fegefeuer verkürzen sollte. Manche konnten das Geld für einen Ablassbrief trotz vieler Mühen nicht aufbringen. Das eingenommene Geld diente zum Bau des Petersdoms in Rom.

## Aufgaben

1 Beschreibe die Auswirkungen solcher Bilder vom Jüngsten Gericht auf das Verhalten, Denken und Fühlen im Alltag der spätmittelalterlichen Menschen.

2 Entwirf zwei Spielszenen zu Tetzels Rede:
a) eine, in der sich Menschen darüber austauschen, was sie antreibt, Tetzel zuzuhören und
b) eine dazu, was sich nach dem Kauf eines Ablassbriefes für sie verändert hat.

3 Führt aus Sicht spätmittelalterlicher Bürger eine Pro- und Kontra-Diskussion zu der Frage, ob die Kirche Ablassbriefe anbieten sollte. Achtet besonders auf die Wirkungen, die der Verkauf für die Christinnen und Christen und die Kirche haben kann.

→ eine Pro- und Kontra-Diskussion führen: Seite 98

# Was lehrte Martin Luther?

*Martin Luther erinnert sich an den Wendepunkt seines Lebens, der ihn nie mehr losgelassen hat:*

„Tag und Nacht dachte ich unablässig darüber nach, bis Gott sich meiner erbarmte und ich auf den Zusammenhang der Worte in der Bibel achtete: der Gerechte lebt aus → Glauben.
Da fing ich an zu verstehen, wie sich die ‚→ Gerechtigkeit Gottes' zeigt: indem Gott die Menschen nicht verurteilen will, sondern sie beschenkt.
Das Geschenk ist, dass ich an diesen freundlichen Gott glauben durfte. Er bekleidet uns mit seiner Gerechtigkeit. Aus diesem Glauben kann man leben und sich vor Gott nun als ein Gerechter fühlen.

Ich begriff, dass dies der Sinn sei:
Durch das → Evangelium wird die Gerechtigkeit eines barmherzigen Gottes offenbar, wie geschrieben steht: ‚Der Gerechte lebt aus Glauben'. Da fühlte ich, dass ich geradezu neugeboren und durch die geöffneten Pforten in das Paradies selbst eingetreten war. Da erschien mir durchgehend ein anderes Gesicht der ganzen Schrift.
Und mit welchem Hass ich vorher das Wort ‚Gerechtigkeit Gottes' hasste, mit solcher Liebe schätzte ich es nun als allerliebstes Wort. So wurde mir jene Stelle bei Paulus wahrhaft die Pforte des Paradieses.
Ich durchlief danach die Schrift, soweit ich sie im Gedächtnis hatte, und fand auch in anderen Ausdrücken einen ähnlichen Sinn: ‚Kraft Gottes' heißt: Kraft, mit der er uns kräftig macht, so galt es auch für die Begriffe Stärke Gottes, Heil Gottes."

↔ **Rechtfertigung bei Paulus:** Seite 37, 39

**»** Durch die Gute Nachricht wird Gottes Gerechtigkeit offenbar. Das geschieht aufgrund des Glaubens und führt zum Glauben. So steht es schon in der Heiligen Schrift:
„Aufgrund seines Glaubens wird der Gerechte das Leben erlangen." **«**
(Röm 1,17)

Luthers Erkenntnisse werden seit der → Reformation in vier Grundsätzen zusammengefasst:
*solus christus* – Allein Jesus Christus (ist das Zentrum und Oberhaupt unserer Kirche.)
*sola scriptura* – Allein durch die Schrift (das heißt: durch die Bibel kann Gottes Wille erkannt werden.)
*sola gratia* – Allein durch die → Gnade (und Liebe Gottes werden wir zu Kindern Gottes.)
*sola fide* – Allein durch den → Glauben (werden wir vor Gott „gerecht".)

Wege der Bibelauslegung: Seite 133

**95 Thesen zum Ablass von Dr. Martinus Luther (Auszug):**
21: Es irren alle Ablassprediger, die sagen, dass durch Ablässe der Mensch von jeder Strafe befreit und selig werde.
36: Jeder Christ, der wahrhaft Reue empfindet, hat völlige → Vergebung von Strafe und → Schuld, die ihm auch ohne Ablassbrief zukommt.
43: Man soll die Christen lehren, dass es besser sei, den Armen etwas zu schenken und den Bedürftigen zu helfen, als Ablässe zu kaufen.
44: Durch ein Werk der Liebe wächst die Liebe und der Mensch wird besser, aber durch den Ablass wird er nicht besser.
62: Der wahre Schatz der Kirche ist das allerheiligste → Evangelium von der Herrlichkeit und → Gnade Gottes.

Schuld und Vergebung: Seite 37, 267

Die Thesen waren von Luther als Diskussionsbeitrag gemeint; ob er sie tatsächlich am 31. Oktober 1517 an die Schlosskirchentür von Wittenberg geheftet hat, kann man heute nicht mehr sagen.

## Aufgaben

1 Verfasse für den zuständigen Erzbischof zur Zeit Luthers ein Gutachten, das ihm hilft, die Konsequenzen von Luthers Thesen für die mittelalterliche Kirche einschätzen zu können.

2 Erläutere anhand der beiden Zeichnungen auf Seite 102, wie Luthers Erkenntnis zu einem Wendepunkt im Leben wurde und ihn antrieb, sich einzumischen.

3 Ordne folgende Bibelstellen den vier „soli" zu: Röm 1,16f.; 1 Joh 4,8–16; Röm 3,28; Gal 2,16; Joh 3,16f.

4 Grafisiere das neue Verhältnis des Menschen zu Gott und zu sich selbst. Füge passende Zitate aus den Bibelstellen ein.

5 Entwirf eine neue Antwort auf Tetzels Predigt (Seite 101).

eine Bibelstelle finden: Seite 251
Grafisieren: Seite 256

# Braucht die Kirche eine neue Sprache?

Ein Flugblatt aus dem frühen 16. Jahrhundert will die Situation bildlich zuspitzen. Luther und seine Anhänger stehen Papst Leo X. und seinen Amtsträgern gegenüber.

Die von Luther formulierten Grundsätze sollten die Kirche wieder nach dem → Evangelium ausrichten, das heißt: „evangelisch" machen. Sie betrafen nicht allein den → Glauben, sondern auch die Kirche und deren Macht.
Viele Anhänger griffen die Idee auf, Kirche und Glaubensvorstellungen zu reformieren, ihnen also eine neue Form zu geben. Das betraf auch die Sprache.
Bisher galt das Lateinische als Sprache der Kirche. Die Bibel wurde nur in lateinischer Sprache verwendet und die Gottesdienste (→ „Messen") fanden – bis 1565 – auf Lateinisch statt. Die allermeisten Menschen verstanden diese Sprache nicht. Sie konnten wohl Laute aus den Gottesdiensten wiedergeben, wie: *„Pater noster, qui es in caelis ..."*. Die Bedeutung blieb ihnen aber verschlossen.

Luthers Bibelübersetzung: Seite 146–147

Für Luther zeigte dies: Das im Lateinischen verschnürte Wort Gottes musste befreit werden, damit die Menschen die Freiheit des Evangeliums erfahren konnten. Die Reformatoren übersetzten die Bibel in die deutsche Sprache. Der Buchdruck sorgte für Verbreitung. In immer mehr Häusern lasen Menschen nun selbst die biblischen Bücher.

Die Evangelische Kirche in Deutschland (EKD) hat 2011 zu einer „Segensflieger-Flashmob-Aktion" aufgerufen: Am 31. Oktober sollten passend beschriftete Papierflieger von Kirchtürmen gestartet werden. Die EKD begründete: „Damals wie heute gilt für Protestanten: Auf das Wort kommt es an. Doch darüber nachdenken muss jeder selbst. Luthers Anliegen: Gottes Wort unter die Leute bringen. Und zwar so, dass sie es verstehen und eigenständig darüber nachdenken können, was denn dieses Wort für ihr Leben bedeutet. → Reformation heute: selbst denken, reden, schreiben und surfen.
Da die Kirche immer neu und beständig zu reformieren ist, ist es wohl an der Zeit, neue, originelle Kommunikationsformen zu entwickeln."

**Moment mal!**
Kann man das Wort Gottes mit Papierfliegern unter die Leute bringen?

## Info – Volxbibel

Die modernen Bibelübersetzungen gingen Martin Dreyer, einem Jesus Freak, nicht weit genug. Er begann ein neues „Übersetzungsprojekt" für junge Menschen, an dem sich seit 2006 im Internet alle Interessierten beteiligen können. Die Volxbibel ist keine Übersetzung im herkömmlichen Sinn, weil die „Übersetzer" nicht aus dem Griechischen und Hebräischen übersetzen, sondern einen vorhandenen deutschen Text sprachlich anpassen. Deshalb spricht man von einer „Übertragung".

Jesus Freaks: Seite 96

Wovon mache ich mich abhängig? Seite 34–35

**Leseprobe aus der Volxbibel**

„Jetzt mal ein Paradebeispiel, wie ihr beten könnt: ‚Hey, unser Papa da oben! Darum geht's, dass du und dein Name allein auf dieser Welt ganz groß rauskommen! Du sollst hier das Sagen haben, auf der Erde genauso, wie es da oben im Himmel ja schon immer der Fall war. Hey, versorg uns doch bitte mit allem, was wir heute so zum Leben brauchen! Und verzeih uns die Sachen, wo wir mal wieder Mist gebaut haben. Wir verzeihen ja auch denen, die bei uns was verbockt haben. Pass auf, damit wir nicht irgendwelchen schlechten Gedanken nachgeben und dir untreu werden und so. Führe uns nicht in Situationen, wo wir Fehler machen könnten. Rette uns, wenn uns das Böse anzeckt! So passt es [Amen]!'"
(Mt 6,5–14, gekürzt)

## Aufgaben

1 Beschreibe, wie der Künstler des Flugblattes aus dem 16. Jahrhundert die Situation Luthers und seiner Anhänger sowie die beiden → Konfessionen darstellt.

Bilder analysieren: Seite 94

2 Luther wollte bei seiner Bibelübersetzung „dem Volk aufs Maul schauen". Entwirf ein fiktives Gespräch zwischen ihm und Martin Dreyer, in dem es darum geht, was gelungene Bibelübersetzungen sind. Stelle mithilfe der Seite www.bibleserver.com zusammen, wie der oben abgedruckte Text aus der Volxbibel in anderen Übersetzungen lautet und was dir dabei jeweils gelungen erscheint.

3 Führt eine Pro- und Kontra-Diskussion zur Frage, ob die Volxbibel als Standardbibel für den evangelischen Religionsunterricht geeignet ist.

eine Pro- und Kontra-Diskussion führen: Seite 98

4 Entwirf eine Präsentation, in der die Bedeutungen der deutschsprachigen Bibel für die evangelische Kirche und die evangelischen Christinnen und Christen heute herausgestellt werden.

eine digitale Präsentation erstellen: Seite 42

# Calvin – ein anderer Kirchenreformer

Die reformierte Kirche in Hildesheim

**Ein anderer Weg, evangelisch zu werden: Johannes Calvin (1509–1564)**

Als Luther mit 34 Jahren seine 95 Thesen verfasste, war Calvin erst 18 Jahre alt. Er wurde als Jean Cauvin in Frankreich geboren und studierte nach dem Willen seines Vaters Jura, später auch klassische Literatur. Seine Laufbahn als Theologe beginnt 1536 mit seinem Wälzer „Unterricht in der christlichen Religion“ (lateinisch: Institutio). Besonders das Schicksal seines Vaters bringt ihn dazu, die katholische Kirche immer kritischer zu sehen. Diese bestimmte 1531, nachdem der Vater in Ungnade gefallen war, dass er nicht auf einem kirchlichen Friedhof beerdigt werden dürfe. Reformatorische Ideen, auch von Martin Luther, bewegten ihn dann, selbst gegen die Kirche anzukämpfen. Sie sollte vor allem dazu dienen, das Wort Gottes zu predigen. Die Predigt spielt heute noch in → reformierten Gottesdiensten eine besonders wichtige Rolle. In Genf veränderte Calvin zusammen mit anderen Reformatoren den Ablauf des Gottesdienstes und passte die Kirchenräume dementsprechend an.

Die Gemeinde sollte nach dem Vorbild neutestamentlicher Beschreibungen aufgebaut sein. Machtverhältnisse und Hierarchien sollten die Gemeinde nicht weiter bestimmen. In jeder Gemeinde sollten die Aufgaben von vier Ämtern erfüllt werden: Pastoren (Verkündigung und Feier der Gottesdienste), Lehrer (Unterricht), Älteste (Ordnungen und Verwaltung) und Diakone (soziale Aufgaben). Die Suche nach der richtigen Form für den christlichen → Glauben und die Kirchengemeinschaft bestimmte die Bezeichnung für diese neue evangelische → Konfession: „reformierte Kirche“.

In Deutschland sind die meisten Reformierten Nachkommen der Hugenotten: Anhänger der → Reformation Calvins, die wegen ihres Glaubens in Frankreich verfolgt wurden und fliehen mussten. Weltweit gibt es ebenso viele reformierte wie lutherische evangelische Christen.

„Das Wort ‚rechtfertigen' bedeutet nicht, [...] dass Gott uns so erneuert, dass wir zu Engeln werden, sondern es bedeutet, dass er uns aus einer Güte aufnimmt und anerkennt, obwohl wir arme Sünder sind."

Johannes Calvin

Rechtfertigung bei Paulus: Seite 37, 39

**Die → Reformation bleibt ein Auftrag**

Überall gibt es Streitigkeiten: Kinder machen Eltern Schwierigkeiten, Nachbarn beleidigen sich. Solche Probleme gab es auch in Genf. Calvin wollte, dass die → Gebote ernster genommen werden sollten. Er setzte deshalb die „Kirchenzucht" durch. Ein Beraterkreis mit Pfarrer, Bürgermeister und zwölf Ältesten („Konsistorium") sollte die Gemeindeglieder zu einem christlichen Leben anleiten. Er konnte bei Streitfällen helfen, ermahnen, vom Abendmahl ausschließen oder Beschuldigte zur Bestrafung an den Stadtrat überweisen.

Sakramente: Seite 266

Für Calvin sollte die Kirchengemeinschaft eine Hilfe sein, um nach Gottes Botschaft leben zu können. „Geh und sorge dafür, dass auch andere Mut finden, sich von Gottes Botschaft bestimmen und leiten zu lassen", forderte er. Was fromm klingt, kann ernste Folgen haben. Wenn die Gottesdienstbesucher in der Kirche um die Bibel herum zusammenrücken, drücken sie damit auch aus, was im Zentrum von Kirche und Leben stehen soll. Wer versucht, sein Leben nach Gottes Botschaft auszurichten, wird merken, wo es Konflikte geben kann. Immer wenn von ihm gefordert wird, sich und sein Denken fremden Regeln und Meinungen zu unterwerfen, kann ein Christ prüfen, ob diese seiner evangelischen Sicht widersprechen. Das Wort Gottes und sein → Glaube treibt ihn dazu, die Welt genau zu beobachten. Christen sollen aber keine Verweigerer werden. Sie tragen Verantwortung für die Gestaltung der Welt. Heute verstehen → reformierte Christen dies als Aufgabe ihrer Kirche, als deren „Wächteramt".

## Aufgaben

1 Beschreibe mithilfe des Fotos auf der linken Seite, was an einem → evangelisch-reformierten Kirchenraum anders ist als an einem lutherischen.

2 Nimm zu der Aussage Stellung, es spiele heutzutage keine große Rolle mehr, welcher → Konfession man angehöre. Führe dazu Befragungen durch.

ein Interview führen: Seite 252

# Wie modern muss die Kirche sein?

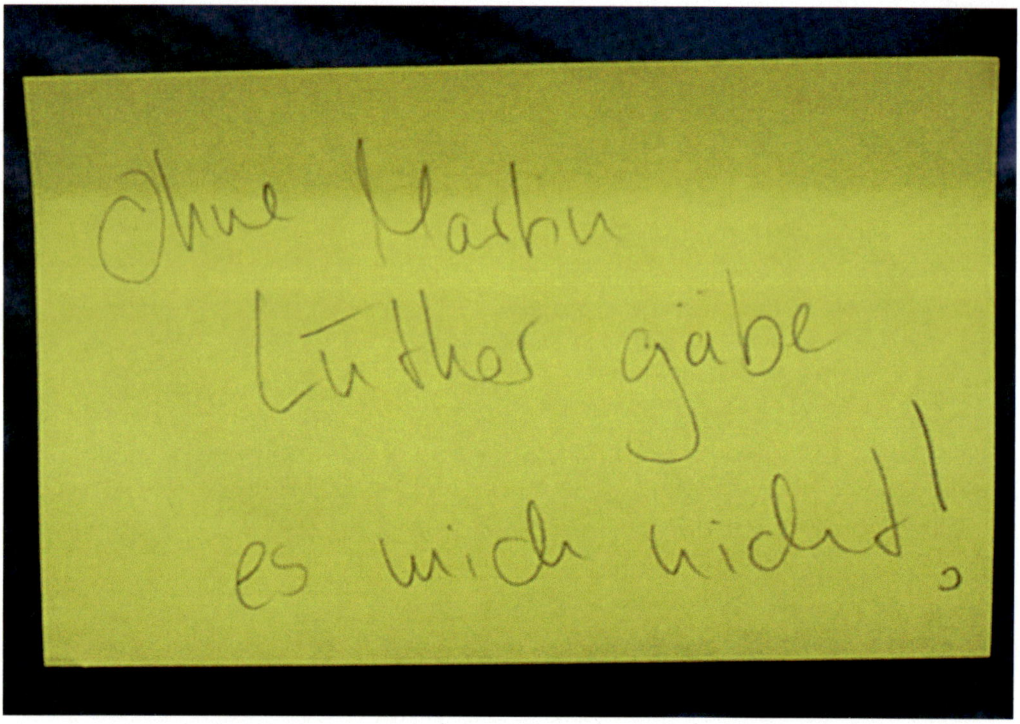


Während des evangelischen Kirchentages 2011 in Dresden konnte jeder Besucher eigene „Thesen“ formulieren und sie auf ein Plakat mit den 95 Thesen heften. Wie Luther sollte jeder dabei überlegen und zeigen, was heute in der evangelischen Kirche gefragt, gesagt und diskutiert werden muss.

## Aufgaben

1 Erkläre, worauf die Verfasserin oder der Verfasser dieser Haftnotiz anspielen möchte.

2 Eine weitere Haftnotiz lautete: „Wie kann man modern bleiben, wenn man so an einer fünfhundert Jahre alten Person hängt?“ Formuliere eine Antwort auf diese Frage.

3 Fertige eigene Haftnotizen mit „Thesen“ dazu an, was heute in und an der evangelischen Kirche dringend diskutiert oder geändert werden müsste. Begründe deine „Thesen“.

## Wissen

- Das Wort „Hokuspokus" beruht auf einem Missverständnis: Die Abendmahlsworte „Das ist mein Leib" heißen auf Lateinisch „Hoc est corpus meus". Begründe, weshalb Wörter wie „Hokuspokus" vor der → Reformation leichter entstehen konnten als danach.
- „Ich möchte endlich mal wieder einen normalen Sonntagsgottesdienst erleben, in dem ich mich zu Hause fühle und alles mitmachen kann. Bei uns gibt es nur noch ‚Events'!" – so lautet eine Kritik aus dem Seniorenkreis. Entwirf ein Gottesdienstkonzept, das allen Mitgliedern der Gemeinde ermöglicht, sich dort zu Hause zu fühlen.
- Statt über den Reformationstag berichten Zeitungen und Fernsehen am 31. Oktober über Halloween. Verfasse einen Leserbrief für eine Tageszeitung, in dem deutlich wird, warum auch eine Erinnerung an die → Reformation lohnt.
- Moderne Kirche? Unter dem Motto „Kirche laufend dabei" nehmen hochrangige kirchliche Vertreter seit Jahren am alljährlichen Marathonlauf in Hannover teil. Ein Blogger schrieb im Internet dazu: „Das ist protestantische Prostitution!" Verfasse einen Antwort-Blogeintrag.

## Können

- Gestalte einen Flyer mit Bildbeschreibung und Deutungsansätzen zu dem Altarbild von Buß für die Kirchengemeinde auf Langeoog (Seite 93).
- Lege in einem ausführlichen Gästebuch-Eintrag deine Einschätzung zu der Frage dar, ob du die Modernisierung durch das Altarbild von Buß auf Langeoog für gelungen hältst.
- Gestalte selbst einen Entwurf für ein Altarbild, mit dem die Kirche modern bleiben kann. Erläutere deinen Entwurf schriftlich.

## Anwenden

- Informiere dich über einen „vollkommenen Ablass" der Katholischen Kirche aus heutiger Zeit (beispielsweise 2005 zum Weltjugendtag in Köln oder zum 150. Jahrestag der Marienerscheinungen in Lourdes im Jahr 2008). Erkläre den Unterschied zwischen Ablasshandel und Ablass.
- Erstelle Präsentationen zu weiteren Reformatoren und ihrer Rolle, die sie heute in den evangelischen Kirchen spielen (zum Beispiel Zwingli, Melanchthon, Bugenhagen, Bucer).

→ eine digitale Präsentation erstellen: Seite 42

- Entwirf Ideen, wie Kirchengemeinden auch in Zukunft modern bleiben können. Führe dazu eine Befragung zu den Wünschen und Erwartungen, die Menschen an ihre Kirche richten, durch.

→ ein Interview führen: Seite 252

# 6 Brauchen wir Vorbilder?

Paul Breitner, Europa- und Weltmeister mit der Deutschen Fußballnationalmannschaft

Thomas Schaaf, mehrmaliger Deutscher Fußballmeister als Spieler und Trainer des SV Werder Bremen

## Wenn du dieses Kapitel bearbeitet hast, kannst du ...

- genauer erklären, was du unter Gerechtigkeit und Ungerechtigkeit verstehst.
- beschreiben, wie sich der Prophet Amos für Gerechtigkeit eingesetzt hat.
- dich begründet mit der Frage auseinandersetzen, inwiefern seine Botschaft auch heute noch eine Rolle spielt.
- genauer darüber Auskunft geben, warum sich Christinnen und Christen um ein besseres Zusammenleben und um Gerechtigkeit in der Gesellschaft bemühen.
- darlegen, wie sich Menschen durch die Bibel einerseits herausgefordert und andererseits ermutigt fühlen können.
- die Schlussfolgerungen beurteilen, die Menschen aus (religiösen) Grundsätzen für ihr Leben ziehen.
- am Beispiel der Suchthilfe darstellen, was eine diakonische Einrichtung ist.

## Was kannst du schon?

- darstellen, wo und wie sich Menschen für andere engagieren
- biblische Geschichten vom Umgang zwischen Menschen nacherzählen und ihre Bedeutung erklären
- von verschiedenen Personen berichten, die sich für Gerechtigkeit eingesetzt haben oder einsetzen

## Diese Methoden wendest du an:

- ein Kugellagergespräch führen
- Strukturlegen

# Wer sind deine Vorbilder?

*Die Initiative „step 21" hat zu dieser Frage vor einiger Zeit folgenden Wettbewerb ausgeschrieben:*

Die Frage, an welche Werte man sich heute halten soll, ist nicht leicht zu beantworten – schon gar nicht, wenn man darauf eine Antwort finden will.
Wer sind sie, eure Vorbilder? Sind es eure Eltern, sind es Menschen, die Erstaunliches geleistet haben, oder sind es andere Personen, die euch ganz einfach auf eurem Lebensweg inspiriert haben? Habt ihr überhaupt Vorbilder und was findet ihr an ihnen vorbildlich?
Stars, Sternchen und Prominente, deren Geschichten die Medien überfluten, gibt es zur Genüge. Aber sind das auch die Personen, an denen ihr euch orientiert? Sind sie für euch Vorbilder oder sind es eher die „normalen" Menschen?
Wir wollen es wissen! Wir möchten von euch erfahren, wer euer Vorbild ist, welchen Stellenwert es in eurem Leben einnimmt, was ein Vorbild überhaupt zum Vorbild macht und wie es euch in eurem Alltag inspiriert.
Jede Zeit hat andere Vorbilder. Dies ist EURE Zeit – darum zeigt sie uns, eure Vorbilder!

## Aufgabe

→ eine digitale Präsentation erstellen: Seite 42

Gestalte eine Präsentation für den Wettbewerb, die die oben genannten Fragen aufgreift.

### Dazu ist es wichtig, ...

- zu klären, was ein Vorbild ausmacht.
- sich beispielhaft mit Personen auseinanderzusetzen, deren Verhalten als vorbildlich gelten kann.
- zu prüfen, welche Rolle (religiöse) Werte für ein vorbildhaftes Verhalten spielen.
- sich begründet für ein Vorbild (oder kein Vorbild) zu entscheiden.

**Was macht (d)ein Vorbild aus?**

Mut, Kreativität, *Berühmtheit*, **Disziplin**, Streben nach → Gerechtigkeit, **Ausstrahlung**, ***Talent***, **Kraft**, *Durchsetzungsvermögen*, gutes Aussehen, **Persönlichkeit**, *Menschlichkeit*, Selbstlosigkeit, ***Hilfsbereitschaft***, ***Selbstbewusstsein***, Selbstständigkeit im Urteil, *Stilgefühl*, *Modebewusstsein*, Beliebtheit

! **Moment mal!** Braucht man überhaupt ein Vorbild?

## Methoden-Karte: ein Kugellagergespräch führen

„Kugellager" ist eine Methode, die dazu dient, mit möglichst vielen Mitschülerinnen und Mitschülern über ein vorgegebenes Thema ins Gespräch zu kommen.

**So könnt ihr vorgehen:**

1. Teilt euch in zwei gleich große Gruppen auf. Bildet einen Innen- und einen Außenkreis.
2. Setzt oder stellt euch so hin, dass sich je ein Schüler beziehungsweise eine Schülerin aus dem Innenkreis und einer beziehungsweise eine aus dem Außenkreis ansehen.
3. Tauscht euch etwa zwei bis vier Minuten über das Gesprächsthema aus, das der Lehrer oder die Lehrerin vorgibt.
4. Bewegt euch nach Anweisung der Lehrerin oder des Lehrers weiter, zum Beispiel „Der Innenkreis bewegt sich um drei Personen nach rechts", und schließt eine weitere Gesprächsrunde an.
5. Führt vier bis fünf Gesprächsphasen durch. Dabei könnt ihr die Regeln verschieden abwandeln: (keine) Rückfragen zulassen, das Thema wechseln …

## Aufgaben

1 Ordne die oben aufgeführten Eigenschaften der Wichtigkeit nach: Notiere zuerst die Eigenschaften, die ein Vorbild unbedingt erfüllen sollte, und zuletzt diejenigen, die ein Vorbild am wenigsten benötigt. Begründe deine Rangfolge.

2 Ergänze weitere Aspekte, die ein Vorbild deiner Meinung nach erfüllen sollte.

3 Führt ein Kugellagergespräch zum Thema „Mein Vorbild/Mein Held ist ...".

4 Paul Breitner und Thomas Schaaf vertreten unterschiedliche Positionen zum Vorbild-Sein (Seite 110). Nenne mögliche Gründe für beide Haltungen. Beurteile, inwieweit Menschen selbst Einfluss darauf haben, (k)ein Vorbild für andere zu sein.

5 Nimm Stellung dazu, ob du selbst (in machen Bereichen) ein Vorbild bist beziehungsweise ob du es überhaupt sein willst.

# Dian Fossey – ein Vorbild?

*Obwohl sie keine Biologin war, erforschte Dian Fossey (1932–1985) das Verhalten der Berggorillas in Zentralafrika. Unter schwierigen, teils lebensgefährlichen Umständen sorgte sie durch jahrelange Arbeit dafür, dass man mehr über die faszinierenden Tiere erfuhr und sie endlich wirksam schützte. Doch ihr Engagement für die Affen brachte ihr Kritik ein und machte ihr Feinde. Sie wurde von einem Unbekannten ermordet.*

Weil sie unbedingt wilde Tiere sehen und mit ihnen leben will, reist Dian Fossey das erste Mal nach Afrika. Sie hört, dass in der Virunga-Vulkanregion Berggorillas leben, über die man sehr wenig weiß und deren Bestand höchst gefährdet ist. Obwohl sie krank ist, reist sie in diese Gegend.

Ohne ihren ausgezeichneten Führer hätte sie sicher nie gesehen, was ihr weiteres Leben bestimmen wird: „Das Geräusch ging der Sicht voraus, der Geruch beidem, in der Art einer moschusartigen, bauernhofartigen, menschenähnlichen Ausdünstung. Ich war getroffen von der körperlichen Majestät der großen, glänzenden, schwarzen Körper, die sich von der grünen Palette des Walddickichts abhob." Fossey erlebt Liebe auf den ersten Blick, als sie die Gorillas sieht.

Schon damals waren Gorillas durch den Einfluss der Menschen bedroht: Sie wurden gejagt und in ihrem Lebensraum immer weiter eingeschränkt. Gorillafleisch war und ist in Zentralafrika durchaus beliebt, ihre Gliedmaßen werden für magische Rituale verwendet oder – als Aschenbecher umfunktioniert – an Touristen verkauft.

Dian Fossey ist von den Berggorillas fasziniert und versucht alles, um wieder nach Afrika zu kommen. Ihr gelingt das Unmögliche und sie überzeugt Louis Leakey, einen bekannten Anthropologen, dass sie die Richtige ist, um die Berggorilla-Forschung zu revolutionieren. Er besorgt Geld, um die Forschungsexpedition zu finanzieren, und schickt Fossey in den Urwald: ohne hinreichende Fach-, Sprach-, Orts- oder Kulturkenntnisse; ach ja, und ohne Gehalt.

Seit Dezember 1966 verbringt Dian Fossey die meiste Zeit bei den Gorillas. Es dauert lange, bis sie die Lebensgewohnheiten der Berggorillas gut genug versteht, um sie ausführlich beobachten zu können.

Nach jahrelanger, geduldiger Arbeit und mithilfe wertvoller Tipps erfahrener Kollegen gewinnt sie das Vertrauen einiger Gorillas. Durch Nachahmung ihres Verhaltens kann sie sich ihnen immer weiter nähern. Sie lernt, die einzelnen Tiere zu identifizieren, und gibt ihnen menschliche Namen. Sie begreift sehr schnell, dass es mit der Beobachtung bald vorbei sein könnte, weil die Zahl der Affen rasend sinkt. Sie schätzt, dass es nur noch 250 Tiere gibt. Zwar leben sie in einem Schutzgebiet, doch das beeindruckt die Einheimischen nicht besonders. Sie

Bewahrung der Schöpfung: Seite 36

haben andere Werte und müssen vor allem an ihr eigenes Überleben denken.

Dian ist überzeugt: Man muss Schutzgebiete nicht bloß auf der Landkarte einzeichnen, man muss das Gebiet der Gorillas aktiv schützen. Im Laufe der Zeit kann Fossey Mitarbeiter einstellen. Als Erstes befiehlt sie, die vielen Gruben-, Schlag- und Drahtfallen im Gorillagebiet zu zerstören: Es sind Hunderte in einem einzigen Jahr. Manchmal können sie Wilderer gefangen nehmen. Fossey versetzt die abergläubischen Männer in Angst und Schrecken, indem sie sich als eine Art Hexe ausgibt. Sie lässt sie – eher symbolisch – durch Nesselstreiche misshandeln und übergibt sie dann der Polizei. Ab und zu fordert sie die staatlichen Stellen dazu auf, die Wilderer zu erschießen, wie es in anderen Ländern Afrikas üblich ist. Keine andere Strafe wirke so abschreckend, glaubt sie.

Auch als Dian Fossey nach Jahren in die USA zurückkehrt, weil sie krank ist, kann sie das Zusammenleben mit „ihren" Gorillas nicht vergessen. So kehrt sie zur Forschungsstation zurück und bleibt dort, auch wenn die Wilderer gefährlicher zu werden beginnen.

Am 27. Dezember 1985 um 6 Uhr 30 findet man Dian Fossey in ihrer Hütte. Durch die Rückseite ist anscheinend jemand eingedrungen und hat sie mit einem Buschmesser, das sie bei einer Antiwilderer-Aktion beschlagnahmt und in ihrer Hütte aufgehängt hat, in den Kopf geschlagen. Bis heute weiß niemand genau, wer sie umgebracht hat.

*Rolf-Bernhard Essig, Sachbuchautor*

**!**
**Moment mal!**
Kann jemand ein Held sein, der sich für Affen einsetzt, nicht aber für Menschen?

## Aufgaben

1 Fasse den Text zusammen, indem du absatzweise die wichtigsten Begriffe oder eigene Stichworte in deinem Heft notierst.

2 Recherchiere weitere Informationen zum Lebenswerk und zur Kritik an Dian Fossey.

→ eine Internetrecherche durchführen: Seite 252

3 Erkläre, warum Dian Fossey für viele Menschen als Vorbild oder sogar Heldin gilt.

4 Lege dar, ob du die harten Strafen für Wilderer, die die vom Aussterben bedrohten Gorillas getötet haben, als gerecht empfindest.

5 Nenne andere Tierarten, die besonders geschützt werden müssen. Gestalte ein Plakat, das zum Schutz einer Tierart durch eine Aktion aufruft.

→ ein Plakat erstellen: Seite 254

# Was ist Gerechtigkeit?

*Seit der Antike befassen sich nicht nur Philosophen und Theologen mit der Frage: Was ist Gerechtigkeit? Auch in der Schule, zu Hause, unter Freunden und in vielen anderen Lebensbereichen werden wir mit dieser Frage konfrontiert: Ist das eigentlich gerecht?*
*Anlässlich des 96. Katholikentages wurden Menschen aufgefordert, in 100 Worten zu erklären, was sie persönlich unter Gerechtigkeit verstehen:*

Wahre Gerechtigkeit ist unserer Meinung nach selten, obwohl jeder sich Gerechtigkeit wünscht. Seit der Kindheit wünscht jeder sich Gerechtigkeit, jeder ist mit dem Wunsch danach groß geworden.
Uns geht es in den meisten Fällen um Materielles, manchmal allerdings auch um Sachen wie Gesundheit oder Schicksal. Aber solche Dinge können wir nicht beeinflussen, egal wie viel Macht wir hätten. Alle Entscheidungen trifft letztlich Gott. Je älter und vernünftiger wir werden, desto mehr ärgern uns Ungerechtigkeiten, da wir viele ungerechte Situationen erleben. Die Frage nach Gerechtigkeit bestimmt unser Leben. Aber was ist Gerechtigkeit?
*von Nina und Sandra, 8a*

Rechtfertigung und Nächstenliebe: Seite 42–43

Gerechtigkeit gegenüber sich selbst und gegenüber anderen. Gerechtigkeit heißt: das Leben akzeptieren und schätzen – das eigene und das der anderen. Wer Gerechtigkeit erfährt, wird auch mit anderen gerecht umgehen. Gerechtigkeit heißt auch: sich entfalten können. Damit das jeder kann, müssen aber Grenzen eingehalten werden. Gerechtigkeit heißt: sich so zu verhalten, dass auch andere sich durch das eigene Verhalten wohlfühlen können. Gerechtigkeit heißt: Respekt, Gleichheit, Toleranz, Mitdenken und Einfühlen, Zeit nehmen, Interesse zeigen, sich des Lebens bewusst sein!
*von Sonne*

Gerechtigkeit ist
... wenn man überall skaten darf, wo man will ...
... wenn man lachen darf, wo man will ...
... wenn man Meinungsfreiheit hat ...
... wenn alle Leute gleich behandelt werden ...
... wenn alle Kinder ein Recht auf Schulbildung haben ...
... wenn niemand nach dem Aussehen beurteilt wird ...
... wenn jeder gleich den richtigen Lebenspartner bekommen würde ...
*von Philipp und Elisa*

Reich Gottes und „neue Gerechtigkeit“: Seite 80–83

G
WELT
MENSCHENRECHTE
SCHOEPFUNG
ICH
REICHGOTTES
EINEWELTLADEN
BILDUNG
GEBET
KINDER
VIELFALT
ARBEIT
T

**!** **Moment mal!**
Was unterscheidet Gerechtigkeit eigentlich von Fairness?

## Aufgaben

1 Verfasse einen Text, in dem *du* in 100 Wörtern erklärst, was du unter Gerechtigkeit verstehst.

2 Gib in eigenen Worten wieder, was die jeweiligen Verfasserinnen und Verfasser unter Gerechtigkeit verstehen. Vergleiche dies mit deinem eigenen Text und der Erklärung auf Seite 261 in den Fachbegriffen.

3 Erläutere die Einzelheiten und die Gesamtwirkung der Grafik auf der linken Seite. Beziehe dabei die Seiten 80–83 zum „Reich Gottes" und zur „Gerechtigkeit Gottes" mit ein.

4 Benenne, an welchen Stellen du das Wortgitter anders füllen würdest. Schreibe deine Version auf und begründe deine Veränderungen.

5 Recherchiere das Märchen „Von dem Fischer und seiner Frau" der Brüder Grimm. Interpretiere vor diesem Hintergrund die Karikatur.

→ Karikaturen interpretieren: Seite 256

# Welches Unrecht sieht der Prophet Amos?

Prophet: Seite 120

Amos ist auf dem Weg nach Samaria. Er kommt durch die Stadt Betlehem, ein paar Stunden später erreicht er die Stadt Gibea. Am Stadttor sitzt ein Soldat. Er hat ein rotes Gesicht, eine blaue Nase und einen Speer in der Hand. Sein Atem riecht nach Wein. „Wer bist du?", fragt der Soldat. „Amos aus Tekoa im Staat Juda." „Wohin gehst du?!" „Nach Samaria." „Wenn du dich ruhig verhältst", sagt der Soldat, „und keine Beleidigungen gegen den König Jerobeam führst, kannst du nach Samaria gehen."

Amos wandert weiter. Endlich, am Morgen des dritten Tages, sieht er in der Ferne die Hauptstadt des Reiches Israel. Die Straße führt zum Stadttor hinauf. Auf dem Platz hinter dem Tor ist Markt. Auf Tüchern haben Bauern am Boden Bohnen, Zwiebeln, Knoblauch, Kümmel und Dill aufgeschichtet. Eine alte Bäuerin sitzt hinter einem Honigtopf. Ein Vogelfänger verkauft eine Wachtel. Eine Magd zerrt ein Mastkalb an einem Strick hinter sich her. Das Kalb brüllt. Die Magd lacht. „Du brüllst nicht mehr lang", sagt sie zum Kalb. „Heute Abend kochst du im Kessel!"
Die Magd wendet sich an die Bäuerin hinter dem Honigtopf. „Meine Herrschaften feiern nämlich ein Fest", sagt sie. „Es gibt Lammpasteten, Fische aus dem See Genezareth, Eierkuchen, und der Wein fließt in Strömen!"
Die Magd geht in eine schmale Gasse hinein. Beim Eingang der Gasse bauen zwei Männer an einem Haus. Die Mauern sind noch niedrig. Die Arbeiter schichten einen Stein auf den andern.

Die Magd steigt die Gasse hinauf, und Amos folgt ihr. Längs der Gasse stehen stattliche Häuser in schmucken Gärten. Einige Häuser haben Stallungen angebaut. Vor einem Stall striegelt ein Knabe einen Rappen. Sein schwarzes Fell glänzt wie Seide.
Da hört Amos hinter sich Stimmen: „Platz da! Auf die Seite!"
Vier Männer keuchen die Gasse herauf. Sie tragen ein Bett auf den Schultern. Es ist ein großes Bett; fast so breit wie die Gasse. Die Träger stellen das Bett neben Amos ab und ruhen sich aus. Der Schweiß läuft ihnen über die nackten Oberkörper.
Amos schaut das Bett an. Es ist aus poliertem Zedernholz gemacht. Die Bettpfosten sind mit Schutzriemen aus Elfenbein verziert: Löwen, Elefanten, Palmen und Blumen.
Amos schüttelt den Kopf. Er schläft nie in einem Bett, sondern immer in seinen Mantel eingewickelt auf dem Boden.
„Da staunst du, Bauer", sagt einer der Träger. „So etwas sieht man nicht alle Tage!"
„Wem gehört es?!", fragt Amos.
„Dem Michael gehört es", sagt der Träger. „Der ist einmal ein Bauer gewesen wie du. Dann ist er immer reicher geworden. Immer mehr Land hat er bekommen. Jetzt wohnt er in dem Haus dort droben. Das Bett hat zweihundert Lot Silber gekostet. Davon könnten wir vier und unsere Familien zwei Jahre lang leben." Die Träger heben das Bett und gehen weiter. Im Hof des Nachbarhauses sitzen drei Männer um ein Brett und würfeln. Sie tragen Festkleider. Neben jedem Mann liegt ein kleiner Haufen Goldstücke.
„Ich setze vier Goldstücke auf den nächsten Wurf!", sagt der eine. „Ich hab genug Geld. Es sind wieder zwei Bauern bankrott gegangen. Ich habe ihre Äcker und Häuser bekommen. Und gerade vorher haben sie mir mein Elfenbeinbett gebracht!"

Amos geht zur Stadt hinaus. Da rümpft er die Nase. Ein fürchterlicher Gestank schlägt ihm entgegen. Das kleine Tor ist das Misttor. Vor dem Misttor liegt der Abfallhaufen der Stadt. Aller Müll von Samaria, alles, was stinkt, sammelt sich hier. Amos hört die Stimmen. Auf dem Abfallhaufen stehen zwei Frauen. Sie sind barfuß. Mit ihren Händen wühlen sie im Dreck. „Ich hab etwas!", kreischt eine der Frauen. Sie zerrt den blutigen Kopf einer geschlachteten Kuh aus dem Unrat. „Das gibt eine Suppe!", schreit sie. „Eine Fleischsuppe für meine Kinder!"
Da stürzt sich die andere Frau auf sie. Sie reißt ihr den Kuhkopf aus den Händen. „Ich hab den Kopf zuerst gesehen!", ruft sie. „Er gehört mir! Meine Kinder haben auch Hunger!" Die beiden Frauen wälzen sich im Dreck. Sie reißen sich an ihren klebrigen, strähnigen Haaren. Sie schlagen mit den Fäusten aufeinander ein. Das Volk läuft zusammen. „Hau ihr eine auf den Hintern!", ruft ein Mann. Alle lachen.

Erschreckt geht Amos davon, er kommt an den verwahrlosten Zelten und den elenden, aus Ästen geflochtenen Hütten vorbei. Die Trampelwege zwischen den Hütten sind glitschig und voller Kot. Schmutzige Kinder spielen vor den Zelten. Sie strecken Amos ihre mageren Arme entgegen.
„Brot!", betteln sie. „Brot!"
*Werner Laubi, Pfarrer und Autor*

## Aufgaben

1 Lies die Erzählung für dich und bereite dich darauf vor, sie so anschaulich wie möglich vorzulesen.

2 Arbeitet zu zweit: Einer liest vor, der andere stellt sich die Geschichte wie einen Film im Kopf vor. Haltet fest, was der Zuhörer oder die Zuhörerin „gesehen" hat.

3 Zeichne Amos im Profil (siehe Beispiel rechts) und lege besonderen Wert auf sein Auge. Fasse die Ungerechtigkeiten zusammen, die Amos wahrgenommen hat. Notiere sie so, dass sie im Blickfeld deines gezeichneten Amos aufgelistet sind.

4 a) Ergänze die Ungerechtigkeiten, die Amos sieht, mithilfe der Textstellen Am 2,6f., Am 5,10–12, Am 6,4–6 und Am 8,4f.

b) Stelle dar, gegen welche der Zehn → Gebote (Ex 20,1–17) die Menschen im Reich Israel verstoßen haben.

→ eine Bibelstelle finden: Seite 251

5 Stelle dir vor, Amos ginge heute durch den Ort, in dem du lebst. Beschreibe, welche Ungerechtigkeiten er sehen könnte.

# Was wollte Amos?

Als Amos lebte, war Israel in ein Nordreich und ein Südreich geteilt. Israel und Juda, so wurden das Nord- und Südreich auch genannt, hatten verschiedene Könige. In Israel herrschte König Jerobeam, in Juda König Usija. Amos lebte als wohlhabender Mann im Dorf Tekoa in Juda. Eines Tages erhielt er von Gott den Auftrag, nach Israel zu gehen. Die Israeliten des Nordreichs waren das von Gott erwählte Volk. Tatsächlich gab Amos seinen Beruf auf, verließ seine Heimat und ging ins Ungewisse. Die schlimmen Zustände, die er in Israel sah, konnte er nicht mit ansehen.

## Info – Prophet

Prophet Muhammad: Seite 155

biblische Propheten, Botenspruchformel: Seite 140–141

Das Wort „Prophet" bedeutet im Alten Testament so viel wie „öffentlicher Hervor-Sager". Erst später hat man darunter Verkünder (von Zukünftigem) verstanden. Propheten – zum Beispiel Amos – galten als von Gott Auserwählte und Berufene. Sie sehen, was andere nicht sehen, und handeln im Namen Gottes. Amos gehört zu den Propheten, die Ungerechtigkeiten und Verstöße gegen Gottes → Gebote besonders scharf öffentlich verurteilen und vor schlimmen Strafen warnen.
In Israel traten Propheten besonders zwischen dem 9. und 6. Jahrhundert v. Chr. auf. Neben den „freien" Propheten gab es auch Propheten, die am Königshof oder an Kultstätten angestellt waren. Der Prophet Jeremia bezeichnet diese als „falsche" Propheten. Menschen, die ihre Stimme erheben, die warnen und auf das hinweisen, was im Sinne Gottes ist, gab es zu allen Zeiten – bis heute.

**!**

**Moment mal!**
Können Propheten wie Amos ein Vorbild sein?

❞ **Hört, was der Herr, der mächtige Gott, mich schauen ließ:** Ich sah, wie er einen Heuschreckenschwarm schuf. Es war nicht lange, nachdem das Gras für den König gemäht worden war; die Sommersaat ging gerade auf. Die Heuschrecken machten sich daran, alles Grün aufzufressen. Da sagte ich: „HERR, du mächtiger Gott, vergib doch deinem Volk! Wie kann es sonst überleben? Es ist ja so klein!" Dem HERRN tat es leid und er sagte: „Gut, es soll nicht geschehen."

**Dann ließ der HERR, der mächtige Gott, mich etwas anderes sehen:** Er rief eine Gluthitze herbei, die zehrte alles Wasser auf. Als sie anfing, auch das Ackerland zu verzehren, sagte ich: „HERR, du mächtiger Gott, halt doch ein! Wie kann dein Volk sonst überleben? Es ist ja so klein!" Dem HERRN tat es leid und er sagte: „Gut, es soll nicht geschehen."

**Dann ließ der HERR mich wieder etwas anderes sehen:** Er selbst stand auf einer Mauer aus Zinn und hielt einen Klumpen Zinn in der Hand. Er fragte mich: „Amos, was siehst du?" „Einen Zinnklumpen", antwortete ich. Da sagte er: „Ja, ich werfe einen Zinnklumpen mitten in mein Volk Israel! Ich werde es jetzt nicht mehr verschonen. Die Opferstätten der Nachkommen Isaaks und die Staatsheiligtümer Israels sollen verwüstet werden und gegen das Königshaus Jerobeams werde ich mit dem Schwert vorgehen." ❝

(Am 7,1–9)

## Info – Vision

Unter einer Vision (lateinisch „das Sehen") versteht man ein starkes Traumbild oder eine Erscheinung, die auf Gott zurückgeführt wird. Die Erscheinung wird oft von der Stimme Gottes begleitet (Audition) und ist ein intensives Erlebnis – so intensiv, dass sie wie wirklich empfunden wird.
Im Alten Testament spielen Visionen vor allem bei den → Propheten eine Rolle. Diese geben die Botschaft Gottes weiter, die sie vor ihrem inneren Auge gesehen oder gehört haben.

↔ **verschiedene Visionen:** Seite 38, 78–79, 140–141, 146, 154

## Aufgaben

1 Zeichne die drei Visionen aus Am 7,1–9 als Comic. Erkläre, wie Amos seine Visionen deutet.

2 Tragt Am 7,1–9 so vor, dass man spüren kann, wie bewegt der Prophet nach seinen Visionen ist. Setzt mehrere Sprecherinnen und Sprecher ein.

3 Verfasse eine kurze, aber eindringliche Gerichtspredigt des Amos an die Bewohnerinnen und Bewohner von Samaria, die an seine Visionen anschließt.

4 Beschreibe Amos' mögliche Utopie von einer anderen, besseren Welt.

↔ **Utopie:** Seite 79

5 Informiere dich über die sogenannten „kleinen" und „großen" Propheten im Alten Testament. Bereite ein Referat (8–10 Minuten) für deine Mitschülerinnen und Mitschüler vor.

# Wie können wir etwas verändern?

*Es ist gut, wenn mutige Menschen wie Amos ihre Mitmenschen darauf aufmerksam machen, „wenn etwas nicht im Lot ist". Wenn sich dann aber etwas verändern soll, reicht das Engagement eines einzigen Menschen meistens nicht.*

**Was wir alleine nicht schaffen …**

Während sich andere plagen
Und nichts passiert
Sind wir zur rechten Zeit am rechten Ort
Und alles ist arrangiert
Ich bin dankbar dafür
Weil ich jeden Tag mit meinen Brüdern und Schwestern
Das echte Leben spür

*Refrain:* Was wir alleine nicht schaffen
Das schaffen wir dann zusammen
Dazu brauchen wir keinerlei Waffen
Unsere Waffe nennt sich unser Verstand
Und was wir alleine nicht schaffen
Das schaffen wir dann zusammen
Nur wir müssen geduldig sein
Dann dauert es nicht mehr lang

Die anderen können lachen
Keiner lacht mehr als wir
Was soll'n sie auch machen
Wir sind Ritter mir rosarotem Visier
Ein Leben ohne euch macht wenig Sinn
Kein Leben, kein Geräusch
Dann wäre ich wie blind

*Refrain*

Es liegt noch was vor uns,
Das Leben liegt vor uns
Spürst du die Vorhut
Aufkommenden Frohmut?

*Refrain*

**(Rap Tone)**
Wir haben wieder Wind in den Segeln
Und es spricht jetzt nichts mehr dagegen
Unser Ziel zu erreichen denn viele Zeichen
Zeigen wir sind überlegen
Weil wir auf dem richtigen Weg sind
Auch wenn uns gerade Probleme begegnen
Wir überstehen den Regen
Werden die Nerven bewahren
Und es irgendwie regeln
So wie wir's immer getan haben
Doch ohne inneren Fahrplan
Wär'n wir verloren und müssten einsehen
Dass wir uns im Kreis drehen
So wie in einer Kartbahn

Also lasst uns dafür dankbar sein,
Dass es nicht so ist
Wir sollten in Zeiten wie diesen
Nie aus den Augen verlieren
Was das Wichtigste ist
Für so viele ist das Leben ein ewiger Wettstreit
In dem es jenseits von jeder Korrektheit
Nur darum geht
Den ersten Platz zu belegen in Bestzeit
Doch egal, was die Leute lallen
Die Ungeduldigen, die stolpern und fallen
Denn Erfolg mit Gewalt zu erzwingen
Wird ihnen nichts bringen
Und genau das sollten wir schnallen

*Refrain*

*Xavier Naidoo, Album: Telegramm für X*
*Text: Xavier Naidoo © Edition Wortgewandt*

**ELAS-Suchtselbsthilfe: „Ein hohes Maß an ehrenamtlichem Engagement"**

*Tommy S. weiß, wie es ist, suchtkrank zu sein. Heute engagiert er sich bei ELAS, kurz für **E**vangelische **L**andes**A**rbeitsgemeinschaft **S**uchtkrankenhilfe, die zum Diakonischen Werk Hamburg gehört. Alle freiwilligen Helfer hier sind selbst Betroffene oder haben als Angehörige Erfahrungen mit Suchtkranken gemacht.*

Abhängigkeit: Seite 34–35, 43

Tommy S. redet nicht lange um den heißen Brei. „Ich bin Betroffener. 2001 habe ich entgiftet." Angefangen hatte alles bei der Bundeswehr. Dort kam er erstmals mit Alkohol in Kontakt. Vorher hatte er nie getrunken. Doch irgendwann wurde der Griff zur Flasche zur Gewohnheit. „Es war ein schleichender Prozess über Jahrzehnte", erinnert sich S.
Später arbeitete er in der Verwaltung eines Baukonzerns. Aber auch dort gehörte das Trinken zum guten Ton. Niemandem fiel auf, dass S. den Alkohol brauchte. „Wenn ich morgens zur Arbeit fuhr, hielt ich an, um erst einmal einen kräftigen Schluck aus dem Flachmann zu nehmen", erinnert sich S.
Richtig schlimm wurde es, als er nach fünfzehn Jahren seine Arbeitsstelle verlor. „Da ging es erst richtig los." Sehr zum Leidwesen seiner Familie. „Die haben viel mitgemacht." Irgendwann merkte Tommy S., dass „etwas mit ihm nicht stimmte". Eines Tages, als es ihm wieder mal „so richtig schlecht ging", wurde ihm klar, dass er so nicht weiterleben konnte und wollte. Er ging freiwillig ins Krankenhaus.
Wie durch Zufall stieß S. damals auf eine ELAS-Selbsthilfegruppe. Hier lernte er, sein Alkoholproblem nach dem Entzug langfristig in den Griff zu bekommen. Bald entschloss er sich, selbst in der ELAS aktiv mitzuarbeiten. Er begann mit Informationsstunden im → Diakonie-Krankenhaus Alteneichen in Hamburg, in dem viele alkoholkranke Menschen einen Entzug durchführen lassen. Heute ist S. Vorsitzender der Ehrenamtlichen-Vertretung. „Ein gutes Zeitmanagement braucht man schon", meint er. Ohne Teamwork geht bei ELAS gar nichts. Das Besondere ist, dass die Arbeit von Ehrenamtlichen getragen wird.
Der „Treff Regenbogen" steht allen Interessierten, Suchtgefährdeten, Suchtkranken und deren Angehörigen offen – ob als Café am Wochenende, als Treffpunkt von Selbsthilfegruppen oder als ehrenamtliche Beratungsstelle.

## Aufgaben

1 Fasse die einzelnen Strophen des Liedtextes in eigenen Worten zusammen. Arbeite heraus, welche Voraussetzungen oder Fähigkeiten Menschen laut Xavier Naidoo brauchen, um etwas verändern zu können.

2 Notiere Beispiele für Dinge, „die wir alleine nicht schaffen".

3 Erläutere, was die Herz-Grafik ausdrückt. Vergleiche sie mit dem Liedtext.

4 Setzt euch in einem Schreibgespräch mit der Frage auseinander, inwieweit Tommy S. ein Vorbild ist. Geht dabei auf seinen Lebensweg, sein Engagement bei ELAS und auf die Frage ein, welchen Einfluss er auf das Leben anderer nimmt.

ein Schreibgespräch führen: Seite 36

5 Erörtere, inwiefern die Aussagen des Liedes auf den Werdegang von Tommy S. zutreffen.

# Warum helfen?

„Dem Menschen dienen“: Seite 84

Das Wort → Diakonie stammt aus dem Griechischen und meint ursprünglich das Dienen und das Bedienen bei Tisch. Diakonie bedeutet: den Menschen achten und wertschätzen, unabhängig von seinem Alter, seiner Gesundheit, seinem Geschlecht, seiner Herkunft. Für die Diakonie gilt: Jeder Mensch, ob behindert, gesund, krank, begabt oder benachteiligt, besitzt eine → Menschenwürde und ist ein Geschöpf Gottes. Gemeinschaft verwirklichen – diese Vision steht hinter allen Angeboten und Leistungen. Diakonie ist die soziale Arbeit der Evangelischen Kirche in Deutschland. Es gibt über 28.000 eigenständige diakonische Einrichtungen, wie beispielsweise Altenheime, Krankenhäuser, Beratungsstellen für Obdachlose und Kindertagesstätten. Die Diakonie unterstützt Menschen in allen Lebensabschnitten und allen Lebenslagen durch praktische Hilfeleistungen.

Im Leitbild der Diakonie heißt es:

Telefonseelsorge: Seite 76

Wir orientieren unser Handeln an der Bibel.
Wir achten die Würde jedes Menschen.
Wir leisten Hilfe und verschaffen Gehör.
Wir sind aus einer lebendigen Tradition innovativ.
Wir sind eine Dienstgemeinschaft von Frauen und Männern im Haupt- und Ehrenamt.
Wir sind dort, wo uns Menschen brauchen.
Wir sind Kirche.
Wir setzen uns ein für das Leben in der Einen Welt.

**!** **Moment mal!**
Unterscheidet sich kirchliche von nicht-kirchlicher Hilfe in der Praxis?

Elisabeth Binsack, Fußwaschung; Fotograf: Dieter Reinke

## Aufgaben

1 Nenne mögliche Gründe, warum es für die Frau auf der Fotografie (Seite 124) wichtig ist, dass jemand „an sie denkt".

2 Erstelle eine Mindmap zur Diakonie. Beziehe dabei die Bedeutung des Begriffs, verschiedene Arbeitsfelder, die Ziele, die Menschen und den Begriff der → Gerechtigkeit ein.

3 Teilt euch in Gruppen auf die acht Grundsätze im Leitbild der Diakonie auf. Formuliert, wie ihr euren jeweiligen Satz im Leitbild weiter ausführen würdet. Vergleicht mit den tatsächlichen Erläuterungen.

4 Beschreibe das Kunstwerk genau und gib ihm anschließend einen Titel. Vergleiche es mit der Geschichte in Joh 13,1–17.

5 Setze die Geschichte von der Fußwaschung mit dem Diakoniegedanken in Beziehung. Stelle einen Zusammenhang mit dem → Doppelgebot der Liebe her.

→ Mindmapping: Seite 257

→ eine Internetrecherche durchführen: Seite 252

→ eine Bibelstelle finden: Seite 251

↔ Doppelgebot der Liebe: Seite 42

# Wie will ich *mein* Leben leben?

Vieles wird von dir verlangt: Streng dich in der Schule an! Schreib gute Noten! Guck nicht so viel Fernsehen! Kümmere dich um deine Geschwister! Hilf im Haushalt! Nimm Rücksicht auf andere! Und! Und! Und!
Wie willst *du* eigentlich leben? Was ist dir wichtig? Wo hört für dich der Spaß auf, wo fängt er an? Für was setzt du dich ein?

„Für mich ist es wichtig, meine Freizeit zu genießen! Ich will rausgehen, mit Freunden zusammen sein, Musik hören und einfach mal chillen! Klar, ich passe auch auf meinen kleinen Bruder auf – aber, hey, alles hat seine Grenzen."
*Noah, 14 Jahre*

„Dieses ganze Gerede davon, sich für andere engagieren zu müssen. Jeder Mensch ist für sich selbst verantwortlich. Das reicht."
*Judith, 15 Jahre*

„Bei mir steht Sport ganz oben auf der Liste. Ich spiele ganz gut Tennis, da will ich es zu etwas bringen. Meine Eltern haben mir gesagt, damit ich weiter trainieren darf, müssen meine Noten stimmen. Also strenge ich mich in der Schule an. Wer weiß, wenn es mit dem Tennis nicht klappt, brauche ich einen guten Beruf. Ich bin aber kein Egoist! Ich versuche schon, mich zum Beispiel für Mitschüler einzusetzen, wenn sie von Lehrern ungerecht behandelt werden."
*Jan, 13 Jahre*

Ehrenamtliche bei der Telefonseelsorge: Seite 76

Tafeln: Seite 206

Institutionen und Organisationen: Seite 43

## Gutes tun? Ehrensache!

*Ehrenamtlich helfen – das machen mehr Leute, als man denkt. Rund 23 Millionen Menschen in Deutschland setzen sich für andere ein, darunter viele Kinder und Jugendliche.*

Die 12-jährige Nora baut sich manchmal Hügel auf die Haut und malt sich mit Kunstblut scheinbar klaffende Wunden auf Arme und Beine. Sie ist beim Deutschen Jugendrotkreuz. Lukas, 14, saß schon mal als Hund verkleidet im Gefängnis, denn er ist Mitglied in einem Tierschutzverein. Und der 13-jährige Johannes engagiert sich als „Frischer Fisch" – er ist bei Greenpeace aktiv.

Was die drei gemeinsam haben: Sie helfen ehrenamtlich. Das machen mehr Leute, als man denkt. Rund 23 Millionen Menschen in Deutschland setzen sich für andere ein, darunter viele Kinder und Jugendliche. Sie kümmern sich um Kranke und Alte, sorgen sich um Tiere und die Umwelt oder helfen in Vereinen, Organisationen oder in der Kirche – ohne dafür bezahlt zu werden. Johannes Klassenkameraden machen sich manchmal über ihn lustig. Sie sagen, dass er als Einzelner eh nichts bewirken kann. „Aber das stimmt nicht. Man muss halt im Kleinen anfangen", sagt er.

*SPIEGEL*

„Umweltschutz. Das ist mir wichtig. Deshalb gehe ich zu den Greenpeace-Jugendtreffen in unserer Stadt. Da kann ich mich nicht nur für Umweltschutz engagieren, sondern treffe auch viele Freunde. Meinen Freund habe ich da auch kennengelernt."
*Hanna, 15 Jahre*

„Mir ist ein guter Beruf ziemlich wichtig. Ich möchte später genügend Geld haben, um mir schöne Klamotten oder auch einen tollen Urlaub leisten zu können. Ich finde es total gut, wenn andere Menschen sich für Personen engagieren, denen es nicht so gut geht, aber ich persönlich habe leider keine Zeit dafür."
*Tatjana, 13 Jahre*

## Methoden-Karte: **Strukturlegen**

Das Strukturlegen ermöglicht es, ein bekanntes Thema zu strukturieren. Dazu werden wichtige Begriffe dieses Themas in eine sinnvolle Ordnung gebracht. Voraussetzung ist, alle Begriffe genau erklären zu können. Die Methode eignet sich gut am Ende von Lerneinheiten, zum Beispiel zur Vorbereitung auf eine Klassenarbeit.

**So kannst du vorgehen:**

1. Schreibe die wichtigsten Begriffe auf kleine Kärtchen. Vergewissere dich, dass du ihre jeweilige Bedeutung erklären kannst.
2. Ordne die Kärtchen so an, dass sich eine sinnvolle Struktur ergibt (manche auf gleicher Ebene, andere untereinander, wieder andere als Verzweigung …).
3. Klebe die Kärtchen auf. Verdeutliche die Zusammenhänge zusätzlich durch Pfeile, Linien, Farben und Beschriftungen an den Pfeilen.
4. Erkläre einem anderen deine Struktur und setze dich mit den gelegten Strukturen deiner Mitschülerinnen und Mitschüler auseinander.

## Aufgaben

1 Gib mit eigenen Worten wieder, was den Jugendlichen wichtig ist. Beurteile, welche Folgen die jeweilige Position für das Zusammenleben von Menschen hat.

2 Verfasse ein eigenes, ausführliches Statement. Tausche dich in einem Kugellagergespräch mit deinen Mitschülerinnen und Mitschülern über eure Ansichten aus.

→ **ein Kugellagergespräch führen:** Seite 113

3 Prüft, ob die Bereitschaft, sich für andere einzusetzen, in eurer Klasse höher, geringer oder in etwa gleich ist wie die der Jugendlichen auf dieser Seite.

4 Bringe die folgenden Begriffe in eine sinnvolle Struktur: Zehn → Gebote, Amos, Israel, → Gerechtigkeit, Mitleid, Vision, → Prophet, Anklage, Unrecht, Botschaft, Erwartung, Strafe, → Diakonie, Sehen, Verkündigung, → Reich Gottes, Vorbild.

# Brauchen wir Vorbilder?

Die vier Bereiche des Utopia Award im Briefmarkenstil (Erkennungszeichen von „Utopia")

„Utopia" ist eine Initiative gegen den Klimawandel. Sie will dazu beitragen, „dass Millionen Menschen ihr Konsumverhalten und ihren Lebensstil nachhaltig verändern, bewusster entscheiden und mit jedem Kauf umweltfreundliche Produkte und faire Arbeitsbedingungen in aller Welt unterstützen".
Deshalb verleiht sie jedes Jahr in vier Bereichen den sogenannten Utopia Award: „Mit dem Preis werden deutsche Vorbilder, Unternehmen, Organisationen und Produkte ausgezeichnet, die wirklich etwas verändern."

## Aufgabe

Stelle dir vor, ein Mitglied der Utopia-Stiftung wirft auf einer Sitzung zum „Utopia Award" die Frage in den Raum: „Brauchen wir Vorbilder?"

Können Preisverleihung und Vorbilder helfen, die von Utopia formulierten Ziele zu erreichen? Nimm Stellung zu dieser Frage.

## Wissen

- In einem alten indianischen Sprichwort heißt es: „Alle Dinge beginnen mit einer Vision." Gib mit deinen Worten wieder, was hier mit dem Begriff „Vision" gemeint ist. Überprüfe, inwiefern das Sprichwort für Visionen im religiösen Sinne gilt.
- Erkläre, was einen biblischen Propheten von einem Wahrsager unterscheidet.
- Kleine Löffel auf einem gedeckten Tisch nennt man auch „kleine Propheten", weil sie einen Nachtisch verheißen. Prüfe, inwiefern dieser Ausdruck etwas mit den biblischen Propheten zu tun hat.
- Vergleiche die Situation des Amos mit dem, was du noch über den Propheten Micha weißt.
- Entwirf ein Wortgitter nach dem Muster der Grafik auf Seite 116 mit dem Titel „Ungerechtigkeit". Vergleiche das, was Amos gesehen hat, mit den Einträgen in deiner Grafik.
- Die „Evangelische Landesarbeitsgemeinschaft für Suchtfragen" (ELAS) gehört zur → Diakonie. Beschreibe kurz ihre Tätigkeiten. Beurteile, inwiefern diese Arbeit zu den Zielen von Diakonie passt.

## Können

- Erstelle einen Beitrag zum Wettbewerb „Wer sind deine Vorbilder?" (Seite 112). In der Ausschreibung hieß es: „Die Form ist dabei ganz dir überlassen: Filme, Fotos, Texte, Songs, Collagen, Comics, Radiosendungen." Legt gemeinsam die Kriterien fest und prämiert die besten drei Beiträge der Klasse.
- Führt eine Pro- und Kontra-Diskussion dazu, ob die Ansprüche, die die Bibel an Menschen stellt, überhaupt erfüllt werden können. Bezieht euch dabei vor allem auf Ex 20,1–17, Joh 13,12–17 und Joh 8,1–11.
- Vergleiche Martin Luthers Aussagen über die Freiheit des Menschen mit dem Leitbild der → Diakonie.

→ ein Portfolio anlegen: Seite 58

→ eine digitale Präsentation erstellen: Seite 42

→ eine Pro- und Kontra-Diskussion führen: Seite 98

→ eine Bibelstelle finden: Seite 251

↔ Zuspruch und Anspruch bei Luther: Seite 41

## Anwenden

- Suche eine diakonische Einrichtung auf und erstelle ein Videoporträt eines Mitarbeiters oder einer Mitarbeiterin.
- Gestalte ein T-Shirt: Auf der Vorderseite steht „Ich bin ein Vorbild!" oder „Ich bin kein Vorbild!". Auf der Rückseite nennst du die Gründe für die jeweilige Aussage.
- Schaut euch Ausschnitte des Spielfilms „Gorillas im Nebel" an. Verfasse eine Rezension (eine Besprechung des Films), in der du beurteilst, ob Dian Fossey dort angemessen dargestellt ist.

# 7 In welchen Sprachen redet die Bibel?

## Wenn du dieses Kapitel bearbeitet hast, kannst du ...

- an Beispielen zeigen, welche verschiedenen Arten von Texten es in der Bibel gibt.
- erklären, was biblische Wundergeschichten von anderen antiken Wundergeschichten unterscheidet.
- darstellen, welche Merkmale Wundergeschichten haben.
- benennen, was für eine prophetische Rede charakteristisch ist.
- erläutern, wie Bibeltexte unter Berücksichtigung ihrer Entstehungsgeschichte verstanden und analysiert werden können.
- beschreiben, wie man mit Überlieferungen in Bibel und Koran umgehen kann, die aus heutiger Sicht problematisch sind.
- darstellen, worin die zentrale Bedeutung der Bibel für evangelische Christinnen und Christen besteht und wie die Luther-Übersetzung kulturell gewirkt hat.

## Was kannst du schon?

- darstellen, aus welchen Büchern die Bibel besteht und Textstellen in der Bibel nachschlagen
- in Grundzügen erklären, wie die Bücher der Bibel entstanden sind und in welchen Sprachen sie ursprünglich geschrieben wurden
- aufzeigen, dass in biblischen Geschichten erzählt wird, was Menschen mit Gott erlebt haben

## Diese Methoden wendest du an:

- einen synoptischen Vergleich durchführen
- (Bibel-)Texte analysieren

# Gilt Gottes Wort ewig und unabänderlich?

evangelikal: Seite 260

Laura Schlessinger ist eine Radiomoderatorin in den USA, die Ratschläge am Telefon erteilt. Ein US-Bürger hat sich über die biblischen „Begründungen" ihrer Ratschläge so geärgert, dass er einen „offenen Brief" an die Moderatorin veröffentlicht hat, der seit einigen Jahren im Internet kursiert:

Liebe Dr. Laura,
vielen Dank, dass Sie sich so aufopfernd bemühen, den Menschen die Gesetze Gottes näherzubringen. Ich benötige ein paar Ratschläge von Ihnen im Hinblick auf einige der speziellen Gesetze und wie sie zu befolgen sind:

1. Wenn ich am Altar einen Stier als Brandopfer darbiete, weiß ich, dass dies für den Herrn einen lieblichen Geruch erzeugt (Lev 1,9). Das Problem sind meine Nachbarn. Sie behaupten, der Geruch sei nicht lieblich für sie.
2. Ich würde gerne meine Tochter in die Sklaverei verkaufen, wie es in Ex 21,7 erlaubt wird. Was wäre Ihrer Meinung nach heutzutage ein angemessener Preis für sie?
3. Lev 25,44 stellt fest, dass ich Sklaven besitzen darf, sowohl männliche als auch weibliche, wenn ich sie von benachbarten Nationen erwerbe. Einer meiner Freunde meint, das würde auf Mexikaner zutreffen, aber nicht auf Kanadier. Können Sie das klären? Warum darf ich keine Kanadier besitzen?
4. Ich habe einen Nachbarn, der stets am Samstag arbeitet. Ex 35,2 stellt deutlich fest, dass er getötet werden muss. Allerdings: Bin ich moralisch verpflichtet, ihn eigenhändig zu töten?
5. Ich weiß aus Lev 11,6–8, dass das Berühren der Haut eines toten Schweines mich unrein macht. Darf ich dennoch Fußball spielen, wenn ich dabei Handschuhe anziehe?

Ich weiß, dass Sie sich mit diesen Dingen ausführlich beschäftigt haben, daher bin ich auch zuversichtlich, dass Sie uns behilflich sein können. Und vielen Dank nochmals dafür, dass Sie uns daran erinnern, dass Gottes Wort ewig und unabänderlich ist.

Ihr ergebener Jünger und bewundernder Fan
Jake

## Aufgabe

Jakes Brief ist ironisch. Entwirf einen ernsthaften Brief an Dr. Laura. Gehe dabei der Frage nach, ob (und wenn ja, wie) Dr. Laura für ihre Lebensratschläge „biblische Begründungen" anführen kann.

## Dazu ist es wichtig, ...

- zu erklären, wie man Bibelzitate verstehen kann, wenn man sie nicht wörtlich nimmt.
- das Problem zu beschreiben, dass die Texte in der Bibel zeitbedingt sind.
- Möglichkeiten aufzuzeigen, wie man mit diesem Problem umgehen kann.
- sich damit auseinanderzusetzen, welche verschiedenen Arten von Texten es in der Bibel gibt und woran man sie erkennt.

## Wege der Bibelauslegung

### Der katholische Weg

Neben der Heiligen Schrift ist die Tradition Grundlage und Norm des → Glaubens. In Zweifelsfällen kann also das kirchliche Lehramt entscheiden, was gemeint ist und was gilt. An der Spitze dieses Lehramtes steht der Papst, dessen Entscheidungen in Glaubens- und Sittenfragen seit dem Konzil von 1870 als „unfehlbar" gelten.

### Der biblizistische Weg

Die Bibel ist deshalb die Richtschnur, weil sie von Gott direkt „inspiriert" wurde und daher wortwörtlich gilt (Verbalinspiration). Die Lehre der Verbalinspiration bildete sich erst im 17. Jahrhundert, also lange nach der → Reformation heraus. Dahinter stand das Bemühen, Gottes Wort ganz ernst zu nehmen. Die Lehre der Verbalinspiration prägt heute vor allem moderne → evangelikale Bewegungen in den USA.

Offenbarung des → Koran an Muhammad: Seite 154–155

Umgang mit Homosexualität: Seite 64–65

### Der evangelische Weg

Der Schlüssel zum Verständnis der Bibel ist ein inhaltliches Kriterium. Luther nennt als Prüfstein: „was Christum treibet". Was das heißt, wird am besten an einem Beispiel deutlich: Vom Jakobusbrief war Luther inhaltlich enttäuscht, weil der Brief nicht die Frohe Botschaft betont, sondern die Wichtigkeit guter Werke. Luther nannte dieses biblische Buch daher einen „Brief aus Stroh" und verschob ihn ans Ende der Bibel. Die Bibel muss also mit der Frage gelesen und verstanden werden: Wo kommt die Gute Nachricht von Jesus Christus zum Ausdruck? Oder: Was entspricht der Botschaft Jesu?

Verhältnis Kirche – Staat: Seite 194

**Theologinnen und Theologen kennen noch weitere Prinzipien der Bibelauslegung:**

1. Einen Bibelabschnitt, der nicht so gut verständlich oder von seiner Aussage her merkwürdig ist, sollte man durch andere Bibelabschnitte verständlich zu machen versuchen, denn es geht um ein biblisches Gesamtbild.
2. Man darf sich nicht nur Lieblingsverse herauspicken, sondern muss das gesamte biblische Zeugnis beachten.

Etwas ist also nicht deshalb erlaubt oder verboten, weil es in der Bibel vorkommt oder eben nicht vorkommt, sondern die Frage lautet: Wie kommt in einer Bibelstelle das → Evangelium zum Tragen?

## Aufgaben

1 Zeige auf, woran man erkennen kann, dass Jakes Brief an „Dr. Laura" ironisch gemeint ist.

2 Grafisiere das Verhältnis von Mensch, Gott, Bibel und Tradition in den drei beschriebenen Wegen der Bibelauslegung.

Grafisieren: Seite 256

3 Stelle in einer Tabelle Vor- und Nachteile aller drei Wege, die Bibel zu verstehen, zusammen.

4 Führt eine Pro- und Kontra-Diskussion zur Frage „Überfordert Luthers Position den Bibelleser oder die Bibelleserin?".

eine Pro- und Kontra-Diskussion führen: Seite 98

# Welche Arten von Texten gibt es in der Bibel?

In der Bibel finden sich viele Erfahrungen wieder, die Menschen mit Gott gemacht haben. Und da Gott für alle Lebensbereiche wichtig war und ist, gibt es in der Bibel auch ganz unterschiedliche Arten von Texten: Liebesgedichte und strafrechtliche Bestimmungen für Einzeldelikte, hygienische Regeln und Meditationstexte, Sagen und Sozialgesetze, Lieder und Stammbäume, → Gebete und Chroniken, Sprichwörter und prophetische Texte, → Wundererzählungen und Grundgebote, Briefe und Visionen vom Weltende, → Gleichnisse und Geschichten von Jesu Leiden und Sterben.

Info – Paulus: Seite 39

Gleichnis: Seite 47

Schlachten in Deutschland: Seite 167

geschlechtliche Partnerschaft: Seite 54, 58

Reich Gottes: Seite 80–81, 88, 121–122

» Esst kein Fleisch, in dem noch Blut ist. Treibt keine Wahrsagerei oder Zauberei. Wenn ihr einen Toten beweint, sollt ihr nicht das Haar abschneiden, den Bart stutzen oder euch Einschnitte am Körper oder Tätowierungen machen. Ich bin der Herr! «
(Lev 19,26–27)

» Verzaubert hast du mich, Geliebte, meine Braut! Ein Blick aus deinen Augen und ich war wie gebannt. Sag, birgt er einen Zauber, an deinem Hals der Schmuck? Wie glücklich du mich machst mit deiner Zärtlichkeit! Mein Mädchen, meine Braut, ich bin von deiner Liebe berauschter als von Wein. «
(Hld 4,9–10)

» Danach sah ich – sieh doch: Im Himmel stand eine Tür offen. Und die Stimme, die ich am Anfang gehört hatte, – die Stimme, die wie eine Trompete klang – sagte zu mir: „Komm hier herauf. Ich will dir zeigen, was in Zukunft geschehen muss." Sofort ergriff der Geist Gottes Besitz von mir. Sieh doch: Im Himmel stand ein Thron und auf dem Thron saß jemand. «
(Off 4,1–2)

» Wer jedes Gerücht weiterträgt, plaudert auch Geheimnisse aus. Darum meide Leute, die zuviel reden! «
(Spr 20,19)

» Ich bin der Herr, dein Gott! Ich habe dich aus Ägypten herausgeführt, ich habe dich aus der Sklaverei befreit. Du sollst keine anderen Götter neben mir haben. Du sollst dir kein Gottesbild anfertigen. Mach dir überhaupt kein Abbild von irgendetwas im Himmel, auf der Erde oder im Meer. «
(Ex 20,2–4)

» Im 14. Regierungsjahr von Hiskija fiel Sanherib, der König von Assyrien, mit seinen Truppen in das Land Juda ein und eroberte alle befestigten Städte. Als der Assyrerkönig noch vor der Stadt Lachisch lag, schickte Hiskija Boten zu ihm und ließ ihm sagen: „Ich habe Unrecht getan. Kämpfe nicht weiter gegen mich. Ich werde alles zahlen, was du forderst." Sanherib verlangte als Tribut 300 Zentner Silber und 30 Zentner Gold. Hiskija musste alles Silber abliefern, das sich in den Schatzkammern des Tempels und des Königspalastes befand. Damals wurde auch die Goldverkleidung von den Türen und Türpfosten des Tempels entfernt und als Tribut dem König von Assyrien übergeben. Hiskija selbst hatte diese Goldverkleidung anbringen lassen. «
(2 Kön 18,13–16)

» Die Tür dreht sich in ihren Angeln – und der Faulpelz in seinem Bett. «
(Spr 26,14)

## Info – Gesetz(e) im AT

Im Alten Testament gibt es drei große Gesetzessammlungen: das „Bundesbuch" (Ex 20,22–23,33), das „Heiligkeitsgesetz" (Lev 17–26) und die sogenannte „Deuteronomische Gesetzessammlung" (Dtn 12–26). Die drei Sammlungen enthalten → Gebote und Verbote, die einander in Sprache und Inhalt sehr ähnlich sind; sie werden aber oft unterschiedlich begründet.
In der Bibel selbst heißt es zum Umgang mit den Weisungen Gottes, man solle Tag und Nacht darüber nachdenken und das ganze Tun „an den Geboten ausrichten" (Jos 1,8). Die Gebote sollten also schon zur Zeit der Entstehung des AT nicht einfach blind befolgt werden, sondern waren auf Auslegung angewiesen und sollten der Zeit angepasst werden.
Im Judentum hat sich von Beginn an eine Kultur der Auslegung eingebürgert, bei der verschiedene, auch einander widersprechende Auslegungen im Talmud gesammelt wurden.

Tora: Seite 268

**Zwei pharisäische Schriftgelehrte etwa zur Zeit Jesu**
Zu Rabbi Schammai kam eines Tages ein Mann, der Jude werden wollte und sprach zu ihm: „Kannst du mich die ganze → Tora lehren, während ich auf einem Bein stehe?" Schammai jagte ihn fort. Darauf ging er zu Rabbi Hillel und trug ihm dieselbe Frage vor. Rabbi Hillel antwortete: „Was du nicht willst, das man dir tu, das füg auch keinem andern zu. Das ist die ganze Tora. Alles andere ist Auslegung. Geh und handle danach."
*Babylonischer Talmud, Traktat „Schabbath" 31a*

Das wichtigste Gebot: Seite 42

Goldene Regel: Seite 262

**Moment mal!**
Was helfen die Weisungen der Bibel, wenn man über ihre Auslegung sowieso streiten muss?

## Aufgaben

1 Bestimme jeweils die Textsorte der abgedruckten Bibelabschnitte. Benenne die unterschiedlichen Merkmale.

2 Legt eine Wandzeitung an, auf der ihr beispielhafte Texte aus der Bibel mindestens zehn verschiedenen Textsorten zuordnet. Verwendet dazu die Bibeltexte auf dieser Doppelseite, andere Bibeltexte aus diesem Buch oder selbst gewählte Texte aus der Bibel.

eine Wandzeitung gestalten: Seite 255

3 Lies Lk 1,1–4 und Apg 1,1–3. Fasse zusammen, mit welcher Absicht Lukas sein → Evangelium und die Apostelgeschichte geschrieben hat. Untersuche dann die Weihnachtsgeschichte (Lk 2,1–20): Nenne sowohl Verse, bei denen sich Lukas vermutlich an sein Vorhaben gehalten hat, als auch solche, wo er das vermutlich nicht getan hat.

eine Bibelstelle finden: Seite 251

4 Nimm an, Rabbi Schammai und Rabbi Hillel würden sich am nächsten Tag begegnen. Verfasse ein Streitgespräch der beiden über die richtige Antwort.

5 Vergleiche die Unterschiede zwischen Rabbi Hillel und Rabbi Schammai mit der Einstellung Jesu, wie sie in Mk 12,28–31 überliefert ist.

# Mit welcher Absicht wurden Wundergeschichten festgehalten?

Wunder: Seite 74, 77

Was ist Religion? Seite 18–19

*Die Menschen in der Antike glaubten an die heilenden Kräfte von Wundertätern, die bei den Göttern um wirkungsvolle Hilfe bitten konnten. Religion und Medizin gehörten zusammen. Bei den Ägyptern wurde vor allem der Gott Serapis als derjenige angebetet, der Heilungen ermöglichen konnte. Im Römischen Reich wurde Vespasian als römischer Kaiser (69–79 n. Chr.) kultisch verehrt. Der römische Historiker Tacitus berichtet, wie der Kaiser einen Blinden heilt:*

„Während der Monate, in denen sich Vespasian in Alexandrien aufhielt, zeigten viele Wunder, die damals vorkamen, dass die Gunst des Himmels und eine gleichsam Vespasian zugeneigte Macht des Schicksals dem Vespasian günstig seien. Aus dem Volk von Alexandrien nahte sich ein Mensch, der als völlig blind bekannt war, den Knien Vespasians, indem er mit Hilferuf die Heilung seiner Blindheit von Vespasian erbat, unter Berufung auf den Gott Serapis, den das Volk, das dem Aberglauben ganz besonders hingegeben ist, in erster Linie verehrte. Er bat Vespasian, dass er die Lider und die Augäpfel gnädigerweise mit seinem Speichel bestreiche. Ein anderer, der eine kranke Hand hatte, bat auf Veranlassung desselben Gottes, dass der Kaiser ihm mit dem Fuß oder Absatz einen Tritt gebe. Vespasian verlachte die Kranken und lehnte ab. Jedoch da jene darauf beharrten, ihn zu bitten, fürchtete er bald die Wankelmütigkeit des Gerüchtes, bald gab er den Bitten seiner eigenen Leute und den Stimmen der Anhänger nach und ließ sich Hoffnung geben. Schließlich befahl er, von den Ärzten ein Gutachten einzuholen, ob eine solche Blindheit oder eine solche Lähmung durch menschliche Hilfe behoben werden könne. Die Ärzte redeten Verschiedenes hin und her und meinten, sie könnten diesem nicht die Kraft des Augenlichtes wiedergeben, selbst wenn sie mit ganz besonderer Hartnäckigkeit darum angegangen würden. Das sei vielleicht die Sache des erwählten Fürsten, der im Herzen der Götter und im Dienste der Götter stehe. Schließlich gereiche die gelungene Heilung zum Ruhm des Cäsar, während bei einem Misserfolg der Spott auf die Kranken zurückfalle. Aus diesem Grunde entschloss sich Vespasian, alles, was ihm sein Schicksal entgegenbringe, zu erdulden und auch Unglaubliches nicht zu vermeiden. Mit fröhlichem Antlitz führte er deshalb aus, um was er gebeten war, umringt von der Menschenmenge. Sobald er mit seinen Händen das Auge berührt hatte, erhielt der Blinde das Augenlicht zurück. Manche, die damals dabei waren, erinnern sich jetzt noch an den Vorgang, wo doch eine diesbezügliche Lüge in keiner Weise belohnt würde."

*Tacitus Hist. IV, 81*

Wundergeschichten: Seite 72–74, 86–87, 268

**Jesus heilt einen Blinden**

» [22]Und Jesus und seine Jünger kamen nach Betsaida. Dort brachten die Leute einen Blinden
zu ihm. Sie baten Jesus: „Berühre ihn!" [23]Und er nahm den Blinden bei der Hand und führte
ihn aus dem Dorf heraus. Dann spuckte Jesus ihm auf die Augen, legte seine Hände darauf und
fragte ihn: „Was siehst du?" [24]Er blickte auf und antwortete: „Ich sehe Menschen. Sie sehen aus
wie Bäume, die herumgehen." [25]Noch einmal legte Jesus ihm die Hände auf seine Augen. Da
konnte er klar sehen. Er war geheilt und konnte alles deutlich erkennen. [26]Jesus schickte ihn
nach Hause und sagte: „Geh aber nicht in das Dorf hinein." «

(Mk 8,22–26)

Jesus als Seelsorger: Seite 77

Christus als Apotheker

**Übertragung der Texte im Bild:**

Selig sind, die Gottes Wort hören und dasselbe behalten.

Kommt her zu mir alle, die ihr mit müseligkeit beladen seyd, ich will euch erquicken, rufet mich an, ich will euch erhören, suchet, so werdet ihr finden, bittet, so werdet ihr empfangen, klopfet an, so wird euch aufgetan werden.

## Aufgaben

1 Analysiere den Bericht des römischen Schriftstellers Tacitus.

(Bibel-)Texte analysieren: Seite 147

2 Vergleiche den Ablauf der Heilung mit Mk 8,22–26. Stelle die Gemeinsamkeiten und Unterschiede in einer Tabelle dar.

3 Markus und Tacitus haben zwar etwa zur selben Zeit gelebt, aber mit ganz unterschiedlichen Absichten geschrieben. Vergleiche die Form der beiden Texte und lege dar, was die beiden Autoren jeweils bewirken wollen.

4 Analysiere das Bild „Christus als Apotheker“. Erkläre, warum er so dargestellt wird.

Bilder analysieren: Seite 94

# Wie sind Wundererzählungen aufgebaut?

Codex Aureus von Echternach (11. Jh.)

Wundergeschichten: Seite 74–75, 143

Es gibt ganz verschiedene Wundererzählungen im Neuen Testament: Neben Heilungen, Dämonenaustreibungen und den Auferweckungen Toter wird erzählt, wie Jesus Menschen rettet (zum Beispiel aus Seenot) oder ihnen unaufgefordert etwas schenkt (zum Beispiel Brot für 5000 Menschen).
Die neutestamentlichen → Wundergeschichten folgen in etwa einem festen Schema. Sie zeigen die göttliche Vollmacht Jesu, seine Zuwendung zu den Menschen und das Erstaunen, das sie auslösen. Die Wunder Jesu stehen in enger Verbindung mit dem → Glauben, den sie bewirken oder voraussetzen.

Wunderprodukt „Jesus-Handy“: Seite 22

| | |
|---|---|
| ❞ [23]In der → Synagoge war ein Mann, der von einem bösen Geist beherrscht wurde. ❝ | **Einleitung**<br>*Die Situation wird beschrieben.* |
| ❞ Der schrie auf: [24]„Was willst du von uns, Jesus aus Nazaret? Du bist gekommen, um uns zu vernichten. Ich weiß, wer du bist: Du bist der Heilige Gottes!“ ❝ | **Vorbereitung**<br>*Der Kontakt mit Jesus wird hergestellt.* |
| ❞ [25]Jesus befahl dem bösen Geist streng: „Sei still! Gib den Mann frei!“ ❝ | **Durchführung**<br>*Kurze Worte oder eine Handlung bewirken das Wunder.* |
| ❞ [26]Da schüttelte der Geist den Mann durch heftige Krämpfe und ließ ihn frei mit lautem Gekreische. ❝ | **Demonstration**<br>*Es zeigt sich, dass das Wunder geschehen ist.* |
| ❞ [27]Alle, die dabei waren, erschraken und fragten sich gegenseitig: „Was geschieht hier? Seine Lehre ist neu. In ihr zeigt sich Gottes Macht. Er gibt den bösen Geistern Befehle und sie gehorchen ihm.“ [28]Schnell breiteten sich die Berichte über Jesus in ganz Galiläa aus. ❝ | **Reaktion**<br>*Gott oder der Wundertäter werden gepriesen.* |

(Mk 1,23–28)

**Rabbi, der Mann bringt dich um**

Kaum waren wir am Nordufer an Land gegangen, hörten wir Gebrüll. Es war nicht menschlich und doch auch nicht tierisch, und es kam aus einer der verlassenen Grabhöhlen. Ich erinnerte mich sofort: Das war der Kinderschreck, den gab's schon seit vielen Jahren. Geht nicht zu den Grabhöhlen, sagte man den Kindern, dort ist der wilde Mann, der euch fängt und frisst, hört ihr, schon rasselt er mit seinen Ketten!
Manchmal hörten wir Kinder es sogar wirklich. Dann hatte er wieder einmal die Ketten zerrissen, mit denen ihn zu fesseln bisweilen gelang, wenn er im Tiefschlaf lag.
Der Mann war ein Kranker, ein Fallsüchtiger, ein Tobsüchtiger, ein gewalttätiger Irrer. Er ist besessen, sagte man, und seine Kraft kommt von den Dämonen, die er in sich hat.
Rabbi, wohin gehst du! Der Mann ist gefährlich.
Doch Jeschua ging weiter, geradewegs auf die Höhle zu, aus der das Brüllen kam. Rabbi, der Mann bringt dich um!
Jeschua wies uns mit einer strengen Geste zurück und ging weiter. Wir zitterten vor Angst. Doch kam alles anders, als wir fürchteten. Unbegreiflich anders. Als Jeschua vor dem Höhlengrab stand, stürzte der Irre heraus. Das war kein Kinderschreck, kein schwarzer Mann; so wie er war, so stellten wir uns Beelzebul, den obersten der Dämonen, vor. Das war kein Mensch mehr. Er drohte mit den Ketten und schrie Unverständliches. Jeschua blieb stehen. Da blieb der Irre auch stehen. So standen sie sich gegenüber auf drei Schritte. Plötzlich ein Schrei, und der Irre stürzte zu Boden. Jeschua beugte sich über ihn, berührte ihn sanft und sprach mit ihm. Was er sagte, hörten wir nicht. Der Irre bäumte sich noch einmal auf und schlug mit Händen und Füßen um sich. Dann lag er still. Jeschua fuhr fort, ihm über das verfilzte Haar zu streichen und mit ihm zu sprechen wie zu einem Kind, das es zu beruhigen galt. Nach einer Weile sagte er zu uns: Jetzt schläft er. Wenn er aufwacht morgen früh, wird er sich an nichts erinnern, er wird gesund sein.
Wir zitterten noch lange, und im Weggehen wandte sich immer wieder einer von uns um.

*Luise Rinser, Schriftstellerin*

↔ **Jesus schenkt neue Hoffnung:** Seite 77

## Aufgaben

1 Beschreibe mit eigenen Worten die Schritte, in denen das kurze Wunder Mk 1,23–28 die Besonderheiten Jesu zum Ausdruck bringt.

2 Erkläre, welches typische Element von Wundererzählungen die Darstellung aus dem Codex Aureus besonders betont. Gliedere die Erzählung Lk 17,11–19 und vergleiche.

→ **eine Bibelstelle finden:** Seite 251

3 Der Evangelist Markus schildert weniger, dass Menschen mit Lobpreis auf die „Wunder" reagieren. Prüfe an verschiedenen Beispielen (Seite 74, 136), welche Reaktion ihm wichtig ist. Nenne mögliche Gründe.

4 Lies den Text von Luise Rinser laut vor und beschreibe deine Eindrücke. Arbeite heraus, wie die Schriftstellerin die Elemente einer Wundererzählung im Einzelnen gestaltet.

# Wie redet und was sieht ein Prophet?

Prophet: Seite 120

» [1]Dies sind die Worte Jeremias […]: [4]Das Wort des Herrn erging an mich, er sagte zu mir:
[5]„Noch bevor ich dich im Leib deiner Mutter entstehen ließ, hatte ich schon meinen Plan mit
dir. Noch ehe du aus dem Mutterschoß kamst, hatte ich bereits die Hand auf dich gelegt. Denn
zum Propheten für die Völker habe ich dich bestimmt.“ [6]Ich wehrte ab: „Ach, Herr, du mein
Gott! Ich kann doch nicht reden, ich bin noch zu jung!“ [7]Aber der Herr antwortete mir: „Sag
nicht: ‚Ich bin zu jung!‘ Geh, wohin ich dich sende, und verkünde, was ich dir auftrage! [8]Hab
keine Angst vor Menschen, denn ich bin bei dir und schütze dich. Das sage ich, der Herr.“
[9]Dann streckte der Herr seine Hand aus, berührte meine Lippen und sagte: „Ich lege meine
Worte in deinen Mund. [10]Von heute an hast du Macht über Völker und Königreiche. Reiße aus
und zerstöre, vernichte und verheere, baue auf und pflanze an!“ [11]Wieder erging das Wort des
Herrn an mich, er sagte: „Was siehst du, Jeremia?“ Ich antwortete: „Einen Wacholderzweig!“
[12]„Du hast richtig gesehen“, sagte der Herr, „ich wache darüber, dass geschieht, was ich dir
sage.“ «

Zeichen: Seite 17

(Jer 1,1a.4–12)

Raffael, Die Vision des Ezechiël (1518)

**Moment mal!**
Wo kommt eigentlich die Vorstellung her, Gott sei ein alter Mann mit Bart?

Vision: Seite 121–122

» [1]In diesem Buch steht, was der Herr durch Zefanja verkünden ließ. […] [14]Der große Tag
des Herrn ist nahe, schnell rückt er heran. Hört ihr nicht die Schreckensrufe? Selbst die Tap-
fersten schreien um Hilfe! [15]Ein Tag des Gerichts ist dieser Tag, ein Tag voll Angst und Not, voll
Sturm und Verwüstung, voll drohender schwarzer Wolken, ein finsterer Tag, [16]ein Tag, an dem
sich Kampfgeschrei erhebt, an dem zum Sturm geblasen wird auf die befestigten Städte und
hohen Türme. [17]Die Menschen werden vor Angst vergehen und wie Blinde umhertappen. Ihr
Blut tränkt den Staub, ihre Eingeweide liegen im Straßenkot. Das alles bricht über sie herein,
weil sie sich gegen den Herrn aufgelehnt haben. [18]Ihr Silber und Gold kann sie nicht retten,
wenn der Herr Gericht hält. Wie ein Feuersturm wird sein Zorn das Land verwüsten und alle
seine Bewohner unversehens vertilgen. «
(Zef 1,1.14–18)

» [1]Prophetische Botschaft [des Sacharja]:
[8]„Ich selbst“, sagt der HERR, „stelle mich als Wache vor mein Haus und meine Stadt, sodass kein fremder Herrscher mit seinem Heer mehr dort einfällt. Ich selbst kümmere mich jetzt um mein Volk.“
[9]Freue dich, du Zionsstadt!
Jubelt laut, ihr Bewohner Jerusalems!
Seht, euer König kommt zu euch!
Er bringt → Gerechtigkeit,
Gott steht ihm zur Seite.
Demütig ist er vor seinem Gott.
Er reitet auf einem Esel,
auf einem starken Eselshengst.
[10]Er schafft die Pferde und Streitwagen ab
in Jerusalem und ganz Israel,
auch die Kriegsbogen werden zerbrochen.
Er stiftet Frieden unter den Völkern.
Von Meer zu Meer reicht seine Herrschaft,
vom Eufratstrom bis zu den Enden der Erde. «
(Sach 9,1.8–10)

## Info – „Botenspruchformel“

Im Alten Orient gab es eine feste Formel, mit der Diplomaten etwas ausgerichtet oder Referenten amtliche Briefe verfasst haben: die sogenannte Botenspruchformel. Sie lautet „So hat xy gesprochen“. Dieselbe Formel steht in manchen Prophetenbüchern („So hat der HERR* gesprochen“) – vor allem bei Jeremia und Ezechiël, aber auch bei Micha und Amos.

Amos: Seite 118–121

* Der Gottesname JHWH wird nicht übersetzt, sondern in den meisten Übersetzungen mit „der HERR“ übertragen.

## Aufgaben

1 Vergleiche die Berufung des Jeremia mit der des Jesaja (Jes 6).

2 Der → Prophet Ezechiël leitet die Beschreibung seiner Vision so ein: „An jenem Tag öffnete sich der Himmel und ich hatte eine Vision. Ich sah …“ (Ez 1,3b). Vervollständige Ezechiëls Visionsbericht, indem du dich an dem Gemälde Raffaels orientierst. Vergleiche anschließend mit Ez 1,4–28a.

eine Bibelstelle finden: Seite 251
Vision: Seite 121

3 Luther hat Sach 9,9 übersetzt mit „Du, Tochter Zion, freue dich …“. Vergleiche die Luther-Übersetzung mit dem Adventslied „Tochter Zion“ (Evangelisches Gesangbuch Nr. 13). Erläutere, wie die Vision Sacharjas von Christinnen und Christen verstanden wird.

4 Arbeite heraus, was mit der sogenannten „Botenspruchformel“ über das Selbstverständnis des jeweiligen Propheten ausgedrückt werden soll. Formuliere dein Ergebnis mit eigenen Worten.

5 Inszeniere kurze Abschnitte aus den Prophetentexten (oder selbst gewählte Texte aus den Prophetenbüchern) als gesprochene Anreden: Lerne ein bis zwei Verse auswendig und trage sie vor. Nutze dazu eure Aula oder das Schulforum und ein Rednerpult. Beschreibe die Wirkung der „Prophetenreden“ auf die Zuhörerschaft.

# Haben biblische Autoren voneinander abgeschrieben?

Die ersten drei Evangelien des Neuen Testaments von Matthäus, Markus und Lukas heißen „synoptische Evangelien", weil sie sich in Aufbau und Wortlaut zum Teil sehr ähnlich sind. Das Wort „Synopse" stammt aus dem Griechischen und bedeutet „Zusammenschau". Legt man die drei Textabschnitte nebeneinander, kann man sie gut vergleichen und genauer nachvollziehen, was beim Schreiben passiert ist.
Aufgrund solcher → synoptischer Vergleiche haben Wissenschaftler im 19. Jahrhundert die bis heute gültige „→ Zwei-Quellen-Theorie" entwickelt. Am genauesten ist ein synoptischer Vergleich mit den „Original-Texten" in Griechisch. Aber auch im Deutschen lässt sich mit einem synoptischen Vergleich die Zwei-Quellen-Theorie nachvollziehen.

## Info – Zwei-Quellen-Theorie

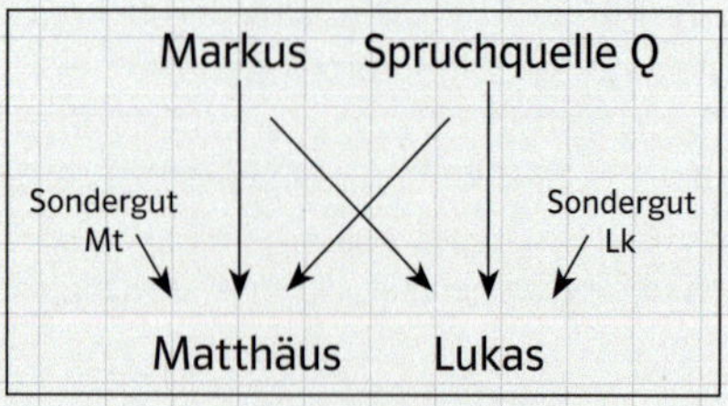


Die Grafik veranschaulicht, dass Matthäus und Lukas jeweils drei Quellen für ihr → Evangelium benutzt haben: Beiden lag das Markusevangelium und eine Quelle vor, die vor allem Aussprüche Jesu enthielt („Q"). Als drittes hatte jeder noch eine ganz eigene Quelle („Sondergut").

## Methoden-Karte: **einen synoptischen Vergleich durchführen**

Bei einem „synoptischen Vergleich" werden Texte aus den Evangelien „zusammen gesehen", das heißt Wort für Wort miteinander verglichen, um Gemeinsamkeiten und Unterschiede herauszuarbeiten.

**So kannst du vorgehen:**

1. Nutze für den synoptischen Vergleich eine Kopie zweier oder dreier Evangelientexte, bei der du mit Farbstiften Unterstreichungen vornehmen kannst.
2. Unterstreiche (zum Beispiel mit Grün) alle wörtlichen Übereinstimmungen zwischen Mk, Mt und Lk.
3. Unterstreiche (zum Beispiel mit Rot für Mt und mit Blau für Lk) alle Wörter, die so nicht oder etwas anders bei Mk vorkommen.
4. Überlege, was der Grund gewesen sein könnte, weshalb Mt (oder Lk) die Formulierungen von Mk nicht übernommen oder abgeändert haben. Tipps: Wurde die Verständlichkeit erhöht? Wurden unwichtige Details weggelassen? Wurde etwas geändert, was ein schlechtes Licht auf die Person hätte werfen können? Wurde etwas hinzugefügt?
5. Formuliere für Mt oder Lk eine spezifische Aussageabsicht.

**Heilung der Schwiegermutter des Petrus**

| | | |
|---|---|---|
| [14]Und da Jesus<br><br>in das Haus des Petrus kam,<br><br>sah er<br>dessen Schwiegermutter<br>bettlägrig und fiebernd.<br>[15]Und<br><br><br><br>er berührte ihre Hand.<br><br>Und es verließ sie das Fieber.<br>Und sie richtete sich auf<br>und bediente ihn.<br>(Mt 8,14–15) | [29]Und gleich aus der → Synagoge herausgekommen, gingen sie in das Haus Simons und Andreas' mit Jakobus und Johannes.<br>[30]Und die Schwiegermutter Simons aber lag fiebernd da;<br><br>und gleich sagten sie ihm ihretwegen.<br>[31]Und herangetreten,<br><br>richtete er sie auf,<br>indem er [ihre] Hand ergriff.<br>Und es verließ sie das Fieber.<br><br>Und sie bediente sie.<br>(Mk 1,29–31) | [38]Aufgestanden aber von der → Synagoge,<br>ging er in das Haus Simons.<br><br><br>Simons Schwiegermutter aber war von hohem Fieber befallen;<br>und sie baten ihn ihretwegen.<br>[39]Und [zu ihren Häupten] tretend, herrschte er das Fieber an.<br><br><br>Und es verließ sie.<br>Sofort aber aufgestanden,<br>bediente sie sie.<br>(Lk 4,38–39) |

*Wortwörtliche Übersetzung von Rudolf Pesch*

**Moment mal!**
Warum benutzen und lesen wir alle drei synoptischen Evangelien, wenn Markus eindeutig „das Original" war?

## Aufgaben

1 Gib die Zwei-Quellen-Theorie mit eigenen Worten wieder. Nenne mehrere Gründe, warum es eine Theorie ist.

2 Führe bei der oben abgedruckten Synopse der Heilung der Schwiegermutter des Petrus einen synoptischen Vergleich durch. Lege für die Unterstreichungen eine Folie auf die Buchseite oder übernimm die Änderungen in dein Heft.

Petrus: Seite 25

3 Wer ein Wunder nacherzählt, neigt meist dazu, es größer zu machen und zu verstärken. Belege das an den Änderungen des Lukas gegenüber dem Text von Markus.

4 Laut Zwei-Quellen-Theorie hatte Matthäus das Markusevangelium als Vorlage (und nicht umgekehrt). Vergleiche Mt 20,29–34 mit Mk 10,46–52 und stütze diese Theorie durch ein bis zwei Beobachtungen.

eine Bibelstelle finden: Seite 251

5 In der Geschichte von der Sturmstillung hat jeder der drei Evangelisten eine andere Anrede der Jünger an Jesus gewählt: Matthäus schreibt „Herr", Markus „Lehrer" und Lukas „Meister". Stelle dir vor, du seist Deutschlehrerin oder Deutschlehrer: Welche Anrede ist aus sprachlicher Sicht am besten geeignet, um Jesus als Sohn Gottes kenntlich zu machen? Begründe deine Wahl.

Sturmstillung: Seite 74

# Wie gehen Christen und Muslime mit frauenfeindlichen Traditionen um?

*Sowohl in der Bibel als auch im → Koran gibt es einige Textstellen, die für uns schwierig sind, weil wir heute in einer ganz anderen Gesellschaft leben. Das zeigt sich beispielsweise dann, wenn es um das Verhältnis von Mann und Frau geht.*

Männer und Frauen in der Bibel: Seite 55, 60–61

**Paulus an die Gemeinde in Korinth**

» [33]Denn Gott geht es nicht um Unordnung, sondern um Frieden! Wie für alle Gemeinden der Heiligen gilt auch für euch: [34]Die Frauen sollen in der Gemeindeversammlung schweigen. Ihnen ist es nicht erlaubt, hier zu reden. Im Gegenteil: Sie sollen sich unterordnen, wie es das Gesetz vorschreibt. [35]Wenn sie etwas genauer wissen wollen, sollen sie zu Hause ihren Ehemann fragen. Denn für eine Frau ist es eine Schande in der Gemeindeversammlung öffentlich zu sprechen. «
(1 Kor 14,33–35)

Das für mich entscheidende Argument dafür, dass 1 Kor 14,34.35 nicht von Paulus stammt und erst nachträglich eingefügt wurde, hat Marlene Crüsemann (1996) genannt: Ein Verbot des Redens der Frauen in der Öffentlichkeit hat keine jüdischen Parallelen, wohl aber solche bei griechisch-römischen Autoren. Ein Beispiel für das Reden einer Frau in der → Synagoge liegt in Lk 13,13 vor. Dieses Argument gegen die paulinische Verfasserschaft ist für mich deshalb überzeugend, weil sich Paulus durchgehend im Rahmen der zeitgenössischen jüdischen Diskussion und Praxis bewegt. Seine Vorstellung vom Gottesdienst ist geprägt vom Synagogengottesdienst, an dem sich Frauen redend beteiligen. In dem konkreten Fall von 1 Kor 14,34.35 bedeutet das, dass es sich hier um bewusste frauenpolitische Textmanipulationen handelt. Deshalb spreche ich von „Fälschung".

*Luise Schottroff, Theologin*

Paulus: Seite 39

**Paulus an die Gemeinde in Galatien**

» [26]Ihr seid jetzt nämlich alle Kinder Gottes – weil ihr durch den → Glauben mit Christus Jesus verbunden seid. [27]Denn ihr alle, die ihr getauft worden seid und dadurch zu Christus gehört, habt Christus angezogen. [28]Es spielt keine Rolle mehr, ob ihr Juden seid oder Griechen, unfreie Diener oder freie Menschen, Männer oder Frauen. Denn durch eure Verbindung mit Christus Jesus seid ihr alle wie *ein* Mensch geworden. «
(Gal 3,26–28)

! **Moment mal!**
Darf man gar keine Bibelstelle mehr wörtlich verstehen?

### Sure 4,34 in der Übersetzung von Adel Khoury

*„Die Männer haben Vollmacht und Verantwortung gegenüber den Frauen, weil Gott die einen vor den anderen bevorzugt hat und weil sie von ihrem Vermögen (für die Frauen) ausgeben. Die rechtschaffenen Frauen sind demütig ergeben und bewahren das, was geheim gehalten werden soll, da Gott (es) bewahrt. Ermahnt diejenigen, von denen ihr Widerspenstigkeit befürchtet, und entfernt euch von ihnen in den Schlafgemächern und schlagt sie. Wenn sie euch gehorchen, dann wendet nichts Weiteres gegen sie an. Gott ist erhaben und groß."*

*Der Koran. Übersetzung von Adel Theodor Khoury unter Mitwirkung von Muhammad Salim Abdullah*

### Sure 4,34 in einer sinngemäßen Übertragung

*„Männer stehen in fester Solidarität den Frauen zur Seite. Angesichts der vielfältigen Gaben, die Gott ihnen gegenseitig geschenkt hat, und angesichts des Reichtums, den sie in Umlauf bringen. Integere Frauen, die offen sind für die göttliche Gegenwart, sind Hüterinnen des Verborgenen, in dem Sinn, wie Gott bewahrt. Die Frauen aber, deren antisoziales Verhalten ihr befürchtet, gebt ihnen guten Rat, überlasst sie sich selbst in ihren privaten Räumen und legt ihnen mit Nachdruck eine Verhaltensänderung nahe. Wenn sie aber eure Argumente einsehen, dann sucht keinen Vorwand, sie zu ärgern. Gott ist erhaben und groß."*

*A. F. in einem Leserinnenbrief an „Huda. Netzwerk für muslimische Frauen e. V."*

↔ Partnerschaft in der Bibel: Seite 54–55

### Eine überlieferte Aussage des → Propheten Muhammad

„Die Frauen sind die Zwillingshälften der Männer. Gott erlegt euch auf, eure Frauen gut zu behandeln, denn sie sind eure Mütter, Töchter und Tanten. Die ihre Frauen schlagen, handeln nicht gut. Gib deiner Gattin gute Ratschläge und schlage sie nicht wie einen Sklaven. Die Rechte der Frau sind heilig. Sorge dafür, dass ihr die Rechte gegeben werden, die ihnen zustehen."

*Muhammad Salim Abdullah, muslimischer Theologe*

↔ Sunna: Seite 267

↔ Frauen im Islam: Seite 164–165

## Aufgaben

1 Was das Verhältnis von Mann und Frau betrifft, fallen die Auszüge aus Paulus Briefen an die Korinther und die Galater sehr unterschiedlich aus. Nenne mögliche Gründe dafür. Beziehe auch die Erklärung und die Argumente Luise Schottroffs mit ein.

2 Recherchiere mithilfe eines Internet-Nachschlagewerks, welche Koranübersetzungen es vom Arabischen ins Deutsche gibt und wie die hier abgedruckten Übersetzungen zu beurteilen sind.

→ eine Internetrecherche durchführen: Seite 252

3 Formuliere Gemeinsamkeiten und Unterschiede der Übersetzung von Sure 4,34, der freien Übertragung und der überlieferten Muhammad-Aussage.

4 Führt mithilfe der Texte auf dieser Doppelseite eine Pro- und Kontra-Diskussion zu der Frage: „Sind Islam und Christentum frauenfeindliche Religionen?"

→ eine Pro- und Kontra-Diskussion führen: Seite 98

# Was bedeutet Luthers Bibelübersetzung für die evangelische Kirche?

**Luther übersetzt die Bibel ins Deutsche**

Ende 1521, vieles deutet auf den 21. Dezember hin, verwirklichte Luther einen Plan, dessen Schwierigkeiten ihm wohl bewusst waren: die Übersetzung der Bibel, genauer des Neuen Testaments, ins Deutsche.

Religion in der Sprache: Seite 26–27

Martin Luther kleidete seine Gedanken in eigenwillige Ausdrücke, schuf poetische Bilder und erfand (manchmal nach tagelangem Grübeln) neue Wortspiele. Sein Deutsch wirkte stil- und sprachbildend für Jahrhunderte. Er ersann Ausdrücke wie Feuertaufe, Bluthund, Selbstverleugnung, Machtwort, Schandfleck, Lückenbüßer, Gewissensbisse, Lästermaul und Lockvogel.

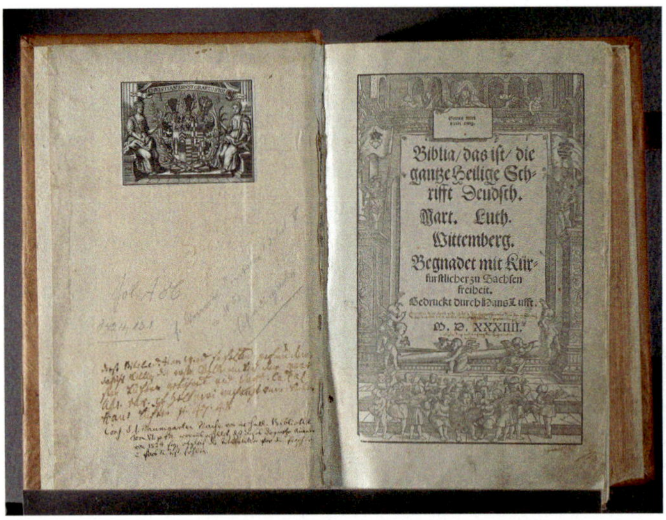

Die erste vollständige Bibelübersetzung von Martin Luther 1534

Heute ist kaum nachzuvollziehen, wie Luther dieses riesige, mehr als 220 Seiten umfassende Werk binnen nur elf Wochen in solcher Perfektion vollenden konnte. Dabei litt er nach eigenem Bekunden häufig unter Visionen. „Tausend Teufeln bin ich ausgesetzt“, schrieb er. Dass er den Satan durch einen Wurf per Tintenfass verjagt habe, ist eine nette Legende, die wohl auf seine Bemerkung „Ich habe den Teufel mit Tinte bekämpft“ zurückgeht.

Durch seine sinnhafte und dichterische Qualität hat Luther die deutsche Schriftsprache wesentlich geprägt. Die Übersetzung des Neuen Testaments erschien am 21. September 1522 in Wittenberg mit der für damalige Verhältnisse sehr großen Auflage von 3000 Exemplaren. Diese „Septemberbibel“ war so rasch ausverkauft, dass ihr drei Monate später die nächste Auflage folgte. Bald wurde sie auf den Kanzeln zitiert, im Schulunterricht verwendet, als Volksbuch geschätzt.

*Jan von Flocken, Historiker und Journalist*

## Info – Lutherübersetzung

Martin Luthers Bibelübersetzung gab erstmals auch einfachen Leuten die Möglichkeit, die Bibel selbst zu lesen. Luther wollte den ursprünglichen Text ganz genau wiedergeben und zugleich deutlich machen, was die Bibel eigentlich meint. Die enorme kulturelle Wirkung verdankte die „Luther-Bibel“ nicht zuletzt der neu erfundenen Technik des Buchdrucks.

**„Bibel in gerechter Sprache“ (2006)**
Ich hoffe, viele Menschen lassen sich auf die „Bibel in gerechter Sprache“ ein! Das ist keine Abwertung der wunderbaren und kraftvollen Übersetzung Luthers, die in unseren Kirchen Standard bleibt und in vielen Ohren und Herzen klingt. Aber es ist eine Anregung, zu vergleichen, zu lesen, es ist eine Möglichkeit auch für Menschen, die nicht des Griechischen und Hebräischen kundig sind, neu zu verstehen, was der Urtext meint. Vor allem aber zeigt die „Bibel in gerechter Sprache“, dass die Bibel kein Museumsstück ist, sondern lebendig, weil sie immer neu verstanden wird im eigenen Kontext. Das macht sie zum „Buch der Bücher“. Und das stellt sie ins Zentrum unseres → Glaubens.
*Margot Käßmann, ehemalige Ratsvorsitzende der EKD*

die Volxbibel: Seite 105

Vater und Mutter im Himmel: Seite 68

## Methoden-Karte: (Bibel-)Texte analysieren

Texte werden von Menschen in ganz bestimmten Situationen zu einem ganz bestimmten Zweck geschrieben. Das gilt auch für die biblischen Texte. Um einen Text richtig zu verstehen, ist es hilfreich, sich klar zu machen, wer ihn wann wozu geschrieben hat.

**So kannst du vorgehen:**
1. Stelle fest, um welche Art von Text es sich handelt: Ist es ein Brief, der einen bestimmten Empfänger vor Augen hat? Oder eine fiktive Erzählung, mit der der Verfasser etwas veranschaulichen will? Hat der Verfasser eine bestimmte Voreinstellung, die in seinen Text einfließt? Ist er zum Beispiel ein gläubiger Christ oder ein nicht-gläubiger Journalist? Ist der Text vielleicht gar kein Sachtext, sondern ein poetischer Text, ein Gedicht etwa?
2. Recherchiere (soweit möglich), von wem und wann der Text geschrieben wurde und was sein Verfasser (manchmal waren es auch mehrere!) damals vermutlich beabsichtigt hat. Tipp: In manchen Bibelausgaben stehen Einleitungen zu den biblischen Büchern.
3. Teile den Text in Sinnabschnitte ein, formuliere für jeden Sinnabschnitt eine Zwischenüberschrift und fasse den (oder die) Kerngedanken des Textes zusammen.
4. Untersuche, in welchem Zusammenhang der Text oder Textabschnitt steht.
5. Beurteile, ob die Aussage des Textes zeitgebunden oder zeitlos ist. Beantworte für dich die Frage: Was sagt der Text *mir* heute?

## Aufgaben

1 Erkläre, warum die Frage nach dem richtigen Umgang mit der Heiligen Schrift bereits bei der Übersetzung anfängt. Beziehe die Informationen zur Lutherübersetzung und Margot Käßmanns Position mit ein.

2 Recherchiere zum Beispiel in „Moment mal! 1“ oder in diesem Buch die Geschichte, unter welchen Umständen Luther 1521/22 das Neue Testament übersetzt hat und erzähle sie nach.

Luther: Seite 101–104

3 Analysiere die beiden Bibeltexte auf der vorigen Doppelseite (1 Kor 14,33–35 und Gal 3,26–28).

# In welchen Sprachen redet die Bibel?

*Mark Twain (1835–1910), amerikanischer Schriftsteller:*

„Die meisten Menschen haben Schwierigkeiten mit den Bibelstellen, die sie nicht verstehen. Ich für meinen Teil muss zugeben, dass mich gerade diejenigen Bibelstellen beunruhigen, die ich verstehe."

*Adolf Schlatter (1852–1938), evangelischer Theologe:*

„Ohne Bibel wird der evangelische Pfarrer zum Schwätzer und der katholische Priester zum Zauberer."

*Anselm Grün (* 1945), Benediktinermönch:*

„Die Bibel verstehen heißt: sich selbst neu verstehen."

## Aufgabe

Erläutere eine der Aussagen zur Bibel, die dich besonders interessiert, anhand einer Bibelstelle, die in diesem Kapitel vorkommt.

## Wissen

- Benenne, was Am 5,4, Mi 3,5 und Jer 16,5 gemeinsam ist.
- Die politische „Partei Bibeltreuer Christen“ (PBC) vertritt die Position, „dass die Weisheit der Bibel besser ist als vom Zeitgeist bestimmte Meinungen“. Erkläre, welches Bibelverständnis hinter dieser Aussage zu vermuten ist. Lege deine Auffassung, wie die Bibel zu verstehen ist, in einer fiktiven E-Mail an den Bundesvorsitzenden der PBC dar.
- Nenne fünf verschiedene Textarten, die in der Bibel vorkommen, und erläutere, woran man sie erkennt.
- Begründe, weshalb die folgenden biblischen Bücher geeignet oder nicht geeignet sein könnten, um einen Konfirmationsspruch zu finden: Levitikus, 2. Könige, Sprichwörter, Hohes Lied, Ezechiël, 1. Korinther, Matthäusevangelium, → Psalmen.
- „Das steht aber so in der Bibel, dass Frauen in der Kirche nichts zu sagen haben sollen!“, sagt dein Freund, als er gegen die neue Landesbischöfin wettert. Entwirf eine Antwort.
- Erkläre einer Mitschülerin, die das Fach „Ethik“ statt „Religion“ besucht, was ein synoptischer Vergleich ist und wozu man das braucht.

→ eine Bibelstelle finden: Seite 251

## Können

- Überarbeite deinen ersten Antwortbrief an „Dr. Laura“ (Seite 132). Berücksichtige jetzt dabei, was du Neues über die Bibel gelernt hast.
- Der Karikaturist Ivan Steiger hat die Karikatur auf Seite 130 zur Bibelstelle 1 Kor 1,10–13 entworfen. Erläutere den Zusammenhang von Bild und Text. Vergleiche die Argumentation des Paulus mit Luthers Kriterium „was Christum treibet“ und zeichne selbst eine Illustration oder Karikatur dazu.
- Erst seit 1991 können in *allen* evangelischen Landeskirchen Frauen Pfarrerin werden. Damals haben manche → evangelische Theologen mit 1 Kor 14,34 argumentiert: Die Kirche dürfe sich nicht dem Zeitgeist anpassen, sondern müsse sich „an die Bibel halten“. Prüfe, ob diese Argumentation den evangelischen Prinzipien der Auslegung der Heiligen Schrift gerecht wird.

→ eine Bibelstelle finden: Seite 251

## Anwenden

- Schreibe eine Erzählung zu einer biblischen Heilungsgeschichte. Plane vorher, wo du den Schwerpunkt setzen willst. Führt gemeinsam eine Schreibkonferenz durch.
- Bereitet ein öffentliches Streitgespräch zum Thema „Bibel heute“ an eurer Schule vor. Plant, welche aktuellen Fragestellungen und welche Positionen ihr diskutieren wollt. Ladet entsprechende Experten in die Schule ein.
- Entwirf ein Bibeltagebuch, in dem du deine persönlichen Leseerfahrungen mit biblischen Texten aufschreibst.

→ eine Schreibkonferenz durchführen: Seite 77

# 8 Was glauben die anderen? –

# Abraham und die Muslime

## Wenn du dieses Kapitel bearbeitet hast, kannst du ...

- darüber Auskunft geben, welche Glaubensinhalte für Muslime besonders wichtig sind.
- erklären, welche Bedeutung Muhammad und Jesus im Islam haben.
- die Einrichtung und Funktion einer Moschee im Vergleich zu einer Kirche (und einer Synagoge) erläutern.
- beschreiben, welche Rolle die Frau im Islam hat.
- dich respektvoll mit religiösen Überzeugungen des Islam auseinandersetzen.
- an Beispielen darstellen, wie Muslime heute in Deutschland leben.
- den Glauben und die religiöse Praxis der abrahamitischen Religionen in verschiedenen Punkten miteinander vergleichen.

## Was kannst du schon?

- erklären, welche Bedeutung Abraham für Juden, Christen und Muslime hat
- einige Gemeinsamkeiten und Unterschiede der jüdischen und christlichen (und muslimischen) Religion benennen
- am Beispiel des Judentums darstellen, wie (unterschiedlich) eine Religion im Alltag gelebt werden kann
- aufzeigen, dass in biblischen Geschichten erzählt wird, was Menschen mit Gott erlebt haben

## Diese Methoden wendest du an:

- ein Lerntagebuch führen
- ein Lernfließband durchführen

# Eine Klassenfahrt: ohne Muslime?

Die Klasse 8a des Alexander-von-Humboldt-Gymnasiums in Dortmund plant zusammen mit ihrer Lehrerin Frau Schäfer eine Klassenfahrt nach München. In der Klasse befinden sich drei türkische Mädchen und ein türkischer Junge. Frau Schäfer hat sich bereits bei den Jugendherbergen vor Ort erkundigt und konnte fünf Tage im August für die Klasse buchen. In einem Brief (Seite 153) informiert die Lehrerin die Eltern über die Fahrt.
Bei der Durchsicht ihrer Unterlagen bemerkt Frau Schäfer nach einigen Tagen, dass zwei türkische Schülerinnen den Anmeldeabschnitt mit dem Vermerk „Unsere Tochter wird an der Klassenfahrt nicht teilnehmen" abgegeben haben. Bei dem anderen türkischen Mädchen und dem türkischen Jungen in der Klasse ist dies nicht der Fall. Frau Schäfer findet es schade, wenn nicht alle mitkommen, ist aber ratlos.

## Aufgabe

Hilf Frau Schäfer und der Klasse 8a: Erörtere, welche Gründe für die beiden Absagen eine Rolle gespielt haben können. Finde eine angemessene Lösung.

## Dazu ist es wichtig, ...

- mögliche Gründe für die Absagen zu benennen und zu prüfen.
- sich über den Glauben und das Leben von Muslimen zu informieren.
- verschiedene Lösungsmöglichkeiten vorzuschlagen und zu bewerten.
- die Interessen aller beteiligten Personen zu berücksichtigen.

### Methoden-Karte: **ein Lerntagebuch führen**

Ein Lerntagebuch wird regelmäßig und mindestens über eine Unterrichtseinheit hinweg geführt. In den einzelnen Einträgen geht es darum, sich mit dem eigenen Lernfortschritt auseinanderzusetzen und sich seine ganz persönlichen Erfahrungen mit einem Unterrichtsthema bewusst zu machen.

**So kannst du vorgehen:**
1. Verfasse im Anschluss an jede Stunde einen Eintrag in dein Lerntagebuch.
2. Versieh jeden neuen Eintrag mit einer Überschrift, das heißt dem Datum und dem Thema der Stunde.
3. Beziehe dich in deinen Einträgen etwa auf die folgenden Fragen:
   - Wo habe ich noch Fragen? Was muss noch geklärt werden?
   - Was war mir neu? Was fand ich interessant?
   - Was denke ich selber über das Thema der heutigen Stunde?
   - Was habe ich heute gelernt?
   - Was nehme ich mir vor?
4. Schließe das Lerntagebuch mit einem Gesamtfazit zur Unterrichtseinheit ab.

Alexander-von-Humboldt-Gymnasium – Am Schulzentrum 2 – 44143 Dortmund

Liebe Eltern,

wie wir bereits auf dem letzten Elternabend besprochen haben, werde ich mit den Schülerinnen und Schülern in diesem Jahr eine Klassenfahrt nach München unternehmen. Die Jugendherberge vor Ort konnte mir dafür den Zeitraum vom **25.–29. August** endgültig zusichern. Dies ist der einzige noch freie Termin, der für uns in Frage kommt, da unterschiedliche Schulveranstaltungen andere Zeiträume blockieren. Ich habe mit den Schülerinnen und Schülern bereits ein gemeinsames Programm vorbereitet, zu dem unter anderem eine Erkundung der Frauenkirche, ein Besuch im Olympiabad und ein gemeinsamer Grillabend gehören.

Ich bitte Sie, die Teilnahme Ihres Kindes an der Fahrt zu bestätigen. Das von uns abgesprochene Preislimit (ca. 180 Euro) wird nicht überschritten werden. Den genauen Preis werde ich Ihnen so bald wie möglich mitteilen.

Mit freundlichem Gruß
R. Schäfer

---

Hiermit stimme ich der Teilnahme meiner Tochter / meines Sohnes
____________________ an der Klassenfahrt nach München verbindlich zu.

Unterschrift eines Erziehungsberechtigten/einer Erziehungsberechtigten

________________________________

## Aufgaben

1 Lege ein Lerntagebuch an. Halte dazu auf der ersten Seite dein bisheriges Wissen und deine Fragen zum Thema „Islam" fest.

2 Stelle Hypothesen auf, was die Gründe für die Absagen sein können. Beziehe in deine Überlegungen sowohl die Bilder auf der Einstiegsseite des Kapitels als auch die Informationen ein, die der Brief an die Eltern enthält.

# Wonach richten sich Muslime?

*In einem Religionsbuch für junge Musliminnen und Muslime wird von der Berufung des → Propheten Muhammad – einem der wichtigsten Ereignisse des Islam – auf folgende Weise berichtet:*

Jedes Jahr im Monat Ramadan zog sich Muhammad in die Abgeschiedenheit zurück. Er bestieg einen Berg bei Mekka, der heute „Berg des Lichts" heißt. Knapp unterhalb seines abgeflachten Gipfels befindet sich die schmale Nische im Fels, die „Hira" genannt wird. Man kann sie heute noch besuchen, wenn man sich in Mekka aufhält. Es ist allerdings ganz schön anstrengend, dort in der Hitze hinaufzuklettern.
Muhammad war mit der Situation in Mekka unzufrieden. Die Leute in seiner Stadt unterdrückten die Frauen, die Armen und die Schwachen am Rande der Gesellschaft, sie waren nur auf Gewinn aus, sie waren sehr stolz und reagierten auf gute Ratschläge mit schroffer Zurückweisung. Muhammad war zwar sehr beliebt und genoss hohes Ansehen unter den Mekkanern. Aber sie duldeten es nicht, wenn er sich einmischte und die Mächtigen der Stadt zu Mäßigung und → Gerechtigkeit aufrief.

Vision: Seite 121

Es war in einer jener Nächte, in der Muhammad in der Felsennische saß, ungefähr zehn Jahre, bevor die islamische Zeitrechnung beginnen würde. Muhammad war um die vierzig Jahre alt, sein größtes Glück lag in der Ehe mit Khadidscha, die er fünfzehn Jahre zuvor geheiratet hatte. „Lies!", dröhnte es in Muhammads Ohren, dazu dieses seltsame Klingeln. Er blickte erschrocken auf. „Lies!", kam es wieder aus der Dunkelheit. Muhammad konnte niemanden erkennen, aber er fühlte, wie etwas seine Brust umschloss. Er wusste nicht, was er lesen sollte, er konnte gar nicht lesen. Der Druck nahm zu. Muhammad hatte das Gefühl, im nächsten Augenblick zu ersticken.
„Lies!" Langsam nahm er eine Gestalt wahr. Sie schien eine Art Tuch vor ihm hochzuhalten. Und dann sagte die Gestalt noch etwas. „Was?", fragte Khadidscha später ihren Mann, als er nach Hause zurückgekehrt war. So hatte sie ihn noch nie erlebt: voller Angst, zitternd und schweißgebadet. Er hatte sie gebeten, ihn in Decken einzuhüllen. „Ich glaube, ich bin verrückt geworden!", keuchte er. Aber Khadidscha ging auf ihn ein. „Nein, Muhammad, du bist der vernünftigste Mann, den ich kenne. Sag, was hat die Gestalt noch gesagt?" Muhammad antwortete ihr nur zögernd. „Du bist der Gesandte Gottes, und ich bin Gabriel."

**Muhammad und der → Koran**

Vom Tag seiner Berufung an erhielt Muhammad – oder Mohammed, wie viele sagen – immer wieder Botschaften, 22 Jahre lang. Diese Botschaften wurden später im Koran, dem gesegneten Buch der Muslime, aufgeschrieben.

Der Text des Koran ist in insgesamt 114 Abschnitte (*Sura*) unterteilt. Die einzelnen Suren sind in Verse *(Ayat)* gegliedert und nach ihrer Länge angeordnet. Im Vergleich zur Bibel ist der Koran in einem kurzen Zeitraum von weniger als 100 Jahren entstanden. Im Verständnis der Muslime ist er die direkte Niederschrift der „Rede Gottes“. Muslime lernen den Koran möglichst schon als Kind in der Sprache, in der Muhammad ihn empfangen hat – auf Arabisch.
Nach muslimischer Vorstellung bestätigt und vollendet der Koran die → Tora der Juden und das → Evangelium der Christen. Er gilt als die letztgültige Weisung Gottes an den Menschen.

Muhammad ist in Mekka geboren und im Jahr 632 n. Chr. in Medina gestorben. Seine Auswanderung nach Medina 622 n. Chr. (die *Hidschra*), ist ein weiterer Wendepunkt in seinem Leben, der zum Beginn des islamischen Kalenders wurde. Muhammad gilt im Islam als das „Siegel der Propheten“. Mit ihm hat die Kette der von Gott gesandten Propheten, zu denen auch Noah, Abraham, Mose und Jesus gehören, ein Ende.

Prophet: Seite 120

## Aufgaben

1 Vergleiche die Berufung Muhammads mit der Berufung Abrahams (Gen 12). Halte die Gemeinsamkeiten und Unterschiede schriftlich fest.

2 Ordne das auf Seite 154 beschriebene Ereignis in Muhammads Leben ein. Recherchiere dazu die wichtigsten Stationen im Leben des Propheten und erstelle einen tabellarischen Lebenslauf.

3 Formuliere mit eigenen Worten, was einen „Gesandten“ auszeichnet und was der Ausdruck „Siegel der Propheten“ meint.

4 Vergleiche das Wirken und die Bedeutung Muhammads mit der Wirkung und der Bedeutung Jesu in ihrer jeweiligen Religion.

5 Vereinbart, wer von zu Hause oder aus der Bibliothek eine deutsche Koranübersetzung (und nach Möglichkeit auch einen Koran) mitbringt. Untersucht Umfang und Aufbau, lest die Eröffnungssure.

eine Bibelstelle finden: Seite 251
eine Internetrecherche durchführen: Seite 252

# Glauben Juden, Christen und Muslime an denselben Gott?

Bekenntnis: Seite 259

Glaube: Seite 261

Sünden-vergebung: Seite 37

**Das apostolische Glaubensbekenntnis**
Ich glaube an Gott, den Vater,
den Allmächtigen,
den → Schöpfer des Himmels und der Erde.

Und an Jesus Christus,
seinen eingeborenen Sohn, unsern Herrn,
empfangen durch den Heiligen Geist,
geboren von der Jungfrau Maria,
gelitten unter Pontius Pilatus,
gekreuzigt, gestorben und begraben,
hinabgestiegen in das Reich des Todes,
am dritten Tage auferstanden von den Toten,
aufgefahren in den Himmel;
er sitzt zur Rechten Gottes,
des allmächtigen Vaters;
von dort wird er kommen,
zu richten die Lebenden und die Toten.

Ich glaube an den Heiligen Geist,
die heilige christliche Kirche,
Gemeinschaft der Heiligen,
→ Vergebung der Sünden,
Auferstehung der Toten
und das ewige Leben.
Amen.

**Das Glaubensbekenntnis der Muslime:**
„Ich bezeuge, dass es keinen Gott gibt außer Allah, und ich bezeuge, dass Muhammad sein Gesandter ist."

**Das jüdische Glaubensbekenntnis:**
„Höre, Israel! Der HERR ist unser Gott, der HERR und sonst keiner."
(Dtn 6,4)

Schahāda

**Isas Eigenschaften:**

*„Ihr Leute der Schrift, übertreibt es nicht in Sachen Religion, und sagt nichts über Gott außer die Wahrheit. Der → Messias, Isa, der Sohn Maryams, ist nur sein Gesandter und sein Wort, das er Maryam überbringen ließ, und er ist Geist von ihm. Also glaubt an Gott und seine Gesandten, und sagt nicht: „Drei"! Hört auf damit. Es ist besser für euch. Gott ist ein einziger Gott. Gepriesen sei er! Dass er ein Kind haben sollte! Ihm gehört doch alles, was im Himmel und auf der Erde ist."*
*(Sure 4,171)*

Isa lässt sich auf einem Minarett der Moschee in Damaskus nieder. Von dort wird er nach muslimischer Überlieferung den Tag des Jüngsten Gerichts ausrufen.

**Die Rolle Isas:**

*„So sind die Gesandten. Wir haben einigen von ihnen den Vorzug vor anderen gegeben. Einige konnten mit Gott sprechen, und einige hat er vor den anderen um Stufen erhöht. Wir haben Isa, dem Sohn Maryams, deutliche Beweise gegeben und ihn mit dem Heiligen Geist gestärkt. Wenn Gott gewollt hätte, hätten sich die Menschen nach ihnen nicht bekämpft, nachdem sie sogar die deutlichen Beweise bekommen hatten. Aber sie waren nicht einer Meinung. Also gab es einige, die glaubten, und einige andere, die ungläubig waren. Wenn Gott gewollt hätte, hätten sie sich nicht bekämpft, aber Gott tut, was er will."*
*(Sure 2,253)*

**Isa ist auserwählt:**

*„Damals sprach Gott: „Isa, ich werde deine Lebenszeit ablaufen lassen, dich zu mir erheben und dich von denen reinigen, die ungläubig sind, und diejenigen, die dir gefolgt sind, werde ich bis zum Tag der Auferstehung über all die stellen, die ungläubig sind. Dann kehrt ihr zu mir zurück, und ich werde darüber richten, worüber ihr verschiedener Meinung wart.""*
*(Sure 3,54–55)*

*„Ihre Aussage lautete: „Wir haben Isa, den Sohn Maryams, den Gesandten Gottes, getötet. Aber sie haben ihn weder getötet, noch gekreuzigt, doch kam es ihnen so vor.""*
*(Sure 4,157–158)*

**!** **Moment mal!**
Warum kommen Jesus, Maria und andere Personen aus der Bibel im Koran vor?

## Aufgaben

1 Untersuche die jeweiligen Glaubensbekenntnisse von Juden, Christen und Muslimen. Erläutere, was es schwierig macht, gemeinsam zu einem Gott zu beten. Beziehe Sure 4,171 mit ein.

2 Erkläre die Aussage der Strichzeichnung (Seite 156) zur Beziehung von Muslimen und Christen. Entwirf anschließend eine eigene Zeichnung, die das Verhältnis von Islam und Christentum beschreibt. Begründe deine Gestaltung.

→ Bilder analysieren: Seite 94

3 Christen haben in Jesus Gottes Sohn und damit Gott selbst erkannt. Das zeigt sich an verschiedenen Stellen im Neuen Testament, zum Beispiel bei der Taufe Jesu (Mk 1,9–11) oder in den Reaktionen auf Jesu Wunder (zum Beispiel Mk 1,23–28). Vergleiche damit, wie Jesus („Isa") in den ausgewählten Koranversen dargestellt ist.

→ eine Bibelstelle finden: Seite 251

↔ Reaktionen auf Jesu Wunder: Seite 138

4 Sammelt Ideen für eine gemeinsame Schulandacht von Christen und Muslimen. In → Gebeten, einem kleinen Rollenspiel oder den religiösen Liedern soll das Verbindende, aber auch das Trennende der beiden Religionen deutlich werden.

# Wie beten Muslime?

Salāt

Mesut Özil betet. In den letzten Minuten vor dem Spiel, wenn sich die Nationalmannschaft in der Kabine sammelt, bevor sie auf den Platz geht, bereitet sich der Fußballstar auf seine ganz eigene Weise vor. Ist die deutsche Elf kurz danach auf dem Rasen und nimmt Schulter an Schulter Aufstellung, erklingt die deutsche Nationalhymne im Stadion. Özil geht noch einmal in sich und spricht sein letztes → Gebet. „Zum einen konzentriere ich mich auf das Spiel, spreche dann aber auch Koranverse auf Arabisch, damit wir alle auf dem Platz gesund bleiben und Erfolg haben. Das gibt mir Ruhe und Kraft", sagt der Nationalspieler und ist damit längst nicht alleine.

Heilige Orte: Seite 14–15

Etwas anders gehen da die Spieler des 1. FC Steinegg vor – hier staunte man nicht schlecht, als vier der Spieler im Training plötzlich den Gebetsteppich statt der Kickschuhe aus der Sporttasche auspackten und diesen in der Kabine ausrollten. „Das war anfangs schon etwas ungewohnt", meint Mittelfeldspieler Julian Schindele. „Mittlerweile ist es aber ganz normal." Normal ist auch, dass die muslimischen Fußballer auch schon mal vor oder nach einer Partie auf dem Spielfeld beten. „Einige Zuschauer gucken da schon komisch. Wir haben unseren Gebetsteppich immer dabei", erzählt der Algerier Lahouari Babaa. Er ist einer von 15 Muslimen im 30-Mann-Kader des 1. FC Steinegg. Seine Freunde kommen aus Algerien, Marokko, Tunesien, Syrien und Palästina. Sogar ein Deutscher rollt den „Sajjada" aus. Ihr → Glaube schreibt vor, fünfmal am Tag nach einem ganz bestimmten Ablauf zu beten. Die Steinegger Kicker nehmen sich für ein solches Gebet rund zehn Minuten Zeit.

„Wir haben nun eine klare Abstimmung getroffen, dass sie am Spieltag vor dem Treffpunkt gebetet haben müssen", erklärt Trainer Ruoff. Die Spielvorbereitung sei demnach nicht „gestört", so der Coach, auch weil die Muslime ihr Gebet bis zu einem gewissen Zeitpunkt verschieben können. Und für was beten die gläubigen Fußballer in diesem Fall? Für Siege in der Meisterschaft? „Nein, so etwas gibt es bei uns nicht", erklärt der Syrier Charkass Faisal. „Wir beten zu Allah. Die Gebete haben aber nichts mit Fußball zu tun …"

**! Moment mal!**
Ist Beten nicht eigentlich etwas ganz Privates?

*Ein Muslim, der zum ersten Mal die* ***Pilgerfahrt*** *unternimmt, berichtet von seinen Erlebnissen:*

Ich darf Mekka sehen, die gesegnete Stadt der Muslime, die sie mit aller Strenge vor jedem Fremden bewachen. Ich bin zum Glauben der Muslime übergetreten. Ich bin auf einer Pilgerfahrt.
Die Stadt ist übervoll von Pilgern. Sie liegen auf den Straßen. „Dies ist nicht die Stadt des Reichtums, sondern die Stadt der Gottesverehrung", sagt mein Begleiter. Der Tag lichtet sich schon, als wir die Säulenhalle, die die Kaaba umgibt, erreichen. Vor den Toren drängen sich Hunderte, ja Tausende von Pilgern aus allen Nationen. Wir streifen die Sandalen ab und legen sie auf die dafür vorgesehenen Holzständer. Wir gehen durch die Säulenhalle – barfuß. Wir erreichen den Hof des Heiligtums. Ich sehe die Kaaba, diesen mächtigen Würfel. Düster ragt er auf in der Mitte des riesigen Hofes, bedeckt mit einem schwarzen Tuch. Ringsumher wogt das Volk: Männer, Frauen, Kinder. Ich weiß: Jetzt muss ich rufen: „Allahu akbar" – „Gott ist größer." Ich rufe es. Ich bete es: *Allah, ich suche Zuflucht in deinem Hause, Zuflucht vor dem Elend, Zuflucht vor dem Tod, Zuflucht vor der Habgier des Herzens. Allah, segne Muhammad, segne sein Haus und seine Gemeinde. Segne mich, den Pilger.*
Ein unbeschreibliches Gefühl ergreift mich. Ich darf das Heiligtum sehen. Die Begeisterung der Menge geht über auf mich.
Ich muss die Kaaba umgehen. Siebenmal! Dreimal leicht laufen, dann viermal im Schritt. Ich fühle keinen Schmerz mehr. Jeder will den Kuss, die Berührung des Steines und damit – einen guten Platz im Paradies.

**Haddsch**

**Was ist heilig?** Seite 12–13

## Aufgaben

1 Beschreibe die unterschiedlichen „Gebetsweisen", von denen in den beiden Texten die Rede ist.

2 Verfasse das Gespräch, das beim 1. FC Steinegg zwischen dem Trainer und einem oder mehreren muslimischen Spielern stattgefunden hat. Mache dabei die unterschiedlichen Interessen deutlich. Beziehe, wenn möglich, weitere Informationen über das muslimische Gebet mit ein.

**eine Internetrecherche durchführen:** Seite 252

3 Fasse die Informationen über die Pilgerfahrt, die du durch die Karte und den Erlebnisbericht erhältst, in eigenen Worten zusammen.

4 Vergleiche die Wirkung der Pilgerfahrt auf den Pilger mit Erlebnissen, die bei dir selbst ähnliche Stimmungen und Gefühle auslösen.

# Frei werden für den anderen

christliche Fastenzeit: Seite 185

*Muslime, die sich an die Fastenzeit im Monat Ramadan halten, dürfen von Morgendämmerung bis Sonnenuntergang nicht essen und nicht trinken. Didem ist Türkin. „Ich bin nicht besonders religiös", sagt die 28-Jährige über sich selbst. Am Ramadan nimmt die junge Muslimin aber teil. Ebenso wie der 19-jährige Alper.*

**Saum**

**WDR.de: Jedes Jahr 30 Tage lang fasten – haltet ihr das immer durch?**

**Didem:** Ich muss gestehen, ganz hundertprozentig halte ich es nicht immer durch, aber ich versuche es. Es ist aber nicht immer mit dem Alltag vereinbar. Die ersten Stunden gehen ja noch relativ gut, aber so um zehn, elf Uhr sagt der Magen: „Hallo, ich will was essen." Am schlimmsten ist es, wenn andere einem etwas voressen. Da muss man wirklich Durchhaltevermögen zeigen.

**Alper:** Ich versuche auch jedes Jahr zu fasten. Aber manchmal geht es einfach nicht, zum Beispiel wegen der Arbeit.

**WDR.de: Man soll in der Fastenzeit an seinen Tugenden arbeiten. Wie klappt es damit, was nehmt ihr euch vor?**

**Alper:** Höflich, nett und hilfsbereit sein.

Abhängigkeit: Seite 34–35

**Didem:** Man versucht während des Ramadans ganz aktiv ein guter Mensch zu sein. Vielleicht wird es ja irgendwann zur Gewohnheit. Die Zeit des Ramadans bedeutet ja eigentlich auch, sich in Selbstbeherrschung zu üben. Also nicht Hungern um des Hungerns Willen. Es ist auch ein schönes Zusammengehörigkeitsgefühl. Mit dem Verzicht denkt man auch an diejenigen, die wirklich hungern müssen und es nicht ganz so gut haben wie wir. So übt man sich ein bisschen in Demut.

**WDR.de: Wie sieht so ein typischer Ramadan-Tag für dich aus?**

**Alper:** Ich steh morgens um Viertel nach vier auf, dann esse ich gemeinsam mit der Familie. Danach putze ich mir die Zähne und geh wieder ins Bett. Dann gehe ich zur Arbeit. Und abends gehen wir zum Fastenbrechen in die → Moschee und essen dort gemeinsam.

**WDR.de: Worauf freut man sich nach den 30 Tagen am allermeisten?**

**Alper:** Ich freue mich aufs Zuckerfest. Da gibt es viel Süßes. Und man kann essen, wann man will. Man feiert mit der ganzen Familie. Das ist vergleichbar mit Weihnachten.

**WDR.de: Warum würdet ihr anderen Leuten das Fasten mal nahelegen?**

**Didem:** Es ist eine Übung an sich selbst und was man sich zutraut. Es ist eine Herausforderung.

**Alper:** Man sollte vieles im Leben mal ausprobieren, damit man weiß, wie es funktioniert.

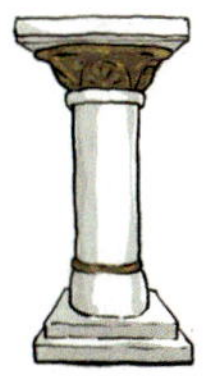

Zakat

Zu den fünf Grundpflichten des Islam gehört es, dass ein Muslim die sogenannte **Bedürftigenabgabe** – *die Zakat* – entrichtet. Das Wort leitet sich von dem arabischen Verb „zaka“ ab, das „reinigen“ bedeutet. Muslime bezeichnen die Pflichtabgabe oft als einen Akt der Reinigung von Habgier.
Sie ist einerseits Ausdruck der Dankbarkeit gegenüber Gott, der den Menschen ein Leben im Wohlstand ermöglicht, und bewirkt andererseits die Zuwendung der Menschen untereinander.

*„Zur Abgabe habt ihr eine Pflicht. Gott ist wissend und weise. (Sure 9,60)*
*Gebt von eurem Vermögen ab, auch wenn ihr es liebt, gebt ab! Gebt den Nächsten! Gebt den Waisen! Gebt den Bettlern und denen in Not! (Sure 2,177)*
*Wer gibt und dafür nichts erwartet, wer keinen Menschen kränkt, der wird von Gott den Lohn bekommen, der wird nicht traurig sein. (Sure 2,262)*
*Immer sollt ihr beten und spenden, geheim oder offen, wie ihr es wollt. (Sure 14,31)*
*Nehmt niemals Schlechtes für eure Spenden. Gebt von den guten Dingen! (Sure 2,267)*
*Seid weder maßlos noch geizig beim Spenden. Was dazwischenliegt, das ist richtig. (Sure 25,67)*
*Spendet nicht zur Schau vor den Menschen. Gott liebt solche Spender nicht. (Sure 4,38)*
*Männer und Frauen, die Spenden geben, die bekommen edlen Lohn. (Sure 57,18)*
*Die aber spotten über die Spender, die einen Tadel aussprechen, die werden schmerzhafte Strafen erleiden. Gott spottet über sie. (Sure 9,79)*
*Darum: Die spenden in ihrem Glück und auch in ihrer Not, die den Groll unterdrücken und den Menschen vergeben, denen wird es gut ergehen. Denen schenkt Gott seine Liebe, denn sie tun ja nur das Gute. (Sure 3,134)“*

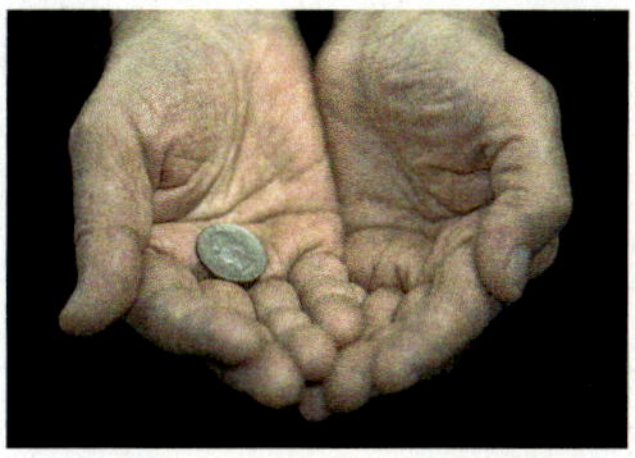

**!** **Moment mal!**
Was ist, wenn ich die Regeln meiner Religion mal nicht einhalten kann?

## Aufgaben

1 Beschreibe, inwiefern Didem und Alper das Fasten einerseits lohnend, andererseits schwierig finden.

2 Fasse die Informationen über die Bedürftigenabgabe in eigenen Worten zusammen.

3 Im Zentrum der → Bergpredigt (Mt 6,1–18) spricht Jesus über das Almosengeben, das Beten und das Fasten. Teilt euch in drei Gruppen auf und arbeitet die Kernaussagen heraus. Vergleicht eure Ergebnisse mit den entsprechenden Säulen im Islam.

→ eine Bibelstelle finden: Seite 251

4 Gestaltet Plakate zu den Fünf Säulen des Islam. Benutzt dazu die Materialien in diesem Kapitel und ergänzt weitere Informationen.

→ ein Plakat erstellen: Seite 254

# Was gehört zu einer Moschee?

Moschee:
Seite 264

Das Bild zeigt eine nordafrikanische Moschee. Der Künstler hat das, was eigentlich nacheinander geschieht, gleichzeitig dargestellt und die Wand zwischen Vorhof und Moschee weggelassen.

**Moschee – eine Fantasiereise**

Schon von Weitem siehst du die schlanken Minarette,
die Kuppel der Moschee blinkt im Sonnenlicht –
du stehst vor dem Gebetshaus der Muslime –
fremd und sehr geheimnisvoll erscheint es dir –
verspielt in seiner Form, doch auch erhaben –
es steht fest auf scheinbar sicherem Grund.

Du gehst in den Hof – der Brunnen für die Waschung –
Ritual fünfmal am Tage.
Du streifst die Schuhe ab und ziehst Filzpantoffeln über –
So schlurfst du mehr als dass du gehst, hinein –
du blickst erstaunt auf all die Pracht –
der Stuck, ganz fein geformt, Teppiche, schmiedeeiserne
Lampen an langen Ketten – Fenster aus Alabaster –
das Licht ganz unwirklich getönt –
du setzt dich auf den Boden, weich unter dir der Teppich –
du lässt die Aura dieses Raumes auf dich wirken …

**! Moment mal!**
Wie sieht eine „normale" Moschee in Deutschland aus?

Wie beten Muslime? Seite 158

## Methoden-Karte: **ein Lernfließband durchführen**

Ziel eines Lernfließbandes ist es, einen Text in einer Gruppe zu verfassen: eine Geschichte, eine Zusammenfassung oder die Bearbeitung einer bestimmten Frage – je nach Aufgabe. Die Methode hilft, dass sich alle Gruppenmitglieder beteiligen.

**So könnt ihr vorgehen:**
1. Bildet kleine Gruppen (drei bis vier Personen).
2. Ein Gruppenmitglied schreibt auf ein DIN-A4-Blatt einen Satz oder einen Gedanken zum Lerninhalt auf.
3. Gebt das Blatt immer nach links weiter. Bringt, wenn ihr an der Reihe seid, euren Satz oder Gedanken zügig zu Papier.
4. Gebt das Blatt solange weiter, bis euch nichts mehr einfällt oder der Lehrer oder die Lehrerin die Arbeitsphase beendet.
5. Bearbeitet euren Fließband-Text, sodass ein sinnvoller Gesamttext entsteht. Tragt ihn der Klasse vor.

## Aufgaben

1 Beschreibe mithilfe des Bildes die Einrichtung und die Rituale, die vor und in einer Moschee stattfinden (Gebetsnische (mihrab), Kanzel (minbar), Kalligrafien des Gottesnamens …). Führt dazu ein Lernfließband durch.

2 Ergänze Informationen aus dem Text. Beschreibe deine Eindrücke.

3 Gestalte ein Bild oder eine Collage zur Einrichtung, Funktion und zu den Ritualen in einer Kirche. Vergleiche anschließend mit der Abbildung einer Moschee und mit einer Synagoge.

eine Collage gestalten: Seite 251

Rituale in der Kirche: Seite 98

# Welche Rolle spielt das Kopftuch?

*„Sprich zu den gläubigen Männern, sie sollen ihre Blicke senken und ihre Scham bewahren. Das ist lauterer für sie. Gott hat Kenntnis von dem, was sie machen."*
*(Sure 24,30)*

Glaube und Sexualität: Seite 58–59

*„Und sprich zu den gläubigen Frauen, sie sollen ihre Blicke senken und ihre Scham bewahren, ihren Schmuck nicht offen zeigen, mit Ausnahme dessen, was sonst sichtbar ist. Sie sollen ihren Schleier auf den Kleiderausschnitt schlagen und ihren Schmuck nicht offen zeigen, es sei denn ihren Ehegatten, ihren Vätern, den Vätern ihrer Ehegatten, ihren Söhnen, den Söhnen ihrer Ehegatten, ihren Brüdern, den Söhnen ihrer Brüder und den Söhnen ihrer Schwestern, ihren Frauen, denen, die ihre rechte Hand besitzt [Sklaven], den männlichen Gefolgsleuten, die keinen Trieb mehr haben, den Kindern, die die Blöße der Frauen nicht beachten. Sie sollen ihre Füße nicht aneinanderschlagen, damit man gewahr wird, was für einen Schmuck sie verborgen tragen. Bekehrt euch allesamt zu Gott, ihr Gläubigen, auf dass es euch wohlergehe."*
*(Sure 24,31)*

*„Für die muslimischen Männer und Frauen, Männer und Frauen, die gläubig, ergeben, wahrhaftig, geduldig, demütig sind, die Almosen geben, fasten, ihre Scham bewahren und Gottes viel gedenken – für sie hat Gott → Vergebung und einen großartigen Lohn bereitet."*
*(Sure 33,35)*

Prophet: Seite 120

*„O → Prophet, sag deinen Gattinnen und deinen Töchtern der Gläubigen, sie sollen etwas von ihrem Überwurf über sich herunterziehen. Das bewirkt eher, dass sie [als Gläubige] erkannt werden und dass sie nicht belästigt werden. Und Gott ist voller Vergebung und barmherzig."*
*(Sure 33,59)*

**Mein Kopf gehört mir**

Ich war vierzehn Jahre alt, als mich eine Frau in der U-Bahn fragte: „Warum trägst du das Kopftuch?" „Weil ich will", antwortete ich, woraufhin sie „Willst du nicht!" zurückschrie. Und ich hörte nur noch die Worte: Afghanistan, Gewalt an Frauen, Unterdrückung, Zwangsehen, Ehrenmorde – das volle Programm eben. Seitdem gibt es solche Szenen immer wieder.

Nein, ich möchte deshalb nicht bemitleidet werden oder gar in die ach so beliebte Opferrolle gedrängt werden. Ich schreibe dies, weil ich das Gegenteil will: als freies, selbstständiges und mündiges Individuum wahrgenommen werden. Doch genau das wird kopftuchtragenden Musliminnen verwehrt. Die Frauen unter Kopftüchern werden auf unterdrückte Wesen und Opfer reduziert. Drängt sich denn niemandem der Verdacht auf, dass es Musliminnen geben könnte, die freiwillig, aus religiösen Gründen, ein Kopftuch tragen? Klar. Darüber, ob das Kopftuch religiöse Pflicht ist, wird viel diskutiert. Jede Muslimin kommt an den Punkt, an dem sie diese Frage für sich klärt – und sich für oder gegen das Tuch entscheidet. Für mich ist das Kopftuch eine religiöse Pflicht. Ich fühle mich mit dem Kopftuch Gott näher. Außerdem bekenne ich mich gerne öffentlich zu meiner Religion, die mich sehr geprägt hat und noch immer prägt. Für andere Musliminnen kann das Kopftuchtragen natürlich andere Gründe haben – wie das Schutzbedürfnis oder das Verhüllen vor männlichen Blicken. Oder auch nichtreligiöse Gründe wie Ausdruck der Weiblichkeit oder Druck durch die Familie. Der große Kritiker-Fehler: Aus den zahlreichen Gründen suchen sie sich einen Grund aus, auf den sie dann ihre gesamte Argumentation stützen. Ja, es gibt Fälle, in denen das Kopftuch und die Frau von Männern als Aushängeschild der familiären Ehre missbraucht werden. Leider. Doch daraus ein generell islamisches Problem zu machen, wird der Realität nicht gerecht und ist unfair gegenüber all jenen Frauen, die sich freiwillig für das Kopftuch entschieden haben.

Ich bin unabhängig, habe meinen eigenen Willen. Ich bin frei. Und deshalb: Bitte befreit jemand anderen.

*Kübra Gümüsay, Journalistin*

↔ Frauen im Islam: Seite 67, 145

↔ Wovon mache ich mich abhängig? Seite 34–35

## Aufgaben

1 Arbeite heraus, welches Verhalten der → Koran Männern und Frauen nahelegt.

2 Fasse die Aussagen von Kübra Gümüsay zusammen. Benenne, aus welchen Gründen sich Musliminnen möglicherweise für ein Kopftuch entscheiden.

3 Zu Zeitungsartikeln, die im Internet erscheinen, gibt es meist öffentliche „Leserkommentare". Verfasse einen Kommentar zur Meinung von Kübra Gümüsay.

4 Befragt, wenn möglich, Musliminnen in eurer Umgebung zu ihrer Kopftuchentscheidung.

5 Interpretiere die Karikatur. Setze sie zu den Aussagen von Kübra Gümüsay in Beziehung.

→ ein Interview führen: Seite 252

→ Karikaturen interpretieren: Seite 256

# Wie leben Muslime in Deutschland?

Ich bin sehr religiös erzogen worden. In meiner Familie halten wir alle wichtigen Vorschriften ein. Ich finde das gut. Das hält unsere Familie zusammen. Dafür muss man manchmal auch verzichten können, wenn meine Freundinnen zum Beispiel ins Schwimmbad gehen oder sich mit Jungen treffen. Bei denen stößt das nicht immer auf Verständnis. Für mich ist das aber in Ordnung.

Ich habe sehr unterschiedliche Erfahrungen gemacht. Viele Menschen in Deutschland wissen eigentlich gar nichts über meinen → Glauben und verlassen sich auf das, was die Medien ihnen sagen – für die ist man dann gleich ein Terrorist. In meinem Freundeskreis sind aber auch viele Nicht-Muslime, die teilweise echt überrascht waren, als sie mehr über den Islam erfahren haben.

Ich hatte eigentlich noch nie größere Probleme wegen meiner Religion. Allerdings trage ich auch kein Kopftuch und halte mich auch sonst nicht an alle → Gebote. Für meine Eltern ist das o. k., auch wenn sie sich wünschen würden, dass meine Geschwister und ich die religiösen Pflichten etwas stärker einhalten. Das wäre mir aber zu anstrengend. Manches lässt sich einfach in Deutschland nur schwer durchhalten.

Ich finde es gut, dass man in Deutschland mit dem Kopftuch zur Schule gehen darf. In der Türkei wäre das nicht erlaubt. Manchmal fällt es mir aber hier auch schwerer als in meiner Heimat: Ich habe ständig das Gefühl, in zwei unterschiedlichen Welten zu leben. Einerseits will ich die Pflichten meiner Religion nicht vernachlässigen und andererseits möchte ich mich hier in der Gesellschaft nicht als Fremde fühlen müssen.

Ich bin Anfang des Jahres zum Islam konvertiert. Ich fühle mich sehr wohl mit meiner neuen Religion und bereue diese Entscheidung nicht. Ich bin zwar nicht perfekt in der Ausübung, aber ich bemühe mich. Meine Freundin ist Muslima und unterstützt mich tatkräftig. Meiner Familie und meinen Freunden habe ich erstmal nichts davon gesagt, ich glaube, sie sind noch nicht so weit, dass sie mich verstehen.

**Schlachten in Deutschland**
Für Muslime (und Juden) hat die Schlachtmethode, mit der ein Tier geschlachtet wird, große Bedeutung. Beim sogenannten **Schächten** will man dem Tier den geringsten Schmerz zufügen und möglichst viel Blut entfernen. Dabei wird ohne Betäubung ein rascher Schnitt durch die Kehle des Tieres gemacht. Das Messer muss tadellos geschärft sein, damit das Tier nicht leidet und das Blut schnell ablaufen kann. Nur geschächtete Tiere gelten als rein und dürfen gegessen werden.
Hinter den Speisevorschriften steht der Gedanke, das Leben und den Körper der Menschen zu schützen und zu erhalten.

Aus Tierschutzgründen ist das Schächten seit vielen Jahren umstritten. Teilweise wurde (und wird) der Streit darüber unsachlich geführt. Wie schmerzhaft welche Schlachtmethode für die Tiere ist, konnten selbst wissenschaftliche Studien bisher nicht klären. In Deutschland ist eine elektrische Betäubung vor dem Schlachten gesetzlich vorgeschrieben. Für viele Muslime ist das kein Problem, weil das Tier trotzdem ausblutet.

## Info – Islamische Speisevorschriften

Die islamischen Speisevorschriften sind im → Koran und in der → Sunna geregelt. Muslime kennen erlaubte Nahrung *(halal)* und verbotene Nahrung *(haram)*. *Haram* sind zum Beispiel Alkohol, Blut oder Aas, Fische ohne Schuppen (Aal) sowie Tiere, die selbst Fleischfresser sind (zum Beispiel Schweine) oder die geschlachtet wurden, ohne auszubluten.

! **Moment mal!**
Sollten nicht einfach alle Vegetarier werden?

## Aufgaben

1 Teilt euch in Gruppen auf. Wählt jeweils eine der vorgestellten Personen aus und verdeutlicht ihre Situation mithilfe eines Rollenspiels.

2 Vergleiche die Erfahrungen der Musliminnen und Muslime miteinander. Halte Positives und Negatives in einer Tabelle fest.

3 Fasse mithilfe der Materialien zusammen, was Schächten genau ist und warum schon seit Jahrzehnten darüber diskutiert wird.

4 Erstelle eine Mindmap zu den Speisevorschriften im Islam. Vergleiche dein Ergebnis mit dem, was du über die Speisevorschriften im Judentum weißt.

→ Mindmapping: Seite 257

5 Ladet eine Muslima oder einen Muslim in den Unterricht ein. Bereitet geeignete Fragen für den Besuch vor.

→ ein Interview führen: Seite 252

# Was glauben die anderen? – Abraham und die Muslime

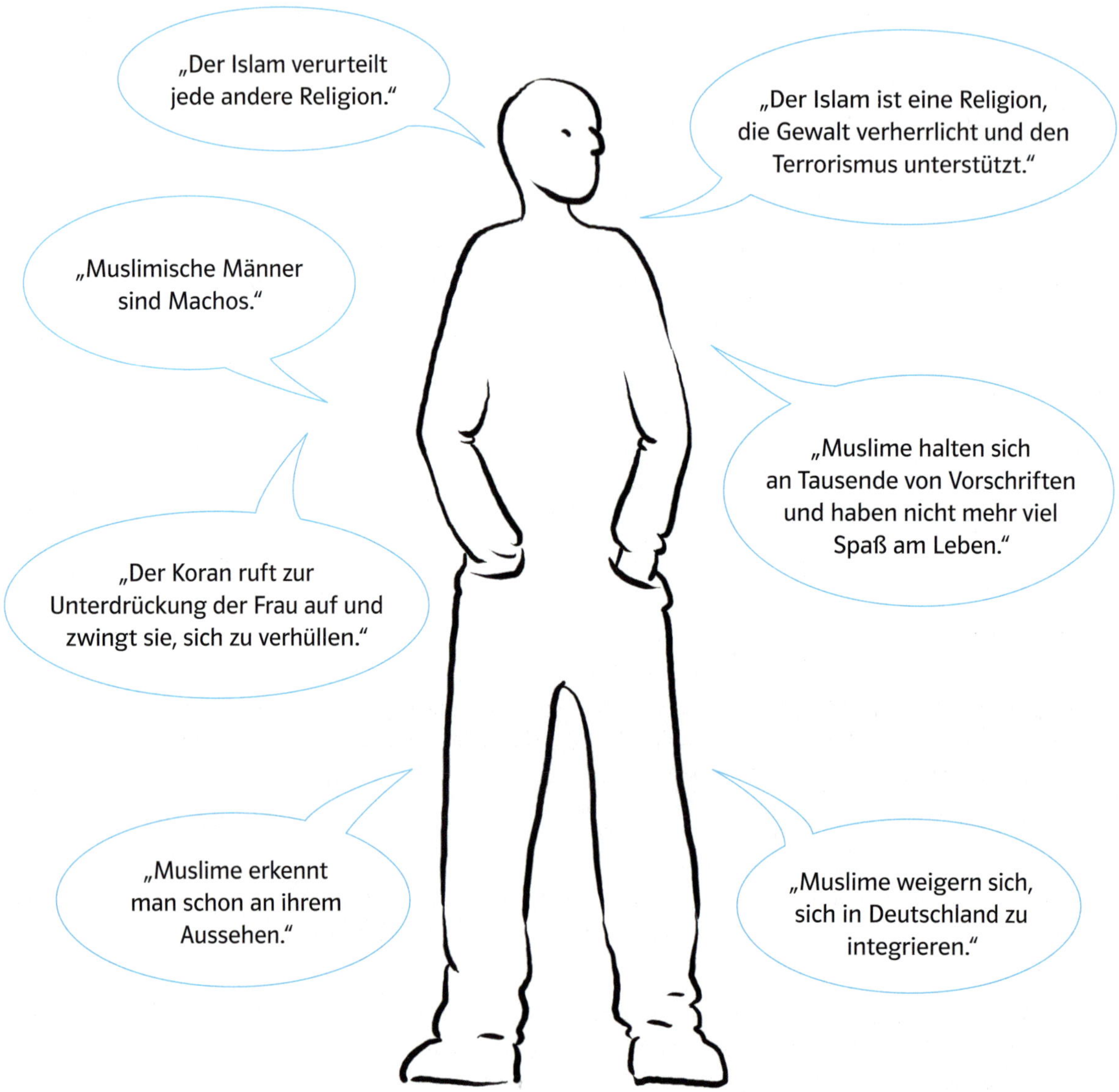


## Aufgabe

Vorurteile, Verallgemeinerungen, Unterstellungen: Wähle ein bis zwei Aussagen aus und stelle sie richtig. Entscheide dich dazu für eine Form, die sich für eine sachliche und respektvolle Auseinandersetzung mit deiner Frage anbietet (Zeitungsbericht, Mini-Bilderbuch, Kurzfilm …).

## Wissen

- Entwirf einen Lückentext zum Thema „Islam“. Tausche ihn mit den Lückentexten deiner Mitschülerinnen und Mitschüler. Fülle die Lücken aus und überprüfe dein Wissen.
- Schlage die Fragen auf, die du zu Beginn in deinem Lerntagebuch von Seite 153 zum Thema „Islam“ formuliert hast. Notiere nun die passenden Antworten.
- Manchmal werden Muslime „Muhammadaner“ genannt. Erkläre, aus welchen Gründen sie diese Bezeichnung für sich ablehnen.
- Muslime sollen den → Koran nach Möglichkeit auf eine erhöhte Stelle legen. Begründe diese Bestimmung und vergleiche sie damit, wie die beiden anderen → abrahamitischen Religionen mit ihrer Heiligen Schrift umgehen.

## Können

- Auf Seite 153 dieses Kapitels hast du dich mit den Gründen für die Absage der beiden türkischen Mädchen zur Klassenfahrt beschäftigt. Verfasse einen Brief an Frau Schäfer, in dem du die möglichen Gründe ausführlich erläuterst.
- Formuliere mögliche Lösungsansätze für Frau Schäfer. Entwirf ein Konzept für die Klassenfahrt oder schlage vor, wie man mit der auf Seite 152 geschilderten Situation umgehen kann.
- Als du am Freitagnachmittag zufällig deinen Mitschüler/deine Mitschülerin triffst, fragt er/sie, ob du nicht einfach in die Moschee mitgehen willst. Ihr kommt an, als das → Gebet schon angefangen hat. Dein Freund oder deine Freundin ermuntert dich, teilzunehmen. Erkläre, wie du dich verhältst.

## Anwenden

- Informiere dich über verschiedene Richtungen im Islam (Sunniten, Schiiten, Aleviten). Halte ein Referat für deine Mitschülerinnen und Mitschüler im Umfang von 10–12 Minuten zu diesem Thema.

→ eine Internetrecherche durchführen: Seite 252

- Findet heraus, ob es eine → Moschee in eurer Nähe gibt und plant einen Moscheebesuch. Ladet muslimische Mitschüler im Gegenzug zu einem Kirchenrundgang in eurer Gemeinde ein.
- In den vergangenen Jahren wurden ungenutzte Kirchen vereinzelt in Moscheen umgebaut. Erörtert gemeinsam, was für und gegen einen solchen Umbau spricht. Führt ein Lernfließband durch.

→ ein Lernfließband durchführen: Seite 163

- Gestaltet eine Fotoausstellung zum Thema „Muslime in unserer Stadt“.
- Führt eine Talkshow zum Thema „Glaube und Leben von Muslimen“ durch. Lasst dazu unterschiedliche Personen aus diesem Kapitel als Talkgäste auftreten und übernehmt deren Rollen. (Ihr könnt weitere Personen erfinden.)

# 9 Warum musste Jesus sterben?

## Wenn du dieses Kapitel bearbeitet hast, kannst du . . .

- erklären, warum Jesus gekreuzigt wurde.
- begründen, warum Kreuz und Auferstehung Jesu für Christen mit Erlösung und Hoffnung verbunden sind.
- anhand von Bekenntnissen den Unterschied aufzeigen, der zwischen dem Glauben an Jesus Christus und der historischen Sicht auf Kreuzigung und Auferstehung besteht.
- darstellen, wie Menschen den Tod Jesu in der Bibel, in Kirchenliedern oder in der Kunst gedeutet haben.
- jemandem, der einer anderen Religion angehört, die besondere Bedeutung Jesu Christi für den christlichen Glauben darlegen.
- an einem Beispiel zeigen, wie der Glaube an Jesus Christus das Leben von Menschen bestimmen kann.
- eine eigene Deutung des Kreuzestodes Jesu formulieren oder gestalterisch ausdrücken.

## Was kannst du schon?

- beschreiben, wie (unterschiedlich) Menschen auf Jesus reagieren
- aufzeigen, wie die Taten und Worte Jesu Hoffnung und Trost spenden können
- erläutern, was Jesus meinte, wenn er vom Reich Gottes sprach

## Diese Methoden wendest du an:

- Paarlesen
- das Evangelische Gesangbuch (EG) benutzen

# Was bedeutet eigentlich das Kreuz?

**Almanya – Willkommen in Deutschland**
*Der Spielfilm Almanya erzählt die Geschichte von Hüseyin Yilmaz, seiner Frau Fatma, seinen Söhnen Veli und Muhamed sowie der Tochter Leyla, die Mitte der 1960er-Jahre ihre Heimat Türkei verlassen, um als Gastarbeiter das deutsche Wirtschaftswunder zu unterstützen. Die Familie wird mit einer ihr völlig fremden Kultur konfrontiert – und mit einer völlig fremden Religion. Am Abend vor der Abreise findet ein Gespräch zwischen Muhamed, dem jüngsten Sohn, und seinem Freund Emre statt.*

**Emre:** Ich bin froh, dass wir da nicht hin müssen. Das sind alles Ungläubige da. *(mit Nachdruck:)* Mein Bruder hat mir gesagt, die Deutschen essen Schweinefleisch und Menschen! Ihr Zeichen ist so ein toter Mann am Kreuz. Den haben die auch aufgegessen! Und jeden Sonntag treffen sie sich in einer Kirche und da essen sie von ihm und trinken sein Blut!
*Muhameds Selbstsicherheit bröckelt. Er schaut seinen Freund verängstigt an.*
**Muhamed:** Echt? Die essen Menschen?
*Emre nickt nur.*

*Als die Familie eine kleine Wohnung bezieht, hängt dort von den Vormietern noch ein altes Kruzifix an der Wand.*
**Fatma:** Was ist denn das?
**Muhamed:** Üäh, nimm es weg, üäh!
*Fatma fängt an zu lachen und nimmt die Figur von der Wand.*
**Fatma:** Das ist doch nur eine Holzfigur.
*Veli nimmt seiner Mutter die Figur aus der Hand.*
**Veli:** Das ist Jesus. Das beten die Christen an.
**Fatma** *(verwirrt)*: Die beten eine Holzfigur an?
*Veli nickt.*
**Fatma:** Ts, was es nicht alles gibt. Allmächtiger, eine Holzfigur!
*Fatma schüttelt den Kopf und geht aus dem Zimmer.*

## Aufgabe

Stelle dir vor, du wärst in den Szenen anwesend. Erkläre Muhamed, was es für Christen bedeutet, dass Jesus am Kreuz gestorben ist.

## Dazu ist es wichtig, ...

- das Leiden und die Kreuzigung Jesu historisch einzuordnen.
- darauf einzugehen, wie der Tod Jesu in der Bibel gedeutet wird.
- heutige Deutungen des Todes Jesu zu kennen.
- verschiedene Deutungen des Todes Jesu miteinander zu vergleichen und eine eigene Deutung zu formulieren.

Warum hatte Jesus nicht die Macht, das Kreuz zu umgehen, wenn er Gottes Sohn war?

Der Anblick des Kreuzes verursacht Schuldgefühle. Ist das Christentum eine negative Religion?

In den meisten Kirchen hängt der gemarterte Körper Jesu. Fühlen sich Christen beim Anblick des gequälten Menschen besser?

Was ist das für ein Gott, der seinen Sohn so grausam opfert?

Warum ist das Kreuz mit dem Gekreuzigten und nicht die Siegesfahne des Auferstandenen zum Erkennungszeichen des Christentums geworden?

Kreuz als Siegeszeichen: Seite 17

## Aufgaben

1 Erläutere, wie Emre, Muhamed und Veli darauf kommen können, dass Christen Menschen essen beziehungsweise eine Holzfigur anbeten.

2 Setzt euch zu zweit zusammen und interpretiert die Karikatur. Erörtert verschiedene Möglichkeiten, mit dem dargestellten Problem umzugehen, und präsentiert eine Möglichkeit als Dialogszene.

Karikaturen interpretieren: Seite 256

3 Sortiere die Fragen in den Kästen danach, wie berechtigt oder wichtig sie dir erscheinen. Begründe deine Reihenfolge.

# Warum wurde Jesus gekreuzigt?

Für welche Vergehen wurden Männer und Frauen zur Kreuzigung verurteilt? Es waren vor allem Verbrechen mit politischer Bedeutung: Desertion [Überlaufen] zum Feind, Geheimnisverrat, Anstiftung zum Aufruhr. Im Falle Jesu benennt die Inschrift am Kreuz den Hinrichtungsgrund: „Der König der Juden“ (Mk 15,26). Aus der Perspektive Roms war ein Mensch, der für den → Messias gehalten wurde, eine politische Gefahr.

Der jüdische Historiker Josephus berichtet über viele jüdische Bewegungen in der Zeit der Herrschaft Roms, die sich um einen → Propheten, Vorläufer Gottes oder Messias scharten. Sie warteten auf das → Reich Gottes auf der Erde und im Himmel. Sie waren in der Regel unbewaffnet. Sie entwickelten Perspektiven eines gerechten Zusammenlebens in Freiheit und wurden deshalb von Rom als politische Gefahr angesehen. Die römische Inschrift am Kreuz Jesu gehört in diesen Zusammenhang der Politik Roms jüdischen religiösen Befreiungsbewegungen gegenüber.

Welche Rolle spielte das Volk bei solchen Tötungen? Sie sollten so öffentlich wie nur irgend möglich inszeniert sein. Die Zuschauer sollten der Hinrichtung und damit der staatlichen Ordnung applaudieren. Über die Gegenstimmen, die es bei solchen Volksfesten auch gegeben hat, wird selten berichtet. Das Volk, von dem das Markusevangelium in seinen übrigen Erzählungen berichtet, ist durchaus auf der Seite Jesu.

Sind „die“ Juden schuld am Tode Jesu? Das Christentum hat über Jahrhunderte behauptet, die Juden seien Gottesmörder, sie hätten Schuld an der Kreuzigung Jesu. Es gab Menschen, die mit Rom zusammengearbeitet haben. Diese Zusammenarbeit hatte bei den herodianischen Königen andere Gründe als bei manchen Hohepriestern. Die herodianischen Könige waren Nutznießer der Herrschaft Roms. Im Johannesevangelium (11,48) wird ein Hohepriester zitiert, der fürchtet, dass Jesus durch seinen Erfolg im jüdischen Volk den Römern als politische Bedrohung erscheinen könnte; eine durchaus realistische Einschätzung der Verhältnisse. Eine Schuld des Volkes am Tod Jesu aber ist spätere Deutung, nachdem die christliche Urgemeinde sich vom Judentum getrennt hatte.

*Dorothee Sölle, Theologin*

## Methoden-Karte: **Paarlesen**

Das Paarlesen ist eine Methode, mit der sich ein längerer, fremder Text zu zweit gründlich erarbeiten lässt.

**So könnt ihr vorgehen:**

1. Lest den Text zunächst einmal für euch allein.
2. Teilt den Text in etwa gleich lange Abschnitte auf. Übernehmt immer abwechselnd einen Abschnitt.
3. Einer von euch (A) beginnt und erklärt dem anderen (B), was in dem ersten Abschnitt steht. B legt währenddessen den Text weg und hört genau zu.
4. B wiederholt (ohne Text), was er gerade von A gehört hat. A kontrolliert, ob alles richtig verstanden und behalten wurde.
5. Wechselt die Rollen: B erklärt, A legt den Text zur Seite. Fasst am Ende das Wichtigste zu zweit zusammen.

Fersenbein des Jehohanan, der im 1. Jahrhundert gekreuzigt wurde. Der Knochen, in dem noch der Kreuznagel steckt, befand sich in einem Ossuar (Knochensarg) mit der Aufschrift „Jehohanan, Sohn des HGQWL“. Gefunden wurde es 1968 in einer jüdischen Siedlung bei Jerusalem. Der Fund war eine Sensation: Da die Hingerichteten in der Regel nicht bestattet, sondern von Tieren gefressen oder auf den Müll geworfen wurden, war es der erste archäologische Nachweis der römischen Kreuzigungsstrafe.

**Crucifixus**
Am Kreuz hing sein gequält Gebeine,
Mit Blut besudelt und geschmäht;
Dann hat die stets jungfräulich reine
Natur das Schreckensbild verweht.

Doch die sich seine Jünger nannten,
Die formten es in Erz und Stein,
Und stellten's in des Tempels Düster
Und in die lichte Flur hinein.

So, jedem reinen Aug ein Schauder,
Ragt es herein in unsre Zeit;
Verewigend den alten Frevel,
Ein Bild der Unversöhnlichkeit.
*Theodor Storm (1817–1888)*

## Aufgaben

1 Erschließt euch den Text auf Seite 174 sowie die Information zum Fersenbein des Jehohanan mithilfe der Methode Paarlesen.

2 Führe einen groben (nicht wörtlichen) synoptischen Vergleich von Mt 27,31–56, Mk 15,21–41 und Lk 23,32–49 durch. Nimm Joh 19,17–37 hinzu, schreibe die insgesamt sieben „letzten Worte“ Jesu heraus und erläutere, wie der Evangelist die Situation jeweils deutet.

→ einen synoptischen Vergleich durchführen: Seite 142

→ eine Bibelstelle finden: Seite 251

3 Entfalte, wie Theodor Storm das Kreuz Jesu im Gedicht deutet. Arbeite die Kritik heraus, die das Gedicht am kirchlichen Umgang mit dem Kreuz übt.

4 Du hast Karten für ein Lady-Gaga-Konzert bekommen und möchtest einen Freund oder eine Freundin mitnehmen. Diese oder dieser lehnt überraschend ab: Lady Gaga gehe respektlos mit Jesus und seinem Leiden um. Ihre Single „Judas“ erschien wenige Tage vor Ostern, im Musikvideo bekennt sie sich zu Judas und macht Jesus mit Dornenkrone zur Randfigur. Analysiere den Song (und das Video). Prüfe, ob die Kritik berechtigt ist.

# Sich für andere opfern

*Die Geschwister Peter, Susan, Lucy und Edmund geraten in das Land Narnia, das von der Weißen Hexe beherrscht wird. Sie nehmen den Kampf gegen sie auf. Ihre Hoffnungen setzen sie auf die Ankunft des wahren Königs Aslan, eines majestätischen Löwen – außer Edmund: Er lässt sich mit der Hexe ein und wird zum Verräter. Bevor es zur großen Schlacht der beiden Heere kommt, will die Hexe Edmund töten. Doch Aslan erscheint und trifft in einem Gespräch unter vier Augen mit ihr eine Vereinbarung, sodass sie von Edmund ablässt. Nachts müssen Susan und Lucy mit ansehen, wie sich Aslan selbst der bösen Armee ausliefert.*

„Bindet ihm das Maul zu!", befahl die Hexe. Und selbst jetzt, während sie sich um sein Gesicht herum zu schaffen machten und ihm den Maulkorb anlegten, hätte ein Zuschnappen seiner Kiefer zwei oder drei von ihnen um ihre Hände bringen können. Doch er rührte sich nicht. Und das schien die ganze Rotte nur noch mehr in Wut zu bringen. Alle fielen nun über ihn her. Auch die, die sich nicht in seine Nähe getraut hatten, selbst als er schon gefesselt war, fanden allmählich ihren Mut wieder, und für ein paar Minuten konnten die beiden Mädchen ihn nicht einmal mehr sehen – so dicht war er umringt von der ganzen Schar der Wesen, die auf ihn eintraten und ihn schlugen, bespuckten und verhöhnten.

Endlich hatte das Gesindel genug davon. Sie begannen den gefesselten und geknebelten Löwen zum Steinernen Tisch zu schleppen; manche zogen, manche schoben. So groß war er, dass es, als sie dort angekommen waren, ihre ganze Kraft brauchte, um ihn auf die Platte hochzuhieven. Dann wurde er noch fester mit Seilen gebunden.

Als Aslan endlich so gründlich gefesselt war, dass kaum noch mehr als ein Gewirr von Seilen von ihm zu sehen war, wurde es still in der Menge. Vier Warzenweiber mit vier Fackeln stellten sich an den Ecken des Tisches auf. Die Hexe entblößte ihre Arme, wie sie es in der vorigen Nacht getan hatte, als Edmund an Aslans Stelle gewesen war. Dann begann sie ihren Dolch zu wetzen. Als der Schimmer des Fackelscheins darauf fiel, schien es den Kindern, als ob die Klinge aus Stein bestünde, nicht aus Stahl, und sie hatte eine seltsame, unheimliche Form.

Schließlich trat die Hexe heran. Sie stellte sich neben Aslans Haupt. Ihr Gesicht bebte und zuckte vor Leidenschaft, doch seines schaute hinauf zum Himmel, weder wütend noch ängstlich, sondern nur ein wenig traurig. Dann, kurz bevor sie zustach, beugte sie sich hinab und sagte mit zitternder Stimme:

„Wer hat nun gewonnen? Du Narr, hast du geglaubt, durch all das hier könntest du den menschlichen Verräter retten? Jetzt töte ich dich an seiner Statt, wie wir es vereinbart haben, und somit wird dem Tiefen Zauber Genüge getan. Aber wenn du dann tot bist, was soll mich daran hindern, ihn ebenfalls zu töten? Und wer wird ihn *dann* aus meiner Hand befreien? Begreife, dass du mir Narnia für immer ausgeliefert hast: Du hast dein eigenes Leben verloren und seines hast du nicht gerettet. In dieser Gewissheit verzweifle und stirb!"

*C.S. Lewis, Schriftsteller*

**Jesus ist kommen**

6. Jesus ist kommen, ein Opfer für Sünden,
Sünden der ganzen Welt träget dies Lamm.
Sündern die ewge Erlösung zu finden,
stirbt es aus Liebe am blutigen Stamm.
Abgrund der Liebe, wer kann dich ergründen?
Jesus ist kommen, ein Opfer für Sünden.

*Text: Johann Ludwig Konrad Allendorf 1736/Melodie: Köthen um 1733*

**!** **Moment mal!**
Kann man nicht vermeiden, dass sich jemand opfern muss?

## Aufgaben

1 Beschreibe, wie das Opfer Aslans in „Der König von Narnia“ dargestellt ist. Vergleiche es mit der Passion und Kreuzigung Jesu in Mk 15,6–38.

→ eine Bibelstelle finden: Seite 251

2 Recherchiere, wie es nach dem Tod Aslans in der „König von Narnia“ weitergeht. Stelle dar, wie die Notwendigkeit des Opfers dort begründet wird.

→ eine Internetrecherche durchführen: Seite 252

3 Arbeite heraus, wie das Kirchenlied „Jesus ist kommen“ die Kreuzigung Jesu interpretiert (EG 66). Vergleiche dazu die beiden Strophen miteinander und formuliere die Liedaussagen in heutiger Sprache.

4 Nenne Beispiele aus deinem Leben, in denen jemand schwach und zugleich stark ist.

5 Erläutere die bildliche Darstellung des „Lamm Gottes“. Finde mithilfe eines Evangelischen Gesangbuchs ein Beispiel, in dem das Bild vom Lamm in einem Kirchenjahreslied oder im Gottesdienstablauf eine Rolle spielt.

→ das Evangelische Gesangbuch benutzen: Seite 180

# Was hieß „opfern" im 1. Jahrhundert nach Christus?

*Im Hebräerbrief, der in der zweiten Hälfte des 1. Jahrhunderts geschrieben wurde, wird Jesus als Oberster Priester beschrieben:*

„heilig": Seite 13

❞ [26]Das ist ein Oberster Priester, wie wir ihn brauchen: heilig, unschuldig, rein, getrennt von allen, die → Schuld auf sich geladen haben, und über alle Himmelshöhen erhoben. [27]Er hat es nicht nötig, wie die Obersten Priester sonst Tag für Tag Opfer darzubringen – zuerst für seine eigene Schuld, dann für die Schuld des Volkes: Das hat er nämlich ein für allemal getan, als er sich selbst als Opfer darbrachte.
[24]Christus ging ja nicht in ein von Menschenhand errichtetes Abbild des wahren Heiligtums. Sondern er ging in den Himmel selbst. Dort tritt er jetzt vor Gott für uns ein. [25]Er ist auch nicht hineingegangen, um sich selbst immer wieder als Opfer darzubringen – so wie der irdische Oberste Priester jedes Jahr mit fremdem Blut in das Heiligtum hineingeht. [26]Sonst hätte Christus seit der Erschaffung der Welt immer wieder leiden müssen. Nein, jetzt, am Ende der Zeiten, ist er ein einziges Mal erschienen. Und durch sein Opfer hat er die Sünde aufgehoben. ❝
(Hebr 7,26 f. und 9,24–26)

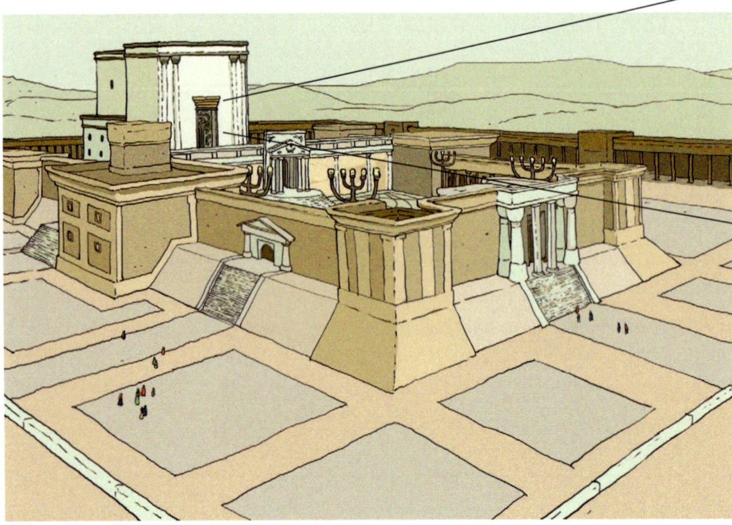

**Der von Herodes erbaute zweite Jerusalemer Tempel galt als ein Wunder der Antike**

**Der Tempel**
Wenn der Autor des Hebräerbriefs von „Sühneopfer" spricht, hat er ein ganz bestimmtes Bild vor Augen. Das Zentrum des jüdischen → Glaubens war der Tempel in Jerusalem. Im Innersten dieses Tempels befand sich das Heiligtum, ein von der menschlichen Welt klar getrennter Ort. Im Heiligtum wiederum, durch einen prächtigen Doppelvorhang abgetrennt, lag das Allerheiligste. Hier galt JHWH* auf besondere Weise als präsent. Wer welchen Tempelbezirk betreten und sich dem Allerheiligsten nähern durfte und welche Reinheitsvorschriften er dabei beachten musste, war genau geregelt.

* Die vier Konsonanten stehen für den Namen Gottes in der Hebräischen Bibel, der von Juden nicht ausgeschrieben oder ausgesprochen wird.

**Das Sühneopfer im Tempel**
Durch nichts konnte man JHWH so nahe kommen wie durch das Opfer. Das tägliche Brandopfer am Morgen wie am Abend war Aufgabe der Priester. Das Allerheiligste durfte nur einmal im Jahr und allein vom Hohepriester betreten werden: am Jom-Kippur-Fest, dem Versöhnungstag.
Durch menschliches Fehlverhalten entfernen sich die Menschen, so die Vorstellung, von JHWH. Unheil ist die Folge. Daher brachte der Hohepriester an Jom Kippur ein Opfer im Allerheiligsten. Dank dieses Rituals konnte der Mensch die Ordnung wiederherstellen.
Im Moment der Opferung eines Tieres stand der Hohepriester in unmittelbarer Beziehung zu JHWH. Er empfing stellvertretend für das Volk die Vergebung der Sünden. Diese wurden einem Bock symbolisch aufgeladen, der anschließend in die Wüste gejagt wurde – der sogenannte Sündenbock.

**Moment mal!**
Brauchen wir heute immer noch Sündenböcke, ohne es zu merken?

Mögliche Rekonstruktion des Heiligtums (Innenansicht)

## Aufgaben

1 Beschreibe, worin sich der historische Tempel in Jerusalem von einer modernen → Synagoge unterscheidet.

2 Grafisiere die beiden Texte über den Tempel, sodass deutlich wird, wie nach der damaligen Vorstellung Sünden vergeben werden konnten.

→ Grafisieren: Seite 256

3 Beschreibe das Gottesbild und das Verhältnis von Gott und Mensch, das dem damaligen Tempelkult mit seiner Opferpraxis zugrunde liegt.

4 Erkläre die Verse des Hebräerbriefs mithilfe der damaligen Vorstellung vom Sühneopfer. Fertige eine weitere Skizze an, die zeigt, wie der Autor des Hebräerbriefs den Tod Jesu deutet und welche Veränderungen sich daraus ergeben.

5 Für „Opfer" gibt es im Englischen drei Begriffe: *sacrifice*, *offering* und *victim*. Finde jeweils einen passenden deutschen Ausdruck sowie ein Beispiel. Prüfe, in welchem Sinne sich das Sterben Jesu als „Opfer" deuten lässt.

# Gott wird Mensch

Würde und Menschenwürde: Seite 223

**Er erniedrigte sich selbst**

Ein König gibt ein großes Fest. Viele angesehene Bürger sind eingeladen. Die meisten Gäste kommen mit vornehmen Kutschen. Es beginnt zu regnen. Vor der Toreinfahrt bildet sich eine große Pfütze. Ein vornehm gekleideter, älterer Herr steigt aus, bleibt am Trittbrett hängen und fällt der Länge nach in die Pfütze. Mühsam erhebt er sich wieder. Er ist von oben bis unten beschmutzt und sehr traurig. Denn so kann er sich auf dem Fest ja nicht mehr sehen lassen. Ein paar andere Gäste machen spöttische Bemerkungen. Ein Diener, der den Vorfall beobachtet hat, meldet ihn seinem Herrn, dem König. Dieser eilt sofort hinaus und kann den beschmutzten Gast gerade noch erreichen, als dieser zurückfahren will. Der König bittet den Gast, doch zu bleiben, ihm würde der Schmutz an seinen Kleidern nichts ausmachen. Doch der Gast hat Angst. Da lässt sich der König mit seinen schönen Gewändern in dieselbe Pfütze fallen, sodass auch er von oben bis unten voller Dreck ist. Er nimmt den Gast an der Hand und zieht ihn mit sich. Sie gehen beide, beschmutzt wie sie sind, in den festlich geschmückten Saal.

*Ralf Johnen, Pfarrer und Autor von Kurzgeschichten*

Tadeusz T. Głuszko: Wer sich selbst erniedrigt, wird erhöht werden

Gott – ein ferner Weltenlenker: Seite 240–241

» [6]Von göttlicher Gestalt war er. Aber er hielt nicht daran fest, Gott gleich zu sein – so wie ein Dieb an seiner Beute. [7]Sondern er legte die göttliche Gestalt ab und nahm die eines Knechtes an. Er wurde in allem den Menschen gleich. In jeder Hinsicht war er wie ein Mensch. [8]Er erniedrigte sich selbst und war gehorsam bis in den Tod – ja, bis in den Tod am Kreuz. «
(Phil 2,6–8)

## Methoden-Karte: das Evangelische Gesangbuch (EG) benutzen

Das Evangelische Gesangbuch (EG) ist ein Hilfsmittel, wenn man ein Kirchenlied oder einen Text für einen Schulgottesdienst sucht oder inhaltlich untersuchen möchte. Neben Kirchenliedern enthält das EG auch liturgische Gesänge, → Gebete und → Bekenntnisse. Alle Lieder und Texte sind nummeriert.
Die Kirchenlieder sind in vier Hauptabschnitte eingeteilt (Kirchenjahr, Gottesdienst, Biblische Gesänge und Glaube – Liebe – Hoffnung), die wieder Unterabschnitte haben. Es gibt auch Verzeichnisse der Lieder: am Ende alphabetisch, vorne thematisch sortiert.

**So kannst du vorgehen:**

1. Schlage das Inhaltsverzeichnis auf. Verschaffe dir einen Überblick und lege fest, in welchen Abschnitten du suchst.
2. Schlage eines der Liederverzeichnisse auf, wenn du einen Titel oder Liedanfang suchst.
3. Achte bei Liedern auf das Entstehungsjahr. Die Lieder einer Rubrik sind zum Teil nach ihrem Alter geordnet.

**Die Nacht ist vorgedrungen**

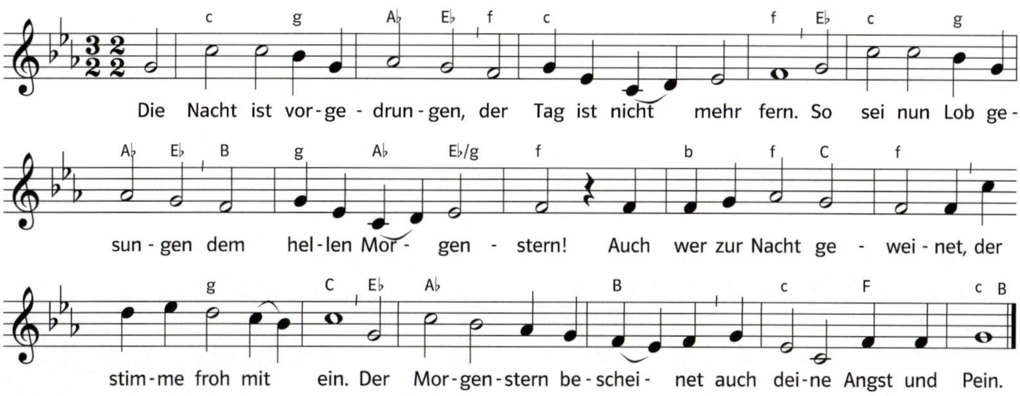


*Text: Jochen Klepper (1938), Melodie: Johannes Petzold (1939) © Bärenreiter Verlag, Kassel*

Kreuz Jesu und Leid: Seite 246–247

**Kruzifix (um 1000) aus der Kirche St. Abdon und Sennen in Salzgitter-Ringelheim**

**Kruzifix (1991) von Jürgen Weber in der Friedenskirche Arnum bei Hannover**

**!** **Moment mal!**
Ist Gott allmächtig oder ohnmächtig?

## Aufgaben

1 Stelle möglichst genau die Gefühle von König und Gast im Verlauf der Geschichte „Er erniedrigte sich selbst" dar. Nenne ein vergleichbares Ereignis.

2 Vergleiche die Deutung des Todes Jesu im Philipperbrief (Seite 180) mit der im Hebräerbrief (Seite 178).

3 Führt ein Line-Up zu der Frage durch, ob die Geschichte „Er erniedrigte sich selbst" die Vorstellung von der Kreuzigung im Philipperbrief passend wiedergibt. Haltet die Argumente schriftlich fest.

ein Line-Up durchführen: Seite 23

4 Lies die weiteren Strophen des Liedes 16 im EG nach und recherchiere die Biografie Jochen Kleppers, der das Lied 1938 dichtete. Setze einzelne Verse einerseits mit Phil 2,6–8, andererseits mit Kleppers damaliger Lebenssituation in Beziehung.

eine Internet-recherche durchführen: Seite 252

5 Vergleiche die beiden Kreuzigungsdarstellungen. Das Ringelheimer Kruzifix hängt als Triumphkreuz hoch über dem Altar, das Arnumer Kruzifix im Altarraum. Entscheide und begründe, welches von beiden dich eher tröstet oder anspricht.

# Was bedeutet das Kreuz Jesu für uns heute?

Volker Stelzmann, Ecce Homo II (2011)

**Das Kreuz Jesu in der Sterbebegleitung**

Als ich mich entschloss, in einem Hospiz mitzuarbeiten, fragten mich Freunde: „Ist diese Arbeit nicht viel zu belastend?" „Wie hältst du es aus, wenn es keinen Trost mehr gibt?" oder „Warum tust du dir das an?" Anfangs hatte ich tatsächlich Angst. Doch wenn ich einem Sterbenden in die Augen sehe oder die Hand halte, überkommt mich eine tiefe Ruhe. Ich begegne Menschen, die leiden, die im Begriff sind, alles und alle zu verlieren und loslassen zu müssen. Das kann schmerzhaft sein und ist manchmal schwer anzugucken.

Kreuz Jesu und Leid: Seite 246–247

Für mich ist es ein tröstlicher Gedanke, dass Gott selbst Schreckliches durchgemacht hat, dass er den Tod kennt und durchsteht und überwindet. Alle, die ich bisher begleitet habe, haben noch im Sterben eine eigentümliche Würde ausgestrahlt, die ich nicht beschreiben kann. Ja, ich bin nachdenklicher geworden. Und ich komme auch an meine Grenzen. Dann kann ich aber mit anderen aus dem Team sprechen. Das ist sehr wichtig für mich.

*Britta Koch, ehrenamtliche Mitarbeiterin im Johannes-Hospiz in Köln*

**Flashmob tanzt gegen das Tanzverbot an**
Proteste gegen „stillen Feiertag" – Debatte bei Facebook

Tanzverbot am Karfreitag? Die Grüne Jugend in Frankfurt findet die Regelung veraltet – und hat gegen den „stillen Feiertag" antanzen lassen. Etwa 1000 Demonstranten bewegten sich auf dem Römerberg zur Musik; geräuschlos, denn die Musik kam aus MP3-Playern. Auch im Rest der Republik regt sich Widerstand – und auf der ZDFheute-Facebookseite wird rege diskutiert …

*Gast* sagt:
Wieso sollte sich ein Nicht-Christ an die Karfreitagsregeln halten? Christen halten sich doch auch nicht an die Regeln anderer Religionen. Also bitte Freiheit! Jeder so, wie er es für richtig hält.

*Karsten M.* sagt:
Meine Güte – an einem Abend wird man doch wohl mal aufs Rumzappeln verzichten können … sind die so arm im Kopf, dass denen für einen Abend keine andere Beschäftigung mehr einfällt?

## Info – Karfreitag

Karfreitag ist der Freitag vor Ostern. Das althochdeutsche „kara" bedeutet „Klage, Trauer". Am Karfreitag wird im Gottesdienst auf (Blumen-)Schmuck verzichtet und die Altarkerzen bleiben aus. Zur Todesstunde Jesu gibt es vielerorts eine Andacht. Der Karfreitag gilt als hoher, „stiller" Tag, der staatlich geschützt ist: Öffentliche Tanzveranstaltungen, auch Sportereignisse, sind in allen Bundesländern ganztägig oder zeitweise untersagt.

## Aufgaben

1 Analysiere das Kunstwerk von Volker Stelzmann. Vergleiche es dazu mit Joh 19,1–6.

→ Bilder analysieren: Seite 94

2 Verfasse einen Meditationstext zum Bild, der mögliche Antworten auf die Überschrift dieser Doppelseite gibt.

→ einen Meditationstext schreiben: Seite 237

3 Beschreibe, wie Britta Koch den Tod in ihrer ehrenamtlichen Arbeit wahrnimmt. Entfalte die Bedeutung, die das Kreuz Jesu in diesem Zusammenhang für sie hat.

4 Manchen Menschen hilft der → Glaube an Jesus Christus, sich für andere einzusetzen oder gar aufzuopfern. Suche ein Beispiel und stelle es den anderen in einem Kurzreferat vor.

→ ein Referat halten: Seite 202

5 Führt die Facebook-Diskussion als Schreibgespräch in eurer Klasse weiter. Stellt eure Argumente zusammen.

→ ein Schreibgespräch führen: Seite 36

# Kann man Auferstehung feiern?

*Viele Christen feiern Weihnachten lieber als Ostern. Der Theologe Fulbert Steffensky sagt, woran das liegt: „Ostern ist ein schwieriges Fest."*

Kreuz und Auferstehung: Seite 17, 37, 263

**Abendblatt:** *Was ist der Kern des Osterglaubens?*
**Steffensky:** Das Vertrauen darauf, dass der Tod nicht das letzte Wort hat.
**Abendblatt:** *Das klingt sehr abstrakt. Wie wollen Sie das begreiflich machen?*
**Steffensky:** Ich würde die Geschichte Jesu erzählen, wie er gelebt hat und wie er an Karfreitag gekreuzigt wurde und wie er am Ostermorgen auferstanden ist. Eine wunderbare, aufregende Geschichte. Auch Ungläubige können sie hören – als ein Lied des Lebens. Überhaupt kann man Ostern nicht theoretisch mitteilen, sondern man kann es nur ausdrücken im Erzählen, in Bildern, Symbolen und Liedern. Der Osterglaube ist Vertrauenssache, aber kein Bescheidwissen.
**Abendblatt:** *Warum sollte ich an die Auferstehung der Toten glauben? Ist ein reiches Leben nicht genug?*
**Steffensky:** Sicher, manchen Menschen genügt ein reiches Leben vielleicht. Aber wie viele Menschen auf der Welt kommen so weit? Ich sehe auch die Opfer des Lebens und glaube trotzdem, dass ihr Leben letztlich geborgen ist, genauso wie meines. Für diesen österlichen Trost habe ich keinen Beweis. Ich sehe aber schon Anzeichen dafür; zum Beispiel, wenn eine Arbeit oder eine Liebe gelingt. Spekulationen über die Fortsetzung meines Einzellebens nach dem Tod und ob ich daran glauben soll – die sind nicht entscheidend. Es geht an Ostern um das Leben selbst. Ob mein Einzelleben nach dem Tode irgendwie weitergehen wird, das überlasse ich Gott.
**Abendblatt:** *Warum ist Ostern für die meisten Menschen nicht so interessant wie Weihnachten?*
**Steffensky:** Ostern ist viel schwieriger zu feiern als Weihnachten. Und zwar aus zwei Gründen. Erstens tun wir an Ostern so, als wäre alles in Ordnung. Als ob es kein Elend, Hunger und keine Kriege gäbe. Wir feiern mit der Auferstehung Christi von den Toten das Leben selbst. Das ist schwer zu feiern, weil doch der Tod mächtiger zu sein scheint. Zweitens begegnet jeder Mensch an Ostern auch seiner Sterblichkeit. Denn wer das Leben feiern will, muss den Tod respektieren. Das ist nicht angenehm. Aber Karfreitag gehört zu Ostern dazu.
**Abendblatt:** *Haben Kirche und Theologie etwas versäumt, um Ostern populärer zu machen?*
**Steffensky:** Vielleicht hat es eine Überbetonung des Leidens Jesu am Kreuz gegeben. Denn die Trauer von Karfreitag lässt sich leichter darstellen als das Glück von Ostern. Wer ausschließlich das Schöne im Leben feiern will, wird ja leicht kitschig.
**Abendblatt:** *Ist der Osterglaube nicht deshalb so sperrig, weil er mit einer blutigen Hinrichtung zusammenhängt und mit dem Kreuz als Symbol von Tod und Folter?*
**Steffensky:** Das Christentum ist vom Wesen her nicht nur auf Wohlbefinden aus. Es zeigt auch die Tragik des Lebens: Hunger, Einsamkeit, Gewalt. Auch dafür stehen Kreuz und Blut als Symbole. Wenn das Christentum diese Symbole aufgibt, dann gibt es sich selbst auf. Wenn wir auf das Kreuz verzichten, dann wird Gott zu einem harmlosen Göttchen. Das ist nicht christlich.
**Abendblatt:** *Wenn wir Ostern nicht nur mit Schoko-Hasen und Eiersuchen feiern wollen – wie könnten wir es dann feiern?*

**Steffensky:** Warum nicht wieder fasten, zum Beispiel von Karfreitag bis Ostern?! Zwei Tage nicht zu rauchen, keinen Alkohol zu trinken – das ist eine schöne Vorbereitung. Außerdem in die Kirche gehen. Es stimmt ja: Allein bist du klein. Ich will an Ostern nicht allein bleiben, sondern mit anderen zusammen die Geschichten und Lieder von Ostern hören. Und wer selbst nicht an den Sieg des Lebens glauben kann, der beteiligt sich am Glauben des Nachbarn.

Fasten im Islam: Seite 160

**Osternacht. Vom Tod zum Leben**

Ein Gottesdienst an der Schwelle zum Tag – das Dunkel der Nacht wird erhellt durch die Osterkerze. Ein einzelner Lichtschein erfüllt das Kirchenschiff. In jeden Winkel gelangen seine Strahlen: Jesus Christus ist das Licht der Welt.
In der Osternacht wird es sichtbar:
Vom Dunkel zum Licht,
vom Tod zum Leben,
von der Trauer zur Hoffnung.
Darum beginnen Osternachtsgottesdienste in der dunklen Kirche, die Orgel schweigt. Lesungen und Gesänge erzählen Gottes Geschichte mit den Menschen, erzählen von Jesu Auferstehung von den Toten. Das Licht der Osterkerze breitet sich aus, der Osterjubel wird angestimmt. Es tagt.
Der Herr ist auferstanden. Er ist wahrhaftig auferstanden. Halleluja.

*Homepage des Kirchenkreises Hofgeismar*

**!** **Moment mal!**
Ist Ostern wirklich das wichtigste Fest im Christentum, wenn alle lieber Weihnachten feiern?

## Aufgaben

1 Fulbert Steffensky nennt Ostern ein „schwieriges Fest". Fasse zusammen, wie er die Bedeutung dieses Festes bestimmt, worin er die Schwierigkeiten sieht und welche Möglichkeiten er vorschlägt, Ostern heute zu feiern.

2 Führt ein Kugellagergespräch über die Traditionen zum Osterfest, die ihr selbst kennt oder von denen ihr wisst. Beurteilt (in einer dritten Runde) die Vorschläge von Fulbert Steffensky.

ein Kugellagergespräch führen: Seite 113

3 „Der Osterglaube ist Vertrauenssache, aber kein Bescheidwissen." Setze die Aussage mit den Osternachtgottesdiensten in Beziehung, wie sie auf der Homepage des Kirchenkreises angekündigt und auf dem Foto zu sehen sind.

eine Internetrecherche durchführen: Seite 252

4 Erkläre, worin sich das gemeinsam gesprochene → Bekenntnis „Der Herr ist auferstanden. Er ist wahrhaftig auferstanden. Halleluja" von historischen Spekulationen unterscheidet, was mit dem toten Leib Jesu geschehen ist.

# Jesus Christus weltweit

Bekenntnis: Seite 259

Sakramente: Seite 266

**Ein afrikanisches Glaubensbekenntnis**

Wir glauben an den einen, höchsten Gott, der aus Liebe diese schöne Welt erschaffen hat und alles Gute in ihr. Er hat die Menschen erschaffen und wollte, dass sie glücklich leben in seiner Welt. Gott liebt diese Welt. Er liebt jedes Volk und jeden Volksstamm. Wir haben diesen einen, höchsten Gott im Dunkeln gekannt; und nun kennen wir ihn im Licht. In dem Buch seiner Worte hat Gott versprochen, dass er diese Welt retten wird mit all ihren Völkern und Stämmen.

Wir glauben, dass Gott seine Versprechen erfüllte, als er seinen Sohn Jesus Christus gesandt hat, einen wirklichen Menschen, einen Menschen aus dem Stamm der Juden, arm und in einem Dorf geboren. Er hat sein Heimatdorf verlassen und war immer unterwegs, hat Gutes getan, hat Kranke geheilt durch die Kraft Gottes. Er hat Gottes Wort gelehrt. Er hat Mitmenschlichkeit gelehrt. Er hat gelehrt, dass Liebe der Inhalt des → Glaubens ist. Er wurde von seinem Volk verachtet, gequält, und mit Händen und Füßen ans Kreuz genagelt, und ist gestorben.

Wir glauben, dass durch ihn alle unsere Sünden vergeben sind. Alle, die an ihn glauben, müssen ihre Sünden bereuen, die Taufe empfangen, nach dem → Gebot der Liebe leben und in Liebe das Brot miteinander teilen, um so die gute Nachricht anderen verkündigen bis zu dem Tag, an dem Jesus wiederkommt.

Wir warten auf ihn. Er ist lebendig. Er lebt. Das glauben wir. Amen.

*Die christlichen Missionare aus Europa hatten lange Zeit wenig Verständnis für die afrikanische Kultur. In einem Brief aus dem Jahr 1872 schreibt der Afrikaner James Johnson (1835–1907):*
„Das Christentum ist eine Religion für alle Rassen und Volksstämme auf der Welt. Dadurch wird der christlichen Religion ein jeweils besonderer Charakter gegeben, ohne dass dadurch irgendeiner ihrer Werte verloren ginge. Und warum sollte es kein afrikanisches Christentum geben, wie es ein europäisches und ein asiatisches Christentum gibt?"

Plakat des Evangelischen Missionswerks in Deutschland

**Jesus in Indien**

Mahatma Gandhi (1869–1948), der durch seinen gewaltlosen Widerstand Indien von der britischen Kolonialherrschaft befreit hat, hat sich in seinem Kampf immer auf die → Bergpredigt Jesu berufen, aus der die Initialzündung seines Freiheitskampfes kam. Der Vorkämpfer der Gewaltlosigkeit war selber ein Opfer der Gewalt, als er 1948 auf dem Weg zum → Gebet von einem fanatischen Hindu ermordet wurde. Noch im Sterben vergab er ihm.
Bei seinem Jurastudium in England hatte Gandhi als junger Mensch die Bibel gelesen, in der er auf die Bergpredigt stieß. In ihr fand er unter anderem das Wort Jesu „Widerstrebt nicht dem Übel“ (Mt 5,39). Der Hindu Gandhi schreibt: „Ich war außer mir vor Freude, weil ich dort, wo ich es am wenigsten erwartet hatte, meine eigene Überzeugung bestätigt fand.“ Als Hindu sah er in Jesus eine der vielen Inkarnationen Gottes.
Doch für Gandhi war entscheidend an Jesus, dass er ein exemplarischer Mensch war, ein Mensch, der lebt, was er lehrt. Hier fand er endlich den idealen Menschen, „geduldig, freundlich, liebevoll, immer zum Vergeben bereit“ – mit der an Wahnsinn grenzenden Forderung, „Unrecht nicht zu vergelten und auch die andere Wange darzubieten, wenn man geschlagen würde“ (Mt 5,39), hier fand er, wie er weiter schreibt, das „schöne Beispiel des vollkommenen Menschen“. „Man kann selbst inmitten des Kampfes Frieden erfahren, aber nur, wenn man sich selbst kreuzigt. Christus zu leben heißt das Kreuz zu leben. Ohne dieses ist das Leben der Tod. Gott hat nicht nur vor 1900 Jahren das Kreuz getragen, sondern er trägt es heute.“

*Horst-Georg Pöhlmann, Theologe*

Alfred D. Thomas, Der gute Hirte

Bergpredigt Jesu: Seite 219

**Moment mal!**
Ist Gandhis Umgang mit dem Christentum eine Ausnahme oder typisch für den Hinduismus?

## Aufgaben

1 Arbeite heraus, inwieweit in das afrikanische Glaubensbekenntnis afrikanische Vorstellungen eingegangen sind. Vergleiche es dazu mit dem Apostolischen Glaubensbekenntnis, das du zum Beispiel im Evangelischen Gesangbuch oder auf Seite 156 findest.

das Evangelische Gesangbuch benutzen: Seite 180

2 Gib die Auffassung von James Johnson zur Afrika-Mission aus dem Jahr 1872 mit eigenen Worten wieder und beurteile sie.

3 Beschreibe mithilfe des Plakats auf Seite 186, wie sich Mission heute versteht.

4 Erschließe den Text von Horst-Georg Pöhlmann mithilfe der Methode Paarlesen. Stelle dar, wie Gandhi Jesus auffasst.

Paarlesen: Seite 174

5 Nimm Stellung zu Gandhis Aussagen. Beurteile sein Jesus-Bild aus christlicher Sicht.

# Warum musste Jesus sterben?

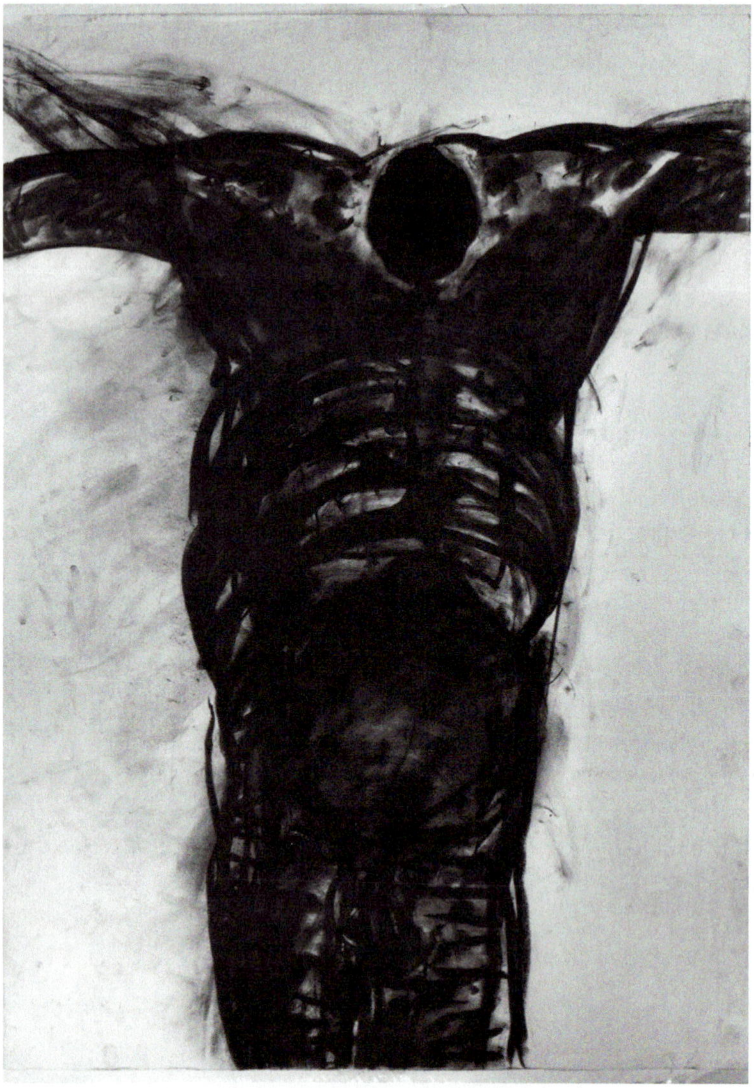

**Werner Knaupp, Kreuzigung (1977), Kohle auf Papier, mit eingebranntem Loch, 105 x 75 cm**

## Aufgaben

In der Kreuzigungsdarstellung des Künstlers Werner Knaupp findet sich statt des Kopfes Jesu ein eingebranntes Loch.

→ Bilder analysieren: Seite 94

1 Analysiere das Kunstwerk.

2 Setze es in Beziehung zu der Frage „Warum musste Jesus sterben?“. Vertiefe dabei mindestens einen Aspekt, den du in diesem Kapitel gelernt hast.

3 Vergleiche Knaupps Darstellung mit dem Kruzifix auf der Einstiegsseite des Kapitels (Seite 170).

## Wissen

- In Mt 27,24 wäscht sich Pontius Pilatus öffentlich die Hände und sagt zum Volk: „Mich trifft keine Schuld an seinem Tod. Das ist eure Sache." (Heute ist daraus die Redewendung „Sich die Hände in Unschuld waschen" geworden.) Zeige die Folgen dieser Aussage im Matthäusevangelium auf.
- Erkläre, woher der Begriff „Sündenbock" kommt und was es bedeutet, ihn auf den Kreuzestod Jesu anzuwenden.
- Manche Spielfilme, zum Beispiel schrille Klamaukfilme, erhalten keine „Feiertagsfreigabe". Erläutere den Hintergrund und formuliere eine eigene Meinung dazu.
- Begründe, warum viele Bäckereien zur Osterzeit ein gebackenes Lamm anbieten oder ihr Schaufenster damit dekorieren.
- Ein fröhliches Kirchenlied (um 1600) beginnt mit den Worten „In dir ist Freude / in allem Leide, / o du süßer Jesu Christ". Schreibe den Text so weiter, dass eine Strophe entsteht, die den Tod Jesu positiv deutet. Vergleiche mit EG 398.
- Nimm Stellung dazu, dass manche Menschen den Begriff „Opfer" als Schimpfwort benutzen. Benenne die verschiedenen Bedeutungsebenen des Ausdrucks und prüfe, ob man die Bezeichnung auch anerkennend verwenden könnte.

→ eine Bibelstelle finden: Seite 251

→ das Evangelische Gesangbuch benutzen: Seite 180

## Können

- Auf Seite 172 hast du dich mit dem Beispiel einer türkischen Familie auseinandergesetzt, die vom → Glauben an den Gekreuzigten irritiert ist. Formuliere eine ausführliche, aber für einen Nicht-Christen verständliche Erklärung, warum das Kreuz Jesu für Christinnen und Christen eine zentrale Bedeutung hat.
- Stelle dir vor, eine Schülerin kritisiert einen Mitschüler, der Schmuck mit einem Kreuzanhänger trägt: „Du hängst dir ein Foltergerät, ein Hinrichtungsinstrument um den Hals? Weißt du, wie viele Menschen qualvoll am Kreuz gestorben sind?" Verfasse eine gut begründete Erwiderung aus Sicht des Schülers.
- Teilt Lk 22–24 in kleineren Abschnitten untereinander auf. Erzählt sie als fortlaufende Inszenierung und reflektiert die Wirkung.

→ (biblische) Geschichten erzählen: Seite 250

## Anwenden

- Künstler wollen die Kreuzigung nicht einfach abbilden, sondern ihr einen bestimmten Sinn geben oder zum Nachdenken anregen. Gestalte selbst eine Darstellung des Kreuzes, in der du den Tod Jesu auf der Grundlage der Kapitelergebnisse deutest, zum Beispiel als Zeichnung, Collage, Fotoinstallation oder Skulptur.
- Informiere dich, wie der gekreuzigte Christus in der Gotik, in der Romanik und in der Zeit bis zur Romanik üblicherweise dargestellt wurde. Untersuche Kreuzesdarstellungen in einem nahe gelegenen Kirchenraum.
- In vielen Filmen oder Büchern spielt das Opfer eines Einzelnen eine Rolle, der auf diese Weise andere rettet. Wähle ein solches Beispiel aus, präsentiere es in der Klasse und vergleiche es mit der „Heilstat Jesu".

→ eine Collage gestalten: Seite 251

→ einen Kirchenraum erkunden: Seite 253

# 10 Wie passen Politik und Kirche

# zusammen?

## Wenn du dieses Kapitel bearbeitet hast, kannst du ...

- aufzeigen, wie sich Kirchen, Staat und Gesellschaft gegenseitig beeinflussen.
- erläutern, welche Bedeutung der Glaube an Gott für politisches Engagement hat.
- unterschiedliche Haltungen von Christinnen und Christen zum nationalsozialistischen Regime und deren theologische Vorstellungen darstellen.
- erklären, warum sich Christen gegen totalitäre Strukturen politisch engagieren.
- überprüfen, inwiefern die evangelischen Kirchen bei politischem Unrecht ihrer Verantwortung gerecht werden und wurden.
- beurteilen, welche Bedeutung Kirchen in einer Gesellschaft zukommen kann.
- eigene Mitwirkungsmöglichkeiten in der Kirche aufzeigen.

## Was kannst du schon?

- erläutern, was eine Kirche und was Christen evangelisch macht
- beschreiben, welche Bedeutung Glaubensgrundsätze für die Lebensgestaltung haben können
- darstellen, wie Glaubensgrundsätze die Struktur von Kirche beeinflussen

## Diese Methoden wendest du an:

- ein Rechercheplakat erstellen
- ein Referat halten

# Darf sich die Kirche in die Politik einmischen?

Pogrom: Seite 265

Die NPD will am 9. November eine „Mahnwache nationaler Kräfte zum Gedenken an die Mauertoten“ in deiner Stadt abhalten. Gegen diese von der Stadt genehmigte Kundgebung ausgerechnet am Gedenktag zur Pogromnacht 1938 regt sich Protest. Sowohl das Bündnis „Bürger stellen sich quer“ als auch die Evangelische Kirche wollen gegen die für 19 Uhr anberaumte Demo direkt neben der Kirche protestieren. Der Pfarrer nennt es „ganz unerträglich“, dass die NPD mit ihrer Veranstaltung das Gedenken an die schrecklichen Geschehnisse der Pogrome von 1938 herabwürdige. Die Gemeindevertreter überlegen, ob sie während der NPD-Kundgebung alle 15 Minuten zwischen 19 und 21 Uhr die Glocken läuten lassen könnten. Doch nicht alle sind einer Meinung. Die einen befürchten: „Dann heißt es wieder: Die Kirche soll sich nicht überall einmischen!“ Die anderen kontern: „Gerade in so einem Fall müssen wir aktiv werden.“ Und wieder einer gibt zu bedenken: „Aber die Stadt hat die Demo schon offiziell erlaubt, die müssen wir deshalb akzeptieren.“ Da man sich spontan nicht einig wird, lädt die Gemeinde zu einer Sitzung ein, in der die Standpunkte ausführlich diskutiert werden sollen.

## Aufgabe

Bereite dich so auf die Sitzung vor, dass du deinen Standpunkt überzeugend vor anderen vertreten kannst. Nimm Stellung dazu, ob (und wenn ja, wie) die Kirche im beschriebenen Fall reagieren soll.

## Dazu ist es wichtig, ...

- die historischen Ereignisse, an die der Gedenktag erinnert, auf ihre Bedeutung für die Kirche hin zu untersuchen.
- die Verantwortung der Kirchen für Politik und Gesellschaft zu klären.
- Auswirkungen von Glaubensüberzeugungen auf das Verhalten der Kirchen in Gesellschaft und Staat zu erläutern.
- historische Beispiele für kirchliche Einflussnahmen auf die Gesellschaft einzubeziehen.

**In welche Streitfälle soll sich die Kirche einmischen?**

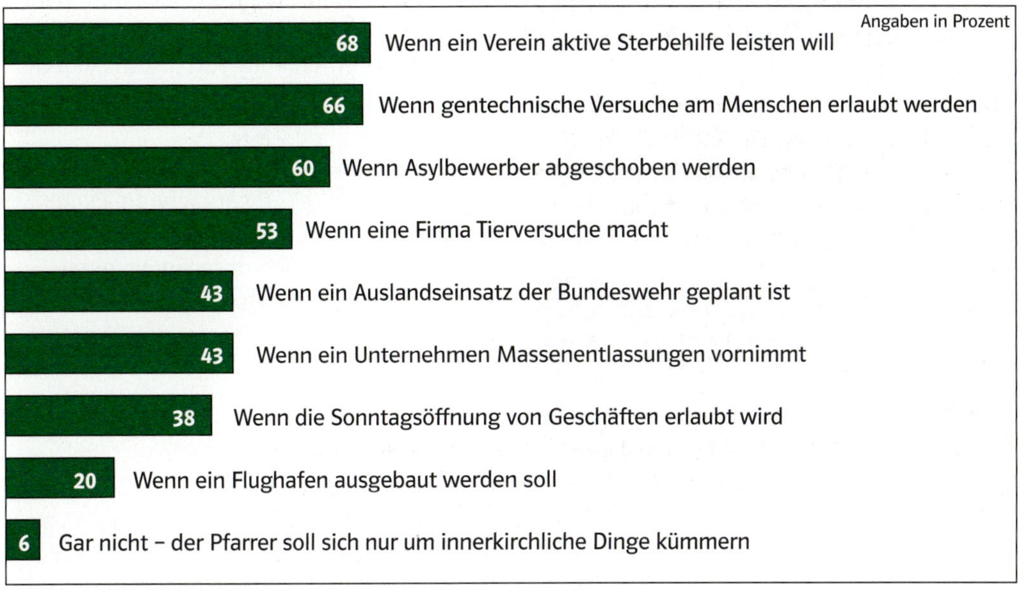


**Chrismon-Umfrage 8/2006**

**Mit welchen Symbolen oder Aufklebern würden Sie sich nie öffentlich zeigen?**

| | |
|---|---|
| zu meiner sexuellen Orientierung | 59 % |
| zu meiner politischen Meinung | 58 % |
| zu meinem Glauben | 53 % |
| zu meiner Heimat | 43 % |
| zu meinem Lieblingsverein | 43 % |

## Aufgaben

1 Interpretiere die beiden Karikaturen auf Seite 190 und auf Seite 192. Beziehe sie auf die geschilderte Situation.

→ Karikaturen interpretieren: Seite 256

2 Begründe anhand eigener Beispiele, wie du die Rolle der Kirche in der Gesellschaft wahrnimmst, und ordne sie den Karikaturen zu.

3 Werte aus, was die Umfrage „In welche Streitfälle soll sich die Kirche einmischen?" über die Erwartungen der Menschen an die Kirche deutlich macht.

4 Nenne mögliche Gründe für das Ergebnis der Umfrage, mit welchen Symbolen man sich nie zeigen würde.

# Sind staatliche Ordnungen gottgewollt?

Wege der Bibelauslegung: Seite 133

Paulus: Seite 38–39

**Warnhinweis**
**zur Bibellektüre:**
Das Wort Gottes ist lebendig und wirksam. Es ist schärfer als jedes zweischneidige Schwert und dringt durch und durch – bis auf den Grund von Seele und Geist. Und es schneidet durch Mark und Bein. Es urteilt über die Gedanken und die Einstellungen des Herzens.
Hebr 4,12

Für die Kirche haben biblische Texte Orientierungsfunktion. Zur Frage nach dem richtigen Verhältnis von Kirche und Staat rückt besonders der folgende Auszug aus einem Brief des Paulus an die christlichen Gemeinden in Rom in den Blick.
„Die" Kirche war zu Paulus' Zeiten natürlich nicht im Blick – schon gar nicht die Evangelische Kirche in Deutschland (EKD) als gemeinsames Sprachrohr aller evangelischen Kirchen. Stattdessen hatte Paulus das römische Weltreich als staatliche Obrigkeit vor Augen.

» [1] Jeder Mensch soll sich den staatlichen Behörden unterordnen. Denn es gibt keine staat-
liche Behörde, die nicht von Gott gegeben ist. Auch die jetzt bestehenden sind von Gott einge-
setzt. [2] Das heißt: Wer sich gegen die staatliche Ordnung auflehnt, lehnt sich damit gegen die
Anordnung Gottes auf. Und wer das tut, wird hart bestraft werden. [3] Wer Gutes tut, hat von
den Amtsinhabern nichts zu befürchten. Das hat nur, wer Böses tut. Wenn du keine Angst vor
der Staatsgewalt haben willst, musst du das Gute tun. Dann wirst du sogar Anerkennung bei
ihr finden. [4] Denn sie steht im Dienst Gottes und das kommt dir zugute. Wenn du aber Böses
tust, dann sei auf der Hut! Denn sie trägt das Schwert nicht ohne Grund. Sie steht im Dienst
Gottes und vollzieht sein Strafgericht an dem, der Böses tut. [5] Daher seid ihr verpflichtet, euch
unterzuordnen. Nicht nur aus Angst vor Gottes Strafgericht, sondern auch, weil euer Gewissen
das fordert. [6] Deshalb zahlt ihr auch Steuern. Denn es sind ja eigentlich Beamte Gottes, die sie
eintreiben müssen. [7] Gebt also jedem, was ihr ihm schuldig seid: Wem Steuern zustehen, dem
zahlt Steuern. Wem Zoll zusteht, dem zahlt Zoll. Wem Achtung zusteht, dem erweist Achtung.
Und wem Ehre zusteht, dem erweist Ehre. «
(Röm 13,1–7)

**!** **Moment mal!**
Kann man Bibeltexte auf jede geschichtliche Situation übertragen?

**Glaube und Weltverantwortung: Brücken bauen zwischen Gott und Welt**

Der evangelischen Kirche wird immer wieder von verschiedenen Seiten vorgeworfen, sie mische sich in das Geschäft der Politik ein. Protestbriefe gehen bei uns ein, in denen Menschen sich beschweren, die Kirche oder einzelne Amtsträger – nicht selten bin natürlich ich als Ratsvorsitzender in besonderer Weise im Blick – hätten sich in dieser oder jener aktuellen politischen Frage zu weit links oder zu weit rechts oder aber viel zu „mittig" positioniert. Die zutreffende Grundannahme, auf der diese Kritik beruht, ist sicherlich, dass die Kirche keine politische Partei ist und nicht selbst (Partei-)Politik machen will oder darf. Mit Politik hat sie allerdings insofern zu tun, als sie durchaus beansprucht, durch ihr Wirken Politik möglich zu machen – und zwar nicht irgendeine Politik, sondern ethisch orientierte und moralisch verpflichtete, also qualitativ „gute" Politik. Denn der Kirche kann die Welt, in der sie lebt, nicht egal und die Gesellschaft, in der sie existiert, nicht gleichgültig sein. Die Kirche Jesu Christi nimmt stets öffentliche Verantwortung, und das heißt hier: gesellschaftliche Verantwortung, wahr, sie ist eine „verantwortliche Kirche". [...] Denn das → Evangelium will auch die Welt gestalten: Frieden und → Gerechtigkeit sind grundlegende biblische Leitbilder für das menschliche Zusammenleben. Daraus speist sich der Auftrag der Kirche. Nicht Politik machen, sondern Politik möglich machen: Das ist durchaus eine Aufgabe, die unsere Kirche in der Gegenwart zu erfüllen hat. [...]

Kirche hat Brücken zu bauen zwischen Gleichgesinnten und zwischen Fremden, Brücken zu bauen hin zu denen, die im gesellschaftlichen Diskurs nicht oder zu wenig vorkommen. Sie hat Brücken zu bauen zu den Schwachen, das ist sicherlich eine eminent wichtige kirchliche Aufgabe. Denn niemand sollte in unserer Gesellschaft verloren gehen, weil er arbeitslos, arm, krank, alt oder aus sonstigen Gründen schwach ist, oder weil er ein Fremder ist, der in unserem Land Zuflucht sucht. Alle gehören dazu, und niemand soll verloren gehen. Dafür haben Kirchen einzustehen. Und sie tun das an ganz vielen Orten und auf vielfältige Weise.

*Nikolaus Schneider, Ratsvorsitzender der EKD*

**Verpflichtung der Christen zur Politik:** Seite 219

**Gerechtigkeit:** Seite 220

## Aufgaben

1 Grafisiere Röm 13,1–7, sodass die Beziehungen zwischen Mensch, Obrigkeit („staatliche Behörden") und Gott deutlich werden.

**Grafisieren:** Seite 256

2 Schreibe Schlüsselbegriffe aus Schneiders Text heraus und notiere in eigenen Worten seine Kerngedanken dazu.

3 Die Kirchentage sind bekannt dafür, dass sie die Aufgabe der Christen zur Weltgestaltung ernst nehmen. Die Gesetze der „Obrigkeit" gelten dabei nicht als unangreifbar. Recherchiere unter www.kirchentag.de, wie der letzte (oder der kommende) Kirchentag das Verhältnis von Staat und Kirche gestaltet (hat).

**eine Internetrecherche durchführen:** Seite 252

4 Formuliere aus Sicht der EKD eine Stellungnahme zu den beiden Umfrageergebnissen der vorherigen Doppelseite (Seite 193).

# Falsche Bündnisse

Adolf Hitler wollte nach seiner Wahl zum Reichskanzler 1933 die Kirchen für den Ausbau der nationalsozialistischen Herrschaft gewinnen: Die Reichsregierung sehe „im Christentum die Fundamente des sittlichen und moralischen Lebens unseres Volks“. Die Regierung erwarte, dass ihre „Arbeit an der nationalen und sittlichen Erhebung unseres Volkes umgekehrt die gleiche Würdigung erfährt“.

Aus taktischen Gründen versuchten die Nationalsozialisten vor allem auf die nur locker verbundenen → evangelischen Kirchen Einfluss zu nehmen. Die evangelischen Landesfürsten hatten bis zum Ende des Deutschen Kaiserreichs 1918 als Schutzherren „ihrer“ evangelischen Landeskirchen fungiert. Während der Weimarer Republik verstärkte sich innerhalb dieser Landeskirchen die Sorge vor einem Bedeutungsverlust.
Die Nationalsozialistische Arbeiterpartei (NSDAP) unterstützte eine Gruppe innerhalb der evangelischen Kirchen, die sich ursprünglich „Evangelische Nationalsozialisten“ nannte, dann in „Deutsche Christen“ umbenannt wurde. Diese bildeten bald die Mehrheit in den Entscheidungsgremien fast aller evangelischen Landeskirchen und erreichten schon im Juli 1933 die Vereinigung zu einer „Reichskirche“ mit einem entsprechenden Oberhaupt.

**Skizze für das Amtskreuz des Landesbischofs von Braunschweig von 1934**

**Die „Rengsdorfer Thesen“ der „Deutschen Christen im Rheinland“ (Oktober 1933)**

- Ein „allgemeines Christentum“ gibt es nicht. „Christentum an sich“ ist wirklichkeitsferne Abstraktion. Für den deutschen Menschen kann es nur ein im deutschen Volkstum verwurzeltes Christentum geben.
- Uns deutschen Menschen ist das → Evangelium durch die → Reformation dem deutschen Volkscharakter entsprechend nahegebracht worden. Die Geschichte bestätigt, dass diese Verkündigung des Evangeliums der germanischen Rasse angemessen ist.
- Die nationalsozialistische Revolution hat im deutschen Menschen eine Haltung geprägt, die dem Glauben und dem Volkstum in gleicher Weise gerecht wird.
- Die Volksgemeinschaft gründet sich auf die Güter, für die der deutsche Mensch sein Leben einsetzt. Diese Güter sind ein gesundes Familienleben, Blut und Boden, Treue gegen Volk und Staat und Gehorsamsstellung Gott gegenüber.
- Staat und Kirche sind beide gottgewollte Ordnungen. Deshalb können sie nicht in einen Widerstreit gegeneinander geraten. Tritt dieser Fall dennoch ein, so liegt ein Übergriff von der einen oder der anderen Seite vor. Die Kirche schuldet dem Staate Gehorsam in allen irdischen Dingen, der Staat hat der Kirche Raum für die Ausrichtung ihres Auftrags zu gewähren.

**Diktat aus einer Volksschule (3. Klasse, München, 16.03.1934, Auszug)**

„Wie Jesus die Menschen von der Sünde und Hölle befreite, so rettete Hitler das deutsche Volk vor dem Verderben. Jesus und Hitler wurden verfolgt, aber während Jesus gekreuzigt wurde, wurde Hitler zum Kanzler erhoben. Jesus baute für den Himmel, Hitler für die deutsche Erde.“

**Eintrag ins Poesiealbum von Liselotte Meyer (Adendorf, 28.03.1941)**

Das Höchste, was mir Gott auf dieser Welt gegeben hat, ist mein Volk.
In ihm ruht mein Glaube, ihm diene ich mit meinem Willen
und ihm gebe ich mein Leben.
Das sei unser gemeinsames heiliges Bekenntnis. (Adolf Hitler)

Zur frdl. Erinnerung an deine Gerda

„heilig“: Seite 13

Bekenntnis: Seite 259

## Aufgaben

1 Der Amtskettenentwurf der Firma „Höse“ ging im Januar 1934 im braunschweigischen Landeskirchenamt ein, die Kette wurde umgehend bestellt. Erläutere, was Entwurf und Bestellung über das Selbstverständnis des braunschweigischen Landesbischofs sagen.

2 Fasse die „Rengsdorfer Thesen“ der „Deutschen Christen im Rheinland“ mit eigenen Worten zusammen.

3 Stelle ausgehend vom Diktat der 3. Klasse dar, was der nationalsozialistische Staat aus der Unterordnung der Kirche zu gewinnen hoffte.

4 Erläutere anhand des Poesiealbumeintrags, auf welche Weise sich Adolf Hitler den → Glauben vieler Christen zunutze machte.

# Gott mehr gehorchen als den Menschen

## Info – Bekennende Kirche

Gegen die Lehren und die Rechtsbrüche der „Deutschen Christen" und des Reichsbischofs setzte sich in der evangelischen Kirche eine Gemeinde- und Pastorenbewegung zur Wehr, aus der später die „Bekennende Kirche" wurde. Sie verstand sich selbst nicht als Kirchenpartei, sondern als die „wahrhafte Kirche".
Im Mai 1934 fand in Wuppertal-Barmen die erste Zusammenkunft (Synode) von Vertretern statt, die den „Deutschen Christen" etwas entgegensetzen wollten. Die Bibel sollte Fundament und Orientierung für die „Bekennende Kirche" sein.

» Man muss Gott mehr gehorchen als den Menschen. «
(Apg 5,29)

## Methoden-Karte: ein Rechercheplakat erstellen

Eine „Recherche" ist eine gezielte Suche nach Informationen zu einem Thema oder Problem, mit der man auch bei komplexen Suchaufträgen den Überblick behalten kann.

**So kannst du vorgehen:**

1. Hefte in die Mitte eines großen Plakates ein geeignetes Material als Ausgangspunkt der Suche (zum Beispiel einen Satz aus dem Brief von Karl Immer auf Seite 199).
2. Unterteile das Plakat in vier gleich große Felder und beschrifte sie von links oben nach rechts unten: (1) Wissen aus dem Material, (2) Vorwissen, (3) Recherchefragen, (4) Suchwörter.
3. Notiere in Feld (1) in Stichpunkten, was du aus dem Material in der Plakatmitte erfährst.
4. Halte in Feld (2) dein „Vorwissen" fest.
5. Liste in Feld (3) auf, was genau du zu dem Thema wissen willst. Formuliere dazu Fragen.
6. Sammle in Feld (4) „Suchwörter", das sind Schlüsselbegriffe, die bei der Suche nach Informationen helfen können. Hier kannst du auch Ideen zu Suchstrategien und Informationsquellen notieren.

Karl Immer, Mitglied der „Bekennenden Kirche" und Pfarrer in Barmen-Gemarke feierte am 29. März 1936 (dem Sonntag der Reichstagswahl) gegen offizielle Anweisung einen Konfirmationsgottesdienst. Das Bild zeigt sein Haus am folgenden Montag.

*In einem Brief berichtet Karl Immer befreundeten Pfarrern am 8. April 1936:*
„Inzwischen haben wir erneut etwas davon erfahren dürfen, dass die, welche dem Gekreuzigten anhangen, hier Gäste und Fremdlinge sind. Da ich aus Gewissensgründen mich an der Wahl vom 29. März nicht beteiligen konnte, wurde mein Haus wie auch das einiger Gemeindeglieder Gegenstand heftigster Angriffe. In der Nacht vom Sonntag auf Montag klirrten die Fensterscheiben, und schwere Steine rollten ins Haus. Am Montagmorgen fanden wir die Inschrift in großen gotischen Lettern an der Vorderfront „Hier wohnt Volksverräter Immer". Die Haltung der Menge wurde im Laufe der Mittagsstunden so bedrohlich, dass meine Frau und Kinder beschlossen, nach Bethel abzureisen. Von Seiten der Geheimen Staatspolizei wurden mir und meinen Familienmitgliedern die Auslandspässe abgenommen. Bis heute habe ich meinen Pass noch nicht zurück."

> „Ich [Paulus] frage euch: Will ich etwa Menschen für mich einnehmen? Doch eher Gott! Oder versuche ich gar, den Menschen mit meiner Lehre entgegenzukommen? Wenn ich das täte, wäre ich jedenfalls kein Diener von Christus."
> (Gal 1,10)

## Aufgaben

1 Die Deutschen Christen behaupteten in den „Rengsdorfer Thesen" (Seite 197) im Sinn von Röm 13 (Seite 194) zu handeln. Formuliere eine Erwiderung.

2 Formuliere eine mögliche Kurzpredigt Karl Immers, die dieser am 29. März 1936 in seinem Konfirmationsgottesdienst zu Gal 1,10 oder zu Apg 5,29 gehalten haben könnte, indem du das Bibelzitat auf die damalige Zeit und den Kampf zwischen „Bekennender Kirche" und „Deutschen Christen" beziehst. Bedenke dabei, dass die Predigt für seine Konfirmandinnen und Konfirmanden war. Führt zu euren Predigten eine Schreibkonferenz durch.

→ eine Schreibkonferenz durchführen: Seite 77

3 Erstelle ein Rechercheplakat zu Karl Immer.

# Haben Christen den verfolgten Juden geholfen?

Menschenrechte: Seite 224

*Im Jahr 1938 trat die Judenverfolgung des nationalsozialistischen Regimes in eine neue, radikalere Phase. Mit dem Überfall auf Polen 1939 begannen systematische Ermordungen und Verschleppungen jüdischer Menschen auch in den besetzten Gebieten. Als 1943 das Ghetto in Tschortkiw aufgelöst wurde, war Marta Winter acht Jahre alt. Ihre Mutter Netti schickte sie gegen ihren Willen allein in ein Versteck zu einer katholischen Familie nach Warschau. Das rettete Marta das Leben. Ihre Eltern überlebten nicht, sie wurden ermordet, weil sie Juden waren. Nach dem Krieg wurde Marta Winter durch eine jüdische Organisation gerettet, die sie nach Israel brachte. Dort begann Marta ihr neues Leben. Viele Jahre später nahm sie Kontakt zu ihren polnischen Lebensrettern auf, was ihr dabei half, ihre Erinnerungen aufzuschreiben.*

**Mutter Netka Winter und Tochter Marta (1938)**

Eines Nachts, nachdem wir mit Lernen fertig waren und uns schlafen gelegt hatten, streichelte Mutter mein Haar und flüsterte: „Martusch, wir müssen uns trennen.“ „Eine Mutter, die ihre Tochter liebt, schickt sie nicht fort!“, sagte ich böse. Mutter lehnte sich zurück auf das Bett, blickte mich müde an und sagte: „Wenn es keine andere Wahl gibt, dann tut man auch das …“

Während der nächsten sechs Tage übte ich meine neue Identität ein: Mein Name ist Krystyna Gryniewicz – aber alle nennen mich Kryschia. Ich wurde auf dem Lande geboren, bin katholisch, gehe jeden Sonntag zur Kirche und weiß, wie man betet. Jeden Abend wiederholte meine Mutter die Anweisungen: Sei freundlich und lächele, dann werden sie dich lieb haben. Tu, was man dir sagt und hilf so viel wie möglich. Wenn ich aufgehalten werde und du mich vermisst, weine still in den Kissen, so dass die anderen dich nicht hören. Iss nie mit Messer und Gabel – Mädchen vom Dorf benutzen nur Löffel. Sei fleißig in der Schule und mach deine Hausaufgaben, so dass alle stolz auf dich sind. Ich fragte Mutter, ob die Leute, die ich in Warschau treffen würde, nett seien und sie antwortete zuversichtlich: „Sie sind sehr nett – und außerdem wollen sie dein Leben retten.“

Überlebende: Seite 242–243

Mir war nach meiner Ankunft in Warschau sofort klar, dass es in Warschau keine Juden mehr gab und dass daher die Gefahr, als Jude entdeckt zu werden, groß war. Bereits zu Beginn des Krieges, kurz nach der Besetzung, hatten die Deutschen die Juden aus Warschau und der näheren Umgebung in ein Ghetto gesperrt. Dort litten sie unter Hunger und Krankheiten. Aus dem Ghetto wurden sie mit Zügen weggebracht und sie kehrten nie wieder zurück. Drei Monate bevor ich in Warschau angekommen war, hatte eine Gruppe junger Juden im Ghetto einen Aufstand gegen die Deutschen organisiert. Die jüdischen Ghettokämpfer hatten nur wenige Waffen und waren nicht in der Lage, die deutschen Truppen zu schlagen. Aber dennoch kämpften sie drei Wochen lang, bis sie schließlich der deutschen Übermacht erlagen. In ihrer Wut ermordeten die Deutschen fast alle der am Leben gebliebenen Juden und zerstörten alle Häuser des Ghettos.

Das war's. Ich löschte Marta aus und wurde durch und durch Kryschia.

**Das „Wort zur Judenfrage" (1948)**

1. Indem Gottes Sohn als Jude geboren wurde, hat die Erwählung und Bestimmung Israels* ihre Erfüllung gefunden. Einem anderen Verständnis Israels* muss die Kirche grundsätzlich widerstehen, und damit auch dem Selbstverständnis des Judentums, als sei es Träger oder Künder einer allgemeinen Menschheitsidee oder gar der Heiland der Welt.

2. Indem Israel* den → Messias kreuzigte, hat es seine Erwählung und Bestimmung verworfen.

3. Die Erwählung Israels* ist durch und seit Christus auf die Kirche aus allen Völkern, aus Juden und Heiden, übergegangen. Die Christen aus Juden und Heiden sind Glieder des Leibes Christi und untereinander Brüder. Es ist der Kirche verwehrt, Judenchristen und Heidenchristen voneinander zu scheiden. Zugleich wartet die Gemeinde aber darauf, dass die irrenden Kinder Israels* den ihnen von Gott vorbehaltenen Platz wieder einnehmen.

6. Man wollte die Fortdauer der Verheißung über Israel* nicht mehr glauben, verkündigen und im Verhalten zu den Juden erweisen. Damit haben wir Christen die Hand geboten zu all dem Unrecht und dem Leid, das unter uns an Israel* geschah. Indem Gottes Wort uns solches lehrt, erkennen wir mit Scham und Trauer, wie sehr wir uns an Israel* verfehlt haben und wie viel wir ihm schuldig geblieben sind.

*Hier ist nicht der Staat Israel gemeint, sondern die jüdische Glaubensgemeinschaft.

## Info - Shoah

Der Ausdruck „Shoah" leitet sich aus dem Hebräischen ab und bedeutet so viel wie „größte Katastrophe". Er bezeichnet die Entrechtung und systematische Ermordung vieler Millionen Juden durch das nationalsozialistische Gewaltregime und seine Helferinnen und Helfer.
Der Begriff hat seit etlichen Jahren den früher gebrauchten Begriff „Holocaust" abgelöst, weil das aus dem Griechischen stammende Wort auch „Ganzes Brandopfer" bedeuten kann. Als „Opfer", schon gar nicht als „Brandopfer", kann man aber all das Schreckliche, das die Juden erleiden mussten und das die jüdischen Überlebenden über Generationen prägt, nicht bezeichnen.

Auschwitz: Seite 242–243

Opfer im Tempel: Seite 178–179

## Aufgaben

1 Erkläre, was die Namen „Marta" und „Kryschia" über Martas Lebenssituationen verraten.

2 Tragt eure Kenntnisse aus dem Geschichts-, Deutsch- und Kunstunterricht zur Shoah zusammen. Bezieht die Informationen aus diesem Kapitel mit ein.

3 Der Widerstand gegen den Nationalsozialismus und seine menschenverachtende Politik blieb trotz der „Bekennenden Kirche" auf wenige Menschen beschränkt. Setze dich mit möglichen Ursachen auseinander.

Bekennende Kirche: Seite 198

4 Zwischen Kriegsende 1945 und Gründung der BRD 1949 sprach ein „Bruderrat" für die evangelische Kirche. Arbeite aus dem „Wort zur Judenfrage" von 1948 die theologischen Vorstellungen zum Verhältnis zwischen Juden und Christen heraus, die die evangelische Kirche bis weit in die 1950er-Jahre hinein bestimmt haben. Gehe dabei auch auf das Wort „Judenfrage" im Titel ein.

# Dürfen Christen im Ausnahmefall töten?

*Ein Interview mit Generalleutnant Rainer Glatz und dem Theologen Fernando Enns zur Frage „Dürfen Christen töten?":*

**Glatz:** Als Christ macht man sich schuldig bei einem Verstoß gegen das → Gebot, nicht zu töten. Aber: Wenn Sie es unterlassen, andere zu schützen, können Sie genauso schuldig werden. Das ist das Spannungsfeld, in dem ein Christ leben muss. Und in dem er auf Gottes → Gnade angewiesen ist.
**Enns:** Christen dürfen nicht töten. Das geben uns das → Evangelium und unser → Bekenntnis vor. Das entlässt uns aber nicht aus der Verantwortung, dies in jeder Situation neu zu überprüfen.
**chrismon:** Wir stehen, wo der Hitlerattentäter Claus Schenk Graf von Stauffenberg hingerichtet wurde. Hätten Sie sich dem Attentat angeschlossen?
**Enns:** Ich war nicht in dieser Situation. Dietrich Bonhoeffers Entscheidung für den Tyrannenmord kann ich nachvollziehen. Dennoch gehört es zur massivsten → Schuld, von der man überhaupt sprechen kann, von Gott geschenktes Leben zu vernichten.
**chrismon:** Ist der weniger schuldig, der tötet, um andere zu schützen?
**Glatz:** Nein. Sie müssen sich aber auch die Frage stellen: Werde ich durch Nichthandeln genauso schuldig?
**chrismon:** In einer Erklärung der → Mennoniten steht: „Kriegerische Gewaltanwendung kann niemals ein rechtmäßiges Mittel sein."
**Glatz:** Als Leitlinie für eigenes Handeln kann ich den Satz verstehen. Politisch praktikabel ist er nicht. Wenn die Würde des Menschen in einem Staat mit Füßen getreten wird, müssen sie in irgendeiner Weise handeln.

## Methoden-Karte: ein Referat halten

Durch ein Referat kann man eigenes Wissen in selbst bestimmter Form an andere weitergeben und so den gemeinsamen Arbeitsprozess mitgestalten.

**So kannst du vorgehen:**

1. Formuliere eine Leitfrage für dein Referat.
2. Sammle Informationen (zum Beispiel mithilfe eines Rechercheplakates).
3. Erstelle eine sachliche Gliederung.
4. Wähle zentrale Inhalte aus und achte darauf, dass du dich nicht in Details verlierst.
5. Lege fest, welche Hilfsmittel für die Zuhörerinnen und Zuhörer nützlich sind (zum Beispiel Notizen an der Tafel, Overhead-Folien, digitale Präsentation, Handout).
6. Notiere dir Stichworte auf Karteikarten und übe das Referat so ein, dass du möglichst frei sprechen kannst. Tipp: Stoppe die Zeit und lasse dir vorher Feedback von Probe-Zuhörern (zum Beispiel deiner Familie, deinem Freund oder deiner Freundin) geben.

→ ein Rechercheplakat erstellen: Seite 198

Spuren des gescheiterten Attentats auf Hitler vom 20. Juli 1944 mit vier Toten

**Die dreifache Möglichkeit kirchlichen Handelns**

„1. Die Kirche hat den Staat zu fragen, ob sein Handeln von ihm als legitim staatliches Handeln verantwortet werden könne.
2. Die Kirche ist den Opfern jeder Gesellschaftsordnung in unbedingter Weise verpflichtet, auch wenn sie nicht der christlichen Gemeinde zugehören.
3. Wenn die Kirche den Staat ein Zuviel oder ein Zuwenig an Ordnung und Recht ausüben sieht, kommt sie in die Lage, nicht nur die Opfer unter dem Rad zu verbinden, sondern dem Rad selbst in die Speichen zu fallen."

*Dietrich Bonhoeffer, Theologe, 1933*

**Denkschrift der Ev.-luth. Landeskirche Hannovers 1946**

„Was den 20. Juli betrifft, so können wir auch heute nicht zugeben, dass es Sache der Kirche gewesen wäre, einen politischen Mordanschlag religiös-ethisch zu rechtfertigen. Wir glauben, dass es der Lehre der Heiligen Schrift entspricht, wenn die Kirche dem Gericht Gottes, das die Tyrannen dieser Welt noch immer zur rechten Zeit ereilt hat, nicht vorgreift."

**Presseerklärung der Ev.-luth. Landeskirche Hannovers 2006**

„Als „evangelischer Heiliger" wird der Theologe Dietrich Bonhoeffer, der am 4. Februar 1906 in Breslau geboren wurde, immer wieder bezeichnet. Die Evangelische Kirche in Deutschland (EKD) erinnert und gedenkt des Widerstandskämpfers und Märtyrers anlässlich seines 100. Geburtstages. Dietrich Bonhoeffer wurde am 9. April 1945 – wenige Wochen vor Kriegsende – im Konzentrationslager Flossenbürg hingerichtet. Dietrich Bonhoeffer hatte während des Dritten Reichs schon zu einem relativ frühen Zeitpunkt der nationalsozialistischen Ideologie widersprochen und gehörte zum Kreis derer, die das Attentat am 20. Juli 1944 auf Adolf Hitler vorbereitet haben. Dabei hat er sein politisches Handeln immer theologisch begründet und in dieser Zeit mehrere Bücher geschrieben, die ihn auch als theologischen Denker weltweit bekannt gemacht haben."

## Aufgaben

1 Führt eine Pro- und Kontra-Diskussion zur Frage „Ist Tyrannenmord legitim?". Bezieht alle Aspekte dieser Doppelseite in eure Argumentation ein.

2 Halte ein Referat über Claus Schenk Graf von Stauffenberg oder die Biografien anderer evangelischer Widerstandskämpfer aus dieser Zeit. Gehe der Frage nach, worin ihr Widerstand bestand, wie sie ihn begründeten und welche Folgen er hatte.

→ eine Pro- und Kontra-Diskussion führen: Seite 98

→ eine Internetrecherche durchführen: Seite 252

# Was hat die Kirche mit politischer Befreiung zu tun?

**Brief der sächsischen Landeskirche vom März 1982 (Auszug)**

„Liebe Schwestern und Brüder, liebe Freunde!

Die Diskussion um die Aufnäher „Schwerter zu Pflugscharen" hat sich in den letzten Wochen enorm zugespitzt. Wir haben uns dazu bereits in einer Kanzelabkündigung am Sonntag, dem 28.3.82 geäußert. Diese Abkündigung solltet Ihr Euch für die Behandlung der Thematik beschaffen.

Am 22. März 1982 wurde Landesbischof Dr. Hempel und Präsident Domsch in einem Gespräch mit Staatssekretär Gysi mitgeteilt: Wegen Missbrauchs dürfen diese Aufnäher in Schule und Öffentlichkeit nicht mehr getragen werden. Es wurde behauptet, sie seien jetzt zum Zeichen einer unabhängigen Friedensbewegung geworden, diese könne nicht geduldet werden. Sie beeinträchtige die staatliche und gesellschaftliche Tätigkeit zum Schutz des Friedens; daran werde deutlich, dass in Wirklichkeit der Frieden gar nicht gewollt werde.

In einem anderen Gespräch wurde sogar gesagt, das Tragen der Aufnäher bekunde eine Missachtung der Gesetze und fordere zu ihrer Missachtung auf.

Im Bereich unserer Landeskirche wurde in letzter Zeit Jugendlichen, die nicht bereit sind, ihre Aufnäher zu entfernen, mit Konsequenzen gedroht: Entlassung aus Hochschulen und Erweiterten Oberschulen, Versetzung von einer Polytechnischen Oberschule in eine andere, Nichtzulassung zum Abitur, Verweigerung einer Lehrstelle, Schulverbot und Hinderung am Betreten des Betriebes.

Nach dem Gespräch vom 22. März 1982 müssen wir befürchten, dass die Folgen solcher Drohungen durch uns nicht mehr abgewandt werden können. Angehörige der Deutschen Volkspolizei veranlassten bereits in der Öffentlichkeit das Abtrennen des Aufnähers. Wir bedauern sehr, dass es uns nicht gelungen ist, gegenüber den staatlichen Stellen den Vorwurf der Missdeutung des Aufnähers zu entkräften.

Wir müssen Euch sagen, dass wir nicht mehr in der Lage sind, Euch vor Konsequenzen, die das Tragen des Aufnähers jetzt mit sich bringen kann, zu schützen. Deshalb bitten wir Euch, mögliche Folgen ernsthaft zu bedenken. Ihr müsst überlegen, welche Bedeutung dieser Aufnäher für Euer Friedenszeugnis hat. Unterhaltet Euch zum Beispiel darüber, welcher Stellenwert Eurem Handeln, Eurem Verhalten und Eurem → Gebet zukommt und welcher dem äußeren Zeichen. Danach entscheidet, wie Ihr Euch in der Frage des Aufnähers verhalten wollt.

Eure Ev.-Luth. Landessynode"*

Symbole und Zeichen: Seite 17

*Eine Synode ist im Bereich der evangelischen Kirchen so etwas wie ein Parlament, das heißt das Entscheidungsgremium für alle wichtigen Maßnahmen innerhalb der Kirche.

**Die Kirchen als Zentren der Opposition in der DDR**

Im Herbst 1989 standen die Kirchen den Menschen im ganzen Land weit offen. Die Menschen verstanden die Symbolkraft der brennenden Kerzen und schöpften – ungeachtet ihrer persönlichen Einstellung zum → Glauben und zur Kirche – bei den Friedensgebeten, Mahnwachen und Gottesdiensten neue Kraft zum Protest auf der Straße. Die Führungsrolle von Kirchenvertretern beim Umgestaltungsprozess wurde überall akzeptiert. Die Pfarrerinnen und Pfarrer im Talar, die an der Spitze von Demonstrationszügen gingen, bremsten an manchen Orten die zum Kampf gegen die „Konterrevolution“ angetretenen Sicherheitskräfte des SED*-Regimes.

Bischof Gottfried Forck (neben dem Pult sitzend) nimmt an einer Andacht am 9. Oktober 1989 in der Ostberliner Gethsemanekirche teil.

Die historische Rolle, die die Kirchen in der DDR als führende Kraft im Herbst 1989 übernahmen, war keine zufällige: Die Kirchen waren die einzigen Großorganisationen, die nicht in das SED*-System eingebunden waren. Sie verfügten über eine flächendeckende Organisation hochqualifizierter Mitarbeiter und Privilegien, die die SED*-Führung ihnen hatte zugestehen müssen. So besaßen die Kirchen zum Beispiel eine vergleichsweise leistungsstarke Vervielfältigungstechnik. 1989 haben immer mehr Kreiskirchenämter ihre Kopiergeräte der Opposition zur Verfügung gestellt, auch wenn das innerkirchlich umstritten blieb. Die Kirchen besaßen aber auch – bis fast in jedes Dorf hinein – die Räumlichkeiten, in die sie die Menschen einladen konnten. Was eine Veranstaltung zu einer kirchlichen Veranstaltung machte, war niemals präzise geklärt worden. Ein → Gebet, eine Bibellesung und ein Segen zum Schluss ermöglichten, über vieles zu sprechen.

Der Herbst 1989 war für die Kirchen eine einzigartige Ausnahmesituation: Niemals sonst waren sie dem Volk so nahe! Dieser Zustand konnte nicht auf Dauer anhalten. In dem Maß, in dem sich der politische Wille in der DDR endlich frei entfalten und organisieren konnte, wurden die Kirchen wieder entbehrlich. Die massenhafte Begegnung von Bevölkerung und Kirche in der DDR blieb eine auf wenige Monate beschränkte Episode.

*Peter Maser, Kirchenhistoriker*

* SED = Sozialistische Einheitspartei Deutschlands

## Aufgaben

1 Beschreibe die Rolle der Kirche vor und während der Friedlichen Revolution in der DDR.

2 Befrage Menschen aus deinem Umfeld, die 1989 die „Wende“ (am besten auf ostdeutscher Seite) miterlebt haben, wie sie die Rolle der Kirche in der „Friedlichen Revolution“ sehen.

3 Recherchiere die Geschichte des Mottos der DDR-Friedensbewegung „Schwerter zu Pflugscharen“ aus Mi 4,3.

4 Führt eine Pro- und Kontra-Diskussion zur Frage, ob die Kirche ihre Grenzen überschreitet, wenn ein Pfarrer im Talar an einer Demonstration teilnimmt.

→ ein Interview führen: Seite 252

→ eine Internetrecherche durchführen: Seite 252

→ eine Pro- und Kontra-Diskussion führen: Seite 98

# Welche Rolle spielt die Kirche heute in Staat und Gesellschaft?

Symbol Kreuz: Seite 16–17

**Zeichen der evangelischen Pfarrer der Bundeswehr. Bezahlt werden sie vom Staat, inhaltlich vertreten sie die Kirche.**

„Gottesdienste werden in der Bundeswehr gewünscht. Seelsorge und Beratung sind ein Schwerpunkt der Arbeit. Doch während man in der Gemeinde oftmals mit kirchennahen Menschen zu tun hat, begegnet einem in der Bundeswehr das ganze Spektrum der Gesellschaft. Ich werde von Gläubigen und Nichtgläubigen gleichermaßen als Gesprächspartner aufgesucht. „Wo die Truppe ist, hat auch der Seelsorger zu sein“, heißt ein geflügeltes Wort. Bedrohungslagen bringen einen näher zu Gott. Andererseits wurde mir noch einmal bewusst, dass die Kirche Soldaten in der Durchführung eines schweren Auftrages nicht alleine lassen darf, sondern mit ihnen die Belastungen und Bedrohungen auszuhalten hat.“

*Uwe Beck, Militärpfarrer*

**!** **Moment mal!**
Ist es gut und richtig, dass die Kirche staatliche Aufgaben übernimmt?

Diakonie und Ehrenamt: Seite 123–126

*Unter dem Namen „Tafeln“ haben sich an vielen Orten in Deutschland ehrenamtliche Gruppen gegründet, die Lebensmittelspenden, zum Beispiel von Supermärkten, sammeln, die sonst entsorgt würden. Sie richten damit kleine Läden ein und unterstützen auf diese Weise bedürftige Personen, Notunterkünfte oder Obdachlosentreffs. Die Tafel der ev.-luth. Kirchengemeinde in Varel informiert über ihre Arbeit:*

„Als Schaltstelle zwischen Armut und Überfluss unterstützt die Vareler Tafel sogenannte Bedarfsgemeinschaften. Aktuell sind rund 700 Personen registriert, die am Rande des Existenzminimums leben und zum Teil laut eigenen Aussagen „ohne die Tafel nicht wüssten, was sie machen sollen“. Durchschnittlich 190 bis 220 Berechtigte kommen davon wöchentlich zur Ausgabe der Vareler Tafel und erhalten für ca. 500 Personen Waren. Darunter sind viele Familien mit Kindern. Die Tendenz ist insgesamt leicht zunehmend. Durch das Angebot der Tafel haben sie die Möglichkeit, einmal in der Woche für einen Beitrag von 1,00 EUR pro Single und 1,50 EUR pro Familiengemeinschaft in den Genuss von frischem Obst, Gemüse, Joghurt, Milch, Käse und vielen weiteren Produkten zu kommen.“

**Religionsunterricht in gemeinsamer Verantwortung von Staat und Kirche**

Religionsunterricht und Naturwissenschaften: Seite 233

Unser Grundgesetz bestimmt den Religionsunterricht als „ordentliches Lehrfach" der „öffentlichen Schulen" und legt fest, dass für ihn das „staatliche Aufsichtsrecht" gilt. Dieser Unterricht ist, so das Grundgesetz, „in Übereinstimmung mit den Grundsätzen der Religionsgemeinschaften" zu erteilen.

In diesen Bestimmungen des Grundgesetzes ist enthalten, dass es sich beim Religionsunterricht um ein Unterrichtsfach der öffentlichen Schule handelt, in dem etwas gelernt werden soll, in dem Klassenarbeiten geschrieben werden, und in dem (wie in jedem anderen Fach) es natürlich auch Zensuren gibt. Andersherum heißt das: Religionsunterricht ist keine kirchliche Veranstaltung oder gar ein kirchliches Privileg im Rahmen der öffentlichen Schule. Der Staat ist – wie bei der Schule insgesamt und bei allen anderen Unterrichtsfächern – verantwortlich für die Richtlinien, nach denen gelernt wird, und für die ordentliche Ausbildung der Lehrkräfte.

Zum anderen ist in den grundgesetzlichen Bestimmungen enthalten, dass der Staat sich in religiösen und weltanschaulichen Dingen Neutralität auferlegt und nicht bestimmen will, was im Einzelnen inhaltlich im Fach Religion gelernt werden soll. Er ist darauf angewiesen, dass die „Religionsgemeinschaften" selbst hierfür die Verantwortung übernehmen. In diesem Sinne ist es eine demokratische Errungenschaft, dass der Staat nicht über alle Bereiche des Menschen bestimmen will, sondern weiß, dass er zwar von den moralischen Prinzipien und Werthaltungen seiner Bürgerinnen und Bürger profitiert, dass er diese aber nicht selbst hervorbringen kann, sondern sie unter anderem den Religionsgemeinschaften verdankt.

*Gebhard Böhm, Pfarrer im Kirchenamt der württembergischen Landeskirche*

## Aufgaben

1 Interpretiere das Symbol der Militärseelsorge und die Beziehungen zwischen Kirche und Staat, die es ausdrücken will.

2 Erläutere, inwiefern Staat und Kirche jeweils von ihrer Zusammenarbeit profitieren.

3 Oft wird gefordert, Kirche und Staat vollständig zu trennen. Nimm Stellung zu dieser Forderung.

4 Werte mithilfe der Homepage der Evangelischen Kirche in Deutschland (www.ekd.de) aus, in welche aktuellen Fragen die Kirchen sich heutzutage einschalten. Beachte dazu die „Denkschriften" und „Worte".

# Wie passen Politik und Kirche zusammen?

Das Plakatmotiv zeigt das Motto der „Interkulturellen Woche“ 2012, einer Initiative der Evangelischen Kirche in Deutschland, der Deutschen Bischofskonferenz und der Griechisch-Orthodoxen Metropolie.

## Aufgaben

1 Das Plakat verwendet weder christliche Symbole noch religiöse Aussagen. Beurteile Text- und Bildbotschaft des Plakats.

2 Ein Politiker sagt: „Die Kirchen sind ein wichtiger Partner auf dem Weg zu einem geeinten Europa.“ Beschreibe das Verhältnis von Politik und Kirche, wie es in diesem Zitat deutlich wird.

## Wissen

- Fasse in einer chronologisch angeordneten Tabelle zusammen, welche unterschiedlichen Antworten in der Kirche auf die Leitfrage des Kapitels im letzten und in diesem Jahrhundert gegeben worden sind.
- „Die evangelische Kirche in der NS-Zeit hätte sich …" a) „stärker in politische Fragen einmischen sollen" oder b) „stärker auf die eigene Sache konzentrieren sollen". Wähle aus und begründe deine Meinung.
- Stelle die Bandbreite von Möglichkeiten dar, wie und womit die Kirche auf Staat und Gesellschaft Einfluss nehmen kann.
- Formuliere Regeln für ein kirchliches Engagement in politischen oder gesellschaftlichen Fragen.
- Gestalte eine alternative Karikatur für die Einstiegsseite des Kapitels.
- Manche pessimistische Menschen meinen: „Man lernt nur immer wieder, dass man aus der Geschichte nichts lernt." Zeige anhand des Verhältnisses von Kirche und Staat in Deutschland auf, inwiefern dieser Satz (nicht) stimmt.

## Können

- Vergegenwärtige dir noch einmal die Situation auf Seite 192 und formuliere deinen Standpunkt schriftlich. Nimm dabei Bezug auf die Wirksamkeit und Bedeutung des Geläuts.
- Stellt die Beratung der Gemeindevertreter um das mögliche Verhalten der Gemeinde in einem Rollenspiel nach. Vertieft die Beratung über Maßnahmen der Kirchengemeinde am 9. November und bezieht dabei neu gewonnene Erkenntnisse und Aspekte ein.

## Anwenden

- Der 9. November ist ein doppelter Gedenktag. Er erinnert an den Erfolg der Friedlichen Revolution in der DDR und den Fall der Mauer 1989. Er erinnert aber auch an die Reichspogromnacht 1938. Entwerft oder sucht Texte für einen Gedenkgottesdienst zum 9. November aus (→ Gebete/Fürbitten, Meditationen, Lieder …), der auf beide Aspekte des Gedenkens eingeht.

Pogrom: Seite 265

- Präsentiere Biografien evangelischer Christinnen und Christen aus der Zeit des Nationalsozialismus oder der DDR-Diktatur. Zeige auf, worin ihr Widerstand bestand, wie sie ihn begründeten und welche Folgen er hatte. Material findest du in Geschichtsbüchern, in (Internet-)Lexika oder unter www.evangelischer-widerstand.de.

eine Internetrecherche durchführen: Seite 252

- Stelle zusammen, welche Gedanken hinter dem freiwilligen Zusatz „So wahr mir Gott helfe" stehen – diesen Zusatz können Ministerinnen und Minister ihrem Amtseid hinzufügen. Erläutere, welche Rückschlüsse sich aus einem solchen gesprochenen Zusatz ziehen lassen.

# 11 Wie antworten Christen auf

# globale Fragen?

## Wenn du dieses Kapitel bearbeitet hast, kannst du ...

- an Beispielen erklären, wie Gerechtigkeit biblisch verstanden wird.
- deutlich machen, welche Konsequenzen dieser Gerechtigkeitsbegriff und die Wahrung der Menschenwürde haben.
- darstellen, welche wichtigen Aussagen die Bergpredigt enthält.
- begründet darlegen, inwieweit jene Aussagen für die moderne Zeit Relevanz haben.
- exemplarisch herausstellen, welche Antworten sich aus christlicher Sicht auf weltweite ethische Probleme geben lassen.
- dich aus christlicher Sicht mit anderen ethischen Positionen auseinandersetzen.
- deine eigene Meinung hinsichtlich dieser Herausforderungen und Schwierigkeiten begründet darstellen.

## Was kannst du schon?

- erklären, was du persönlich unter Gerechtigkeit und Ungerechtigkeit verstehst
- darüber Auskunft geben, warum Christen sich um ein besseres Zusammenleben und Gerechtigkeit in der Gesellschaft bemühen
- darlegen, wie sich Menschen durch die Bibel einerseits herausgefordert und andererseits ermutigt fühlen können

## Diese Methoden wendest du an:

- einen Text mit der Fünf-Schritt-Lesemethode erschließen
- eine Sprechmotette aufführen

# Wie triffst du Entscheidungen?

Vielleicht hast du so ein ähnliches Armband schon einmal am Handgelenk eines Jugendlichen gesehen. Die Buchstaben WWJD stehen für „What would Jesus do?", also für „Was würde Jesus tun?".
Junge Erwachsene und Jugendliche tragen dieses Armband, um sich darauf zu besinnen, wie Jesus in bestimmten Situationen reagiert und gehandelt hätte. Die Meinungen über das Tragen des Armbandes gehen mitunter weit auseinander:

„Ich trage das WWJD-Bändchen, weil mir der Ansatz gut gefällt und es mir tatsächlich bei Entscheidungen hilft."
*Mira, 16 Jahre*

„Ich persönlich bin nicht so überzeugt davon. Kommt vielleicht daher, dass ich mit Jesus und Religion nichts verbinde."
*Philipp, 15 Jahre*

„Prinzipiell finde ich, sollte man das tun, was man mit sich selbst vereinbaren kann und nicht mit irgendeinem Jesus. Zudem kennt man ja die Antworten nicht, die Jesus geben würde. Es ist also alles bloße Spekulation. Mir kommt das Armband vor wie Geldmacherei."
*Leonie, 14 Jahre*

„Ich finde es gut, wenn Menschen sich darum bemühen, sich richtig zu verhalten. Weniger Egoismus und mehr Nächstenliebe täten unserer Gesellschaft doch ganz gut, oder?"
*Justin, 17 Jahre*

Wege der Bibelauslegung: Seite 133

„Ich vermute mal, dass die Idee mit dem Armband von Leuten kommt, die sehr fromm und gläubig sind und sowieso schon streng nach der Bibel leben. Da ich mich nicht so streng daran halten würde, möchte ich so ein Armband auch nicht tragen."
*Julian, 15 Jahre*

## Aufgabe

Stelle in ausführlicher und begründeter Form deine eigene Auffassung zum Armband dar.

## Dazu ist es wichtig, ...

- persönliche Entscheidungssituationen und gesellschaftliche Missstände zu nennen, bei denen die Frage WWJD relevant wird.
- Werte und Handlungsmaßstäbe darzulegen, die auf Jesus zurückgehen oder mit seiner Person verknüpft sind.
- zu beurteilen, inwiefern diese Maßstäbe in der heutigen Zeit eine Rolle spielen.

**Eine schwierige Entscheidung**

Paula ist schockiert, als sie sich eine Dokumentation über die Produktion von Kleidung in Entwicklungsländern ansieht: Große Bekleidungsfirmen lassen T-Shirts, Tops und vieles mehr unter anderem von Kindern produzieren. Die müssen mit dem Hungerlohn – ein paar Cent am Tag – ihre Familien finanziell unterstützen. Die Not der Familien ist so groß, dass sie ohne die Einkünfte ihrer Kinder nicht überleben können. An einen Schulbesuch oder gar an Freizeit und Spielen ist für diese Kinder nicht zu denken! Ein schwieriges Problem: Denn je mehr Kinder für Billiglöhne arbeiten, desto schwieriger wird es, gut bezahlte Arbeit zu finden. Zugleich ist es keine Lösung, Kinderarbeit einfach zu verbieten. Nur wenn die Arbeitnehmer so bezahlt werden, dass sie von dem Geld leben können, kann sich die Situation der Kinder nach und nach verbessern.

Als das Wochenende vor der Tür steht, verabredet sich Paula mit Freundinnen. Gemeinsam bummeln sie durch die Geschäfte der Innenstadt, abends wollen sie außerdem auf den Rummel gehen. In einem Laden entdeckt Paula ein schönes Oberteil, es ist sogar „fair" gehandelt. „Das bedeutet", erklärt die Verkäuferin auf Nachfrage, „dass die Arbeitnehmer am Produktionsort fair bezahlt werden. Zudem wird durch das Siegel garantiert, dass keine Kinder für den Hersteller arbeiten." Das T-Shirt ist leider nicht gerade billig – 45 Euro soll es kosten. Dann bliebe Paula kein Geld mehr für den Rummelbesuch am Abend! „Vielleicht kaufe ich doch lieber das andere Shirt, das ich gesehen habe?", denkt Paula.

## Aufgaben

**1** Erläutere das Problem, vor dem Paula steht, mit eigenen Worten. Sammle für beide Handlungsmöglichkeiten Pro- und Kontra-Argumente. Beziehe ein, welche Konsequenzen sich jeweils ergeben.

**2** Lege deinem Sitznachbarn dar, wie sich Paula deiner Meinung nach verhalten sollte. Erkläre, welche Überlegungen, Einstellungen, Werte oder persönlichen Erfahrungen deiner Position zugrunde liegen.

**3** Wähle einzelne Begriffe der Wörter-Grafik aus und erkläre ihren Zusammenhang. Recherchiere, was es mit dem Motto „Global denken – lokal handeln" auf sich hat.

→ eine Internetrecherche durchführen: Seite 252

**4** Verfasse selbst eine kleine Dilemmageschichte wie die von Paula, indem du zum Beispiel von den Stichwörtern der Grafik ausgehst. Stelle sie deinen Mitschülerinnen und Mitschülern zur Diskussion vor.

# Wie nehmen wir „fremdes Leid“ wahr?

**An Tagen wie diesen**
Moin moin – was geht?
Alles klar bei dir? Wie spät?
Gleich neun – okay.
Will mal eben los, Frühstück holen gehen
Schalt den Walkman an, zieh' die Haustür ran
Lauf' die Straße entlang bis zum Kaufmannsladen
Denn da gibt's die allerbesten Brötchen weit und breit
Kann am Tresen kurz mal lesen, was die Zeitung schreibt
Irgendwas von 'nem Großangriff
Unzählige Bomben auf 'ne kleine Stadt
Viele Menschen ums Leben gekommen
Und dem Erdboden gleich gemacht in nur einer Nacht
Ich zahle und verlasse den Bäcker
Hör noch den Nachrichtensprecher
„Lage wieder mal dramatisch verschlechtert, heute fantastisches Wetter.“
Plötzlich gibt's 'n Knall, tausend Scherben überall
Die Nachbarskatze hat's erwischt bei 'nem Verkehrsunfall
Der Anblick kann einem echt die Laune verderben
Was fällt diesem Mistvieh ein, hier genau vor meinen Augen zu sterben?

***Refrain:***
Absolute Wahnsinnsshow
Im Fernsehen und im Radio
Die Sonne lacht so schadenfroh
An Tagen wie diesen
Niemand, der mir sagt, wieso
Beim Frühstück oder Abendbrot
Die Fragen bohr'n so gnadenlos
An Tagen wie diesen

Theodizee-Frage: Seite 236–239
Gnade: Seite 262

Eine Million bedroht vom Hungertod nach Schätzungen der UNICEF
Während ich grad' gesundes Obst zerhäcksel in der Moulinex
Seh' ein Kind, in dessen traurigen Augen 'ne Fliege sitzt
Weiß, dass das echt grausam ist, doch scheiße Mann, ich fühle nix
Was ist denn bloß los mit mir, verdammt wie ist das möglich?
Vielleicht hab ich's schon zu oft gesehen, man sieht's ja beinah täglich
Doch warum kann mich mittlerweile nicht mal das mehr erschrecken
Wenn irgendwo Menschen an dreckigem Wasser verrecken?
Dieses dumpfe Gefühl, diese Leere im Kopf
So was kann uns nie passieren und was wäre wenn doch?
Und mich zerreißen die Fragen, ich kann den Scheiß nicht ertragen
Die haben da nix mehr zu fressen und ich hab Steine im Magen!

***Refrain***

Was hat er gerade gesagt? An so 'nem normalen Samstag
Passiert auf bestialische Art ein ganz brutaler Anschlag
Bei dem sechs Leute starben, die Verletzten schreien Namen
Diese entsetzlichen Taten lassen mich jetzt nicht mehr schlafen
Und ich seh's noch genau, das Bild im TV
Ein junger Mann steht dort im Staub, fleht um Kind und Frau
Jetzt frag ich mich: Wie ist es wohl, wenn man sein Kind verliert
Noch bevor es seinen ersten Geburtstag hat
Doch das übersteigt meine Vorstellungskraft
Vielleicht waren die Attentäter voller Hass für den Gegner
Vielleicht gab es Liebe für Familie und sie waren sogar selber Väter.
Manchmal wenn ich Nachrichten seh', passiert mit mir etwas Seltsames
Denn auch wir sind Eltern jetzt, haben ein Kind in diese Welt gesetzt
Dann kommt es vor, dass ich Angst davor krieg, dass uns etwas geschieht,
Dass man den verliert, den man liebt, dass es das wirklich gibt
Mitten in der Nacht werd ich wach und bin schweißgebadet,
Schleich ans Bett meiner Tochter und hör', wie sie ganz leise atmet

***Refrain:***
Was für 'ne Wahnsinnsshow
Im Fernsehen und im Radio
Die Sonne lacht dabei so schadenfroh
Ich werd die Bilder nicht mehr los
Beim Frühstück und beim Abendbrot
Niemand, der mir sagen kann, wieso.

*Fettes Brot*
*Text: Ferdinand Bolland / Robert Bolland / Boris Lauterbach / Johann Hölzel / Martin Vandreier / Björn Warns © Edition Falkenhorst c/o Hobo Music & Media GmbH, Ingolstadt*

**!**
**Moment mal!**
Kann man bei so vielen weltweiten Problemen noch hoffen, die Welt könne sich verändern?

## Aufgaben

1 Fasse zusammen, wie das lyrische Ich in dem Lied das Leid anderer wahrnimmt.

2 Gestaltet in Gruppen Standbilder, die die dargestellten Probleme aufzeigen und zugleich genau verdeutlichen, wie der Sprecher darauf reagiert.

→ Standbilder inszenieren: Seite 257

3 Arbeite heraus, auf welche Probleme die Gruppe „Fettes Brot" hinweisen möchte. Beziehe ein, dass das dazugehörige Musikvideo die Musiker im Alltag zeigt, Autos aber durchgängig durch Panzer ersetzt sind.

4 Verfasse eine eigene Strophe, die zum Ausdruck bringt, welche Hoffnung auf Veränderungen *du* angesichts der beschriebenen Szenarien hast.

↔ Hoffen auf Veränderung: Seite 122

# Ein weltweites Problem

*Johan van der Kamp arbeitet als Nothelfer bei der Organisation „Welthungerhilfe". Er koordiniert die Arbeit im Südsudan und schildert seine persönlichen Eindrücke.*

**Im südsudanesischen Bahr al-Ghazal sind viele neue Dörfer entstanden, deren Bewohner aus dem Nordsudan in ihre alte Heimat zurückkehrten.**

**Juba**, bald Hauptstadt des jungen afrikanischen Staates Südsudan, wird für den großen Tag herausgeputzt. Angestrengt werden hier und da an den Hauptstraßen grünes Gestrüpp gepflanzt oder Flächen bewässert, damit am **9. Juli 2011** – dem Tag, an dem der Südsudan offiziell seine Unabhängigkeit erlangt – wenigstens etwas grünes Gras zu sehen ist. Die Menschen in den Neusiedlungen für Rückkehrer aus dem Nordsudan werden jedoch auch am 9. Juli nicht viel zu feiern haben. Der lang ersehnte Tag der Befreiung hat zu viel gekostet. Mehr als **zwei Millionen Menschen** haben während des langen Bürgerkrieges ihr Leben verloren.
Mehr als 800 Haushalte mit durchschnittlich fünf Personen soll es im neuen Dorf **Mangar Akot** im südsudanesischen Bahr al-Ghazal geben. Wir fahren mit einem kleinen Team in die Siedlung. Auf den ersten Blick wird deutlich, dass die Menschen beinahe nichts haben. Jede Familie soll eine Plane, Seil, ein Buschmesser, einen faltbaren 10-Liter-Kanister und Chlortabletten bekommen. Die Tabletten reichen, um Wasser für eine fünfköpfige Familie für mindestens sechs Monate genießbar zu machen.
Die Mitarbeiter der Welthungerhilfe gehen in Mangar Akot von Hütte zu Hütte. In den nächsten vier Stunden wird uns das gesamte **Leid der Rückkehrer** bewusst. Die meisten Menschen aus dem Südsudan sind vom Körperbau her schon dünn und lang, aber was hier in den elenden Hütten zu sehen ist, ist schier unfassbar. Vor allem Frauen sind so abgemagert, dass die Gesichter eingefallen sind. Die Kinder sind sichtbar **mangelernährt** und viele haben aufgeblähte Hungerbäuche, offene Entzündungen und Ringwürmer [Pilzinfektionen auf der Haut]. In den meisten Unterkünften sind nur verschlissene Bastmatten zu sehen. Sonst gibt es fast nichts. **Und es gibt vor allem nichts zu essen!** Die Verzweiflung der Menschen ist groß. Natürlich möchten wir allen helfen. Aber wir wissen, dass unsere Hilfsgüter nicht ausreichen, und dass es noch tausende andere Familien gibt, die auf die Hilfe angewiesen sind. Und so ist die Entscheidung bei jeder Hütte knallhart.
Mit sehr gemischten Gefühlen kehren wir in unser Lager zurück. Die Hitze, das Flehen der vielen verzweifelten Menschen, die oft sehr schwierigen Entscheidungen über Helfen oder nicht, hat uns allen zugesetzt. Die Stimmung ist bedrückt. Wir reden über die vielen anderen Orte, die wir noch abdecken müssen. Das Team plagt keine Verzweiflung, aber die unterschwellige Wut über das „**Warum**": Warum müssen so viele Menschen hier so leiden und regelrecht **verhungern**?
Dass die Not im Südsudan groß ist, ist unübersehbar: Überall sind ausgemergelte Menschen, nirgendwo sind Speicher mit Nahrungsmitteln. Hier und da sehen wir, dass die Menschen ihr **Saatgut** für die kommende Saison essen, weil es nichts anderes gibt. Die Folgen – **Ernteausfälle** – sind unabwendbar. Hier bahnt sich eine Katastrophe an.

↔ **Gott und Leid/ Theodizee-Frage:** Seite 236–239

## Info – Hunger

Rund 925 Millionen Menschen weltweit hungern, die meisten von ihnen leben in den Entwicklungsländern. Der Körper gleicht unzureichende Ernährung dadurch aus, dass er körperliche und geistige Aktivitäten einschränkt. Er raubt Menschen ihre Initiative und Konzentrationsfähigkeit und lässt sie apathisch werden. Bei Kindern kann die kognitive und physische Entwicklung unumkehrbar beeinträchtigt werden.
Häufig ist Hunger die Folge von Kriegen, Vertreibungen und Naturkatastrophen. Verstärkt durch die generelle Armut und die unzureichende Ernährungslage in einem Land, kann es in solchen Situationen zu akuten Hungerkrisen kommen. Wenn der Krise nicht rechtzeitig und umfassend entgegengetreten wird und akuter Hunger dazu führt, dass Menschen verhungern, kommt es zur Hungersnot. In Extremfällen spricht man von einer Hungerkatastrophe.
Wie viele Menschen auf der Welt an den Folgen von Unterernährung sterben, weiß niemand genau. Doch man geht von täglich etwa 25 000 bis 30 000 Menschen weltweit aus. 9,2 Millionen Kinder unter fünf Jahren sterben pro Jahr – das sind mehr als 25 000 Kinder pro Tag.

welt hunger hilfe

Unsere Vision:
Alle Menschen dieser Welt führen ihr Leben eigenverantwortlich in Würde und Gerechtigkeit – frei von Hunger und Armut.

**!** **Moment mal!**
Haben Menschen recht, die sagen „Hungerhilfe macht abhängig!"?

## Aufgaben

1 Nimm an, Johan van der Kamp hat in seinem Heimatland eine Familie, die seinen Bericht liest. Schreibe ihm als Tochter bzw. Sohn eine E-Mail, in der du auf seine Schilderungen eingehst.

2 Arbeite mithilfe der Homepage der Welthungerhilfe heraus, welche Länder gegenwärtig besonders von Hunger betroffen sind und auf welche Weise die Organisation dagegen aktiv wird. Beurteile anschließend ihre Vision.

→ eine Internetrecherche durchführen: Seite 252

3 Stelle dir vor, Johan van der Kamp beschreibt in einem Blogeintrag, wie er das Leben in seinem Heimatland nach seiner Rückkehr aus dem Südsudan wahrnimmt. Versetze dich in seine Lage und verfasse diesen Text.

# Was für eine Welt wollte Jesus?

Jesu Botschaft: Seite 80–81

» [2]Jesus begann zu reden und lehrte sie:

[3]„Glückselig sind die, die wissen, dass sie vor Gott arm sind. Denn ihnen gehört das Himmel-
reich.
[4]Glückselig sind die, die an der Not der Welt leiden. Denn sie werden getröstet werden.
[5]Glückselig sind die, die von Herzen freundlich sind. Denn sie werden die Erde als Erbe erhalten.
[6]Glückselig sind die, die hungern und dürsten nach der → Gerechtigkeit. Denn sie werden satt
werden.

[7]Glückselig sind die, die barmherzig sind. Denn sie werden barmherzig behandelt werden.
[8]Glückselig sind die, die ein reines Herz haben. Denn sie werden Gott sehen.
[9]Glückselig sind die, die Frieden stiften. Denn sie werden Kinder Gottes heißen.
[10]Glückselig sind die, die verfolgt werden, weil sie tun, was Gott will. Denn ihnen gehört das
Himmelreich.

[11]Glückselig seid ihr, wenn sie euch beschimpfen, verfolgen und verleumden – weil ihr zu mir
gehört. [12]Freut euch und jubelt! Denn euer Lohn im Himmel ist groß! Genauso wie euch haben
sie früher die → Propheten verfolgt.“ «
(Mt 5,2–12)

**Günther Johrend: „Die acht Seligpreisungen" für St. Michael, Schweinfurt. 8 Glasfenster 100 cm x 120 cm**

## Methoden-Karte: einen Text mit der Fünf-Schritt-Lesemethode erschließen

Diese Methode dient dem genauen Textverständnis, vor allem von solchen Texten, die nicht ohne Weiteres inhaltlich erschlossen werden können.

**So kannst du vorgehen:**

1. Überfliegen: Schaue vor allem auf die Überschrift(en), auf Hervorhebungen und darauf, wo im Text Absätze gesetzt sind. Verschaffe dir eine grobe Übersicht über den Text und seinen Aufbau.
2. Fragen: Kläre unbekannte Begriffe. Untersuche, auf welche Fragen dir der Text oder die einzelnen Abschnitte eine Antwort geben. Schreibe die Fragen auf.
3. Lesen: Lies den Text noch einmal in aller Gründlichkeit. Denke dabei an deine Fragen.
4. Zusammenfassen: Fasse nach jedem Sinnabschnitt den Inhalt in eigenen Worten zusammen.
5. Wiederholen: Wiederhole die wichtigsten Aussagen und Informationen des Textes. Die Wiederholung kann in Gedanken ablaufen; sie kann aber auch so aussehen, dass du einen zusammenfassenden Vortrag hältst.

**Verpflichtung der Christen zur Politik**

Jesus wollte offensichtlich etwas für diese Welt, und er hat sie jedenfalls verändern wollen und zu einem Teil auch verändert. Die Seligpreisungen in der → Bergpredigt müssen Konsequenzen für unsere Welt haben, auch wenn sie Bezug auf die andere Welt gehabt haben sollten, was ich selbst nicht glaube. Wohl kaum an einer Bibelstelle wurde so viel herumgerätselt wie an der Bergpredigt. Ältere Theologen versuchten dann auch, sie ganz dem Jenseitigen zu verpflichten, als ein Versprechen an die Armen, Unterdrückten, Verfolgten in Bezug auf das Jenseits.

Die Seligpreisungen der Armen beruhigte auch das Gewissen der Reichen, sie sagten sich: Also gut, wir sind *hier* reich und *ihr* dort, wir haben also nicht für den Ausgleich zu sorgen, das geschieht später ganz von selbst. Wäre es so, Christus hätte keinen Grund gehabt, es hier auf der Welt zu sagen. Bestimmt galt seine Sympathie den Armen und Unterdrückten, ihnen hat deshalb auch unsere Sympathie zu gelten. Wenn ihnen unsere Sympathie gelten soll, dann sind wir auch verpflichtet, nichts ungenützt zu lassen, was ihnen helfen könnte.

Das ist ein politischer Auftrag, denn Maßnahmen gegen Armut und Unterdrückung können wir gemeinsam zu einem Erfolg bringen, weil sie nicht nur eine Angelegenheit der persönlichen Barmherzigkeit sind, sondern letztlich eine Organisationsfrage. Eine Ordnung, die Armut überhaupt zulässt, wird immer auch Armut schaffen.

*Peter Bichsel, Schriftsteller*

Kirche und Staat: Seite 195

## Info – Die Bergpredigt

Die berühmte Rede Jesu hat der Evangelist Matthäus aus Worten Jesu zusammengestellt. Sie umfasst drei Bibelkapitel (Mt 5–7), beginnt mit den sogenannten Seligpreisungen und enthält viele bekannte christliche Lebensregeln: die → Nächstenliebe und Feindesliebe (Mt 5,38–48), die → Goldene Regel (Mt 7,12) und vieles mehr. Als Jude knüpft Jesus an die → Tora an und erfüllt sie auf besondere Weise (Mt 5,17–48). Genau in der Mitte der Bergpredigt steht das Vaterunser (Mt 6,9–13).

Der Name „Bergpredigt" kommt daher, dass Jesus zu Beginn auf einen Berg steigt (Mt 5,1 f.), parallel dazu steht bei Lukas die „Feldrede" (Lk 6,17–49).

Jesus und Gandhi: Seite 187

## Aufgaben

1 Stelle dir den biblischen Text Mk 5,3–12 wie einen Gesprächspartner vor. Teile ihm mit, wie du seine Äußerungen bewertest, zum Beispiel: „Ich komme mit dir nicht zurecht, weil …", „Du machst mir Mut, weil …", „Du bist mir zu optimistisch, weil …", „Ich kann dir zustimmen, weil …".

2 Stelle dar, welche Konsequenzen es hat, wie Jesus zu denken.

3 Schreibe einen Meditationstext zu einem der beiden Glasfenster.

4 Erschließe den Text von Peter Bichsel mithilfe der Fünf-Schritt-Lesemethode.

5 Erkläre anhand konkreter Beispiele, welche Verantwortung sowohl die Gesellschaft als auch der oder die Einzelne für eine Veränderung der Welt trägt.

einen Meditationstext schreiben: Seite 237

# Wie ist Gerechtigkeit möglich?

Doppelgebot der Liebe: Seite 42

[43]„Ihr wisst, dass gesagt worden ist: ‚Liebe deinen Nächsten und hasse deinen Feind!'
[44]Ich sage euch aber: Liebt eure Feinde! Betet für die, die euch verfolgen!
[45]So werdet ihr zu Kindern eures Vaters im Himmel! Denn er lässt seine Sonne aufgehen über bösen und über guten Menschen. Und er lässt es regnen auf gerechte und auf ungerechte Menschen.
[46]Denn wenn ihr nur die liebt, die euch auch lieben: Welchen Lohn erwartet ihr da von Gott? Verhalten sich die Zolleinnehmer nicht genauso?
[47]Und wenn ihr nur eure Geschwister grüßt: Was tut ihr da Besonderes? Verhalten sich die Heiden nicht genauso?
[48]Seid vollkommen, wie euer Vater im Himmel vollkommen ist!"
(Mt 5,43–48)

Was ist Gerechtigkeit? Seite 116–117

## Info – Gerechtigkeit

Gerechtigkeit ist dann gegeben, wenn Güter, aber auch Chancen fair verteilt sind. Ob es gerecht ist, wenn jeder gleich viel bekommt, wenn jeder bekommt, was er verdient, oder wenn jeder bekommt, was er benötigt, ist manchmal schwer zu entscheiden. Klar ist: Ungerecht behandelt zu werden, tut weh. „Gerechtigkeit" ist im Matthäusevangelium und besonders in der → Bergpredigt ein Schlüsselbegriff der Botschaft Jesu. Ein Maßstab der Gerechtigkeit ist die „→ Goldene Regel" (Mt 7,12): „Genau so, wie ihr behandelt werden wollt, behandelt auch die anderen!"

## Methoden-Karte: **eine Sprechmotette aufführen**

Eine Sprechmotette bringt einen (Bibel-)Text mehrstimmig zum Klingen. Sie eignet sich, um die Sprechhaltung oder Struktur eines Textes hervorzuheben, etwa von → Psalmen oder rhetorischen Texten wie der → Bergpredigt.

**So könnt ihr vorgehen:**

1. Lest den Text mehrmals laut und in voller Länge. Ihr könnt das reihum tun, wobei jeder oder jede selbst entscheidet, wie viel Text er oder sie liest.
2. Geht den Text nun still für euch allein durch und wählt Textbausteine oder einzelne Wörter aus, die ihr laut sprechen (und dadurch zum Beispiel betonen) wollt.
3. Lasst einen von euch den Text langsam von oben bis unten lesen, sprecht dabei aber jeweils die vorher ausgewählten Wörter oder Textteile laut mit.
4. Sprecht im nächsten Durchgang (wenige) Wörter oder Satzteile gemeinsam – in beliebiger Reihenfolge. Das kann zunächst fremd wirken und erfordert Konzentration.
5. Stellt euch als letzte Stufe, wenn ihr wollt, an eine andere Stelle im Raum oder geht beim Sprechen herum. Wechselt den Tonfall, die Lautstärke oder das Sprechtempo.
6. Wertet abschließend aus, wie ihr die Inszenierung empfunden habt und was euch dadurch neu aufgefallen ist.

**Eine Erklärung von „Brot für die Welt"**

Für ein Leben in Würde – das tägliche Brot der Armen ist christliche Verpflichtung und entwicklungspolitische Zielsetzung zugleich. Denn Jesus sagt: „Was ihr getan habt einem unter diesen Geringsten, das habt ihr mir getan" (Mt 25,40). Wir setzen uns für die Menschen ein, die in Not und Elend leben. Der Begriff „Brot" steht dabei nicht nur für die Versorgung mit Nahrung. Martin Luther legt die Bitte nach dem „täglich Brot" im Vaterunser so aus: Brot ist alles, „was Not tut für Leib und Leben – wie Essen, Trinken, Kleider, Schuh, Haus, Hof, Acker, Vieh, Geld und Gut".

**Auf Stacheldraht geflochtener Ährenkranz, Sinnbild für den Einsatz von „Brot für die Welt" für die Rechte der Armen**

Wie der Reformator setzt sich „Brot für die Welt" für das ein, was Menschen brauchen, um in Würde zu leben: menschliche Arbeits- und Lebensbedingungen, ausreichend Nahrung, ein Dach über dem Kopf, Gesundheitsversorgung und Ausbildung – unabhängig von Herkunft und sozialem Status. Dabei geht es nicht um Almosen: Wir wollen den Menschen dabei helfen, ihr Schicksal selbst in die Hand zu nehmen. Deshalb führen wir selbst keine Projekte in den Ländern des Südens durch, sondern unterstützen Partner vor Ort bei ihrer Arbeit. Denn sie kennen ihr Land, die Menschen und die Probleme am besten.

„Ich bin nicht allmächtig, ich kann nicht alles. Ich bin nicht ohnmächtig, ich kann nicht nichts.
Ich bin teilmächtig, ich kann, was ich kann. Ich mische mich ein, bin zuständig und übernehme Verantwortung für mein Handeln."
*Ruth Kohn, Psychologin*

Allmacht/Ohnmacht Gottes: Seite 247

„Wer es nicht einmal ausprobiert, kann es auch nicht erleben. Feindesliebe heißt nicht: Lass dir alles bieten. Feindesliebe heißt: Sei klüger als ein Feind. Das hat Jesus gemeint. So schaffen wir eine Kultur des Friedens. Die Geschichte beweist: Nur mit der Bergpredigt gibt es eine Befreiung zum Frieden."
*Franz Alt, Journalist*

## Aufgaben

1 Führt eine Sprechmotette zu Mt 5,43–48 auf. Erarbeitet, wie Jesus in diesem Abschnitt gerechtes Verhalten beschreibt und vergleicht mit dem Info-Text.

eine Bibelstelle finden: Seite 251

2 Vergleiche Mt 5,21–48 mit Ex 20,1–17 und notiere Gemeinsamkeiten und Unterschiede. Beurteile, inwieweit das Ergebnis zu Jesu Aussage in Mt 5,17 passt.

3 Zeige auf, wie die diakonische Organisation „Brot für die Welt" einen Beitrag für eine gerechtere Welt leisten möchte.

4 Erkläre, wie der Einsatz der diakonischen Organisation biblisch zu begründen ist, und nimm dabei besonderen Bezug auf die Bergpredigt (Mt 5–7).

5 Beurteile, inwieweit der Ausspruch von Ruth Kohn für den Umgang mit der Bergpredigt hilfreich ist. Vergleiche mit der Position von Franz Alt.

# Die Würde des Menschen wahren

Günter Skrodzki, 1. Mose 1.27, Zum Bilde Gottes schuf er ihn

### Die menschliche Würde

Gottesebenbildlichkeit: Seite 36, 54, 260

„Zum christlichen Hintergrund der modernen Menschenrechte gehört der Gedanke der → Menschenwürde, die jedem Menschen unverlierbar zuzuerkennen ist. Nach christlicher und schon jüdischer Tradition folgt die Würde des Menschen aus seiner Gottesebenbildlichkeit. Christlich kann freilich von der Gottesebenbildlichkeit nicht gesprochen werden, ohne zugleich auch die menschliche Sünde in den Blick zu nehmen, welche darin besteht, dass der Mensch seine Autonomie [Entscheidungsfreiheit] grundlegend missbraucht. Dem Sünder wird von Gott unverdientermaßen eine unverfügbare Würde zugesprochen, die durch keine menschliche Leistung begründet ist, ihm darum aber auch von keiner weltlichen Instanz genommen werden kann."

*Ulrich H. J. Körtner, Theologe*

**Ein Begriff mit alten Wurzeln**

→ Menschenwürde ist keine Eigenschaft wie Klugheit, Schönheit oder Großzügigkeit. Dem Begriff der Menschenwürde liegt die Idee zugrunde, dass jeder Mensch allein schon durch seine Existenz wertvoll ist. Trotzdem ist der Begriff der Menschenwürde schwer zu fassen und wird in ganz unterschiedlichen Zusammenhängen gebraucht. Und dann kennt wohl jeder den Spruch „Das ist unter meiner Würde".

Bereits in der Antike wurde von Würde gesprochen. Da gab es zum einen die Würde als Kennzeichnung einer gesellschaftlichen Position. Menschen hatten unterschiedlich viel davon und die Menschen an der Spitze der Gesellschaft wurden als Würdenträger bezeichnet. Sie erkannte man an ihrer Kleidung und an Symbolen der Macht. Beispiele dafür sind heute die Bürgermeisterkette oder das Kardinalsgewand. Würde war zum anderen auch schon in der Antike das, was allen Menschen gleichermaßen zukommt und sie gegenüber Tieren auszeichnet. Als Grund dafür wurden die Vernunft und in der christlichen und jüdischen Tradition die Gottebenbildlichkeit des Menschen angeführt.
Der Philosoph Immanuel Kant leitete Menschenwürde vor allem von der Autonomie [der Entscheidungsfreiheit] des Menschen ab. Der Mensch hat die Wahl – er kann entscheiden, wie er handeln will. In der Mitte des 19. Jahrhunderts wurde der Begriff dann zu einem politischen Schlagwort der Arbeiterbewegung, die menschenwürdige Arbeits- und Lebensbedingungen einforderte. Unter dem Eindruck der nationalsozialistischen Herrschaft in Deutschland wurde die Menschenwürde nach 1945 zum Mittelpunkt des deutschen Wertesystems und hat auch in anderen Verfassungen und Erklärungen einen zentralen Stellenwert bekommen.

↔ Jesus erniedrigt sich: Seite 180

**!** **Moment mal!**
Haben Tiere nach christlicher Auffassung keine Würde?

## Aufgaben

1 Analysiere den Holzschnitt. Beziehe den Gesichtsausdruck und die Körperhaltung des Menschen mit ein.

→ Bilder analysieren: Seite 94

2 Arbeite mithilfe des Holzschnittes, der Bibelverse Gen 1,26–27a und des Textes von Ulrich Körtner heraus, was „Menschenwürde" im theologischen Sinne bedeutet und wie sie begründet wird.

→ eine Bibelstelle finden: Seite 251

3 Benenne anhand des Textes „Ein Begriff mit alten Wurzeln", wie Menschenwürde in verschiedenen Zusammenhängen aufgefasst wird und wurde. Erörtere an Beispielen, ob es überzeugend ist, die Würde des Menschen mit seiner Vernunft und Entscheidungsfreiheit zu begründen.

4 Lege eine Mindmap zum Begriff „Menschenwürde" an, die die verschiedenen Aspekte des Begriffes abbildet. Bereite einen kurzen Vortrag (2–3 Minuten) vor, in dem du darlegst, was du unter Menschenwürde verstehst.

→ Mindmapping: Seite 257

# Welche Rechte stehen jedem Menschen zu?

**Artikel 1**
Alle Menschen sind frei und gleich an Würde und Rechten geboren. Sie sind mit Vernunft und Gewissen begabt und sollen einander im Geist der Brüderlichkeit begegnen.

**Artikel 2**
Jeder hat Anspruch auf die in dieser Erklärung verkündeten Rechte und Freiheiten ohne irgendeinen Unterschied, etwa nach Rasse, Hautfarbe, Geschlecht, Sprache, Religion, politischer oder sonstiger Überzeugung, nationaler oder sozialer Herkunft, Vermögen, Geburt oder sonstigem Stand. [...]

Menschenrechtsverletzungen: Seite 200, 204

**Artikel 3**
Jeder hat das Recht auf Leben, Freiheit und Sicherheit der Person.

**Artikel 23**
1. Jeder hat das Recht auf Arbeit, auf freie Berufswahl, auf gerechte und befriedigende Arbeitsbedingungen sowie auf Schutz vor Arbeitslosigkeit.
2. Jeder, ohne Unterschied, hat das Recht auf gleichen Lohn für gleiche Arbeit.
3. Jeder, der arbeitet, hat das Recht auf gerechte und befriedigende Entlohnung, die ihm und seiner Familie eine der menschlichen Würde entsprechende Existenz sichert, gegebenenfalls ergänzt durch andere soziale Schutzmaßnahmen. [...]

**Artikel 25**
1. Jeder hat das Recht auf einen Lebensstandard, der seine und seiner Familie Gesundheit und Wohl gewährleistet, einschließlich Nahrung, Kleidung, Wohnung, ärztliche Versorgung und notwendige soziale Leistungen gewährleistet sowie das Recht auf Sicherheit im Falle von Arbeitslosigkeit, Krankheit, Invalidität oder Verwitwung, im Alter sowie bei anderweitigem Verlust seiner Unterhaltsmittel durch unverschuldete Umstände.
2. Mütter und Kinder haben Anspruch auf besondere Fürsorge und Unterstützung. Alle Kinder, eheliche wie außereheliche, genießen den gleichen sozialen Schutz.

*Allgemeine Erklärung der Menschenrechte von 1948*

**Ein Logo für die Menschenrechte**
Seit 2011 haben die Menschenrechte ein Logo: Von über 15000 Vorschlägen aus mehr als 190 Ländern wählte eine Jury die zehn besten. Die letzte Entscheidung wurde per Internet-Abstimmung getroffen. Zur Jury gehörten unter anderem Friedensnobelpreisträger Aung San Suu Kyi, Muhammed Yunus und Shirin Ebadi, der chinesische Künstler Ai Weiwei, der kolumbianische Musiker Juanes, aber auch der Wikipedia-Erfinder Jimmy Wales.

So schuf Gott die Menschen
nach seinem Bild,
als Gottes Ebenbild schuf er sie
und schuf sie als Mann und Frau.
*Gen 1,27*

Allgemeine Erklärung der Menschenrechte
*1948*

Genau so, wie ihr behandelt werden wollt, behandelt auch die anderen.
*Mt 7,12*

**Goldene Regel:** Seite 262

Du sollst nicht morden.
Du sollst nicht Ehe brechen.
Du sollst nicht stehlen.
Du sollst nichts Unwahres über deinen Mitmenschen sagen.
Du sollst nicht versuchen, etwas an dich zu bringen, das deinem Mitmenschen gehört, weder seine Frau noch seinen Sklaven oder seine Sklavin, sein Rind oder seinen Esel noch irgendetwas anderes, das ihm gehört.
*Ex 20,13–17*

Es ist das Recht der Untertanen, Bittschriften an den König zu richten; jede Verhaftung und Verfolgung wegen der Entrichtung solcher Bittschriften ist ungesetzlich.
*Bill Of Rights (1689), Artikel 5*

Verabschiedung der Kinderrechtskonvention durch die Vereinten Nationen
*1989*

Kein freier Mensch darf festgenommen oder gefangen gehalten, noch seines Besitzes entledigt oder für gesetzlos erklärt werden, noch darf er verbannt oder auf irgendeine Art ruiniert werden, noch werden wir gegen ihn vorgehen oder gegen ihn ausschicken, es sei denn auf Grund gesetzlichen Urteils von seinesgleichen oder auf Grund des Gesetzes seines Landes.
*Magna Charta 1215*

**Gedanken-, Gewissens-, Religions-, Überzeugungsfreiheit bei Freiheit des Individuums**
Konferenz für Sicherheit und Zusammenarbeit in Europa (KSZE) Schlussakte von Helsinki
*1. August 1975*

Armut bedeutet die Verweigerung jeglicher Menschenrechte. Bittere Armut ruft Frustration, Feindschaft und Zorn hervor. Damit kann in keiner Gesellschaft Frieden aufrecht erhalten werden.
*Muhammad Yunus, 2006*

Erklärung der Rechte des Menschen und des Bürgers
*Frankreich 1793*

Ihr dürft die Fremden, die bei euch leben, nicht ausbeuten oder unterdrücken.
*Ex 22,20*

Rosa Parks weigerte sich am 1. Dezember 1955, ihren Sitzplatz in einem Stadtbus in Montgomery, Alabama, für einen Weißen freizugeben.
*Beginn der US-amerikanischen Bürgerrechtsbewegung*

## Aufgaben

1 Gib wieder, welche Rechte jeder Menschen auf der Welt haben sollte, indem du die entsprechenden Schlüsselbegriffe aus den jeweiligen Artikeln der Menschenrechte herausschreibst.

2 Erläutere anhand von Beispielen, inwiefern diese Rechte immer wieder verletzt werden. Du kannst dazu auf die Beispiele dieses Kapitels zurückgreifen.

3 Erkläre, auf welche Weise das Menschenrechtslogo in der ganzen Welt auf die Menschenrechte aufmerksam machen will. Beziehe ein, wie es ausgewählt wurde, und informiere dich über einzelne Jury-Mitglieder.

4 Teilt euch in Gruppen auf und erarbeitet die Hintergründe zu den einzelnen Texten, Zitaten oder Ereignissen auf dieser Seite.

5 Ordne die einzelnen „Stationen“ der Entwicklung von Menschenrechten auf einem Zeitstrahl an.

# Wer ist verantwortlich für Ungerechtigkeit?

**Auf der dunklen Seite der digitalen Welt**

Die Rohstoffe, die in Handys und Computern stecken, werden nicht selten durch Sklavenarbeit im Osten Kongos gewonnen. Dort sterben monatlich tausende Menschen. Politik und Wirtschaft kapitulieren vor dem Skandal. Neben Blei, Kadmium und ähnlich toxischen Stoffen enthalten unsere alltäglichen Begleiter wie Mobiltelefone, Kameras und Laptops auch Metalle, die an sich unbedenklich sind: Gold, Zinn, Wolfram und Tantal. Und doch sind gerade diese die ethisch bedenklichsten, ja blutigsten, nämlich sofern sie aus dem Kongo stammen. Bewaffnete Gruppen zwingen die Bevölkerung unter grauenhaften Bedingungen zum Abbau der Bodenschätze, welche dann zu Schleuderpreisen auf den Weltmarkt gelangen. Für die Warlords* ist dies dennoch einträglich, weil der Abbau sie so gut wie nichts kostet. Die Gewinne werden in Waffen investiert.

Coltanmine im Kongo

**Coltan – der Stoff, aus dem das in Handys und Computern verarbeitete Tantal gewonnen wird**

„Jesus-Handy": Seite 22

Allein in den Jahren 1998 bis 2008 sind in der Demokratischen Republik Kongo 5,4 Millionen Menschen durch Gewalt oder Kriegsfolgen ums Leben gekommen. Dieser Krieg hat viele Ursachen, der Kampf um Rohstoffe ist eine der wichtigsten. Doch Aktionen gegen „Bluthandys" zeigten wenig Wirkung. Die Industrie ließ allenfalls durchblicken, man habe die Zulieferer angewiesen, konfliktfreie Materialien zu verwenden. Knapp die Hälfte des weltweit verbrauchten Tantals stammt aber weiterhin aus dem Osten Kongos.
Dass erst jüngst die Nachricht von der Existenz „blutiger Materialien" in unseren Handys und Laptops zu den Konsumenten durchdringt, liegt nicht zuletzt an dem Gesetzesvorstoß der amerikanischen Regierung. In den Vereinigten Staaten tätige Firmen müssen nun jährlich erklären, woher sie ihre mineralischen Rohstoffe beziehen. Stammen diese aus dem Kongo oder einem Nachbarland, muss nachgewiesen werden, dass keine bewaffneten Gruppen unterstützt wurden.
Während manche Menschenrechtler dies als großen Durchbruch feiern und Medien voll des Lobes waren, macht sich allmählich Ernüchterung breit. Schließlich sind vorerst keine Strafen bei Verstößen vorgesehen. Das Vertrauen auf die unsichtbare Hand des Marktes und die „Verantwortung des Endverbrauchers" ist mehr als fragwürdig. Die wahre ethische Verantwortung des Konsumenten liegt wohl darin, eine durchgreifende politische Lösung zu fordern. Den Worten müssen schnell effektive Taten folgen, die → Schuld wächst Tag für Tag. Vielleicht sollte man sich wünschen, dass unsere sauberen Geräte all das Blut wieder ausschwitzen, das für sie vergossen wurde.

*militärische Machthaber in bürgerkriegsähnlichen Konflikten

*Frankfurter Allgemeine Zeitung vom 23.08.2010*

Coltan

**Schüler nehmen Politiker in die Zange**

An nichts gewöhnt man sich so leicht wie an skandalöse Zustände, wenn sie den eigenen Profit steigern. Um so hoffnungsvoller stimmt es, wenn sich die Generation Smartphone selbst des Themas annimmt, und das könnte sie nicht vorbildlicher tun als nun am Göttinger Theodor-Heuss-Gymnasium. Ein Jahr lang hat ein Kurs sich mit der Verflechtung von Bürgerkrieg und Rohstoffabbau im Kongo befasst. Am Ende stand eine Podiumsdiskussion vor vollbesetzter Aula, die mit allem Elan der Jugend jene Empörung formulierte, die nötig ist, um das vermeintlich Unveränderliche nicht länger hinzunehmen. Etwas ungestüm waren die Fragen, mehr Verhör denn Diskussion, was den Gästen, darunter Profis der Abschweifung, Respekt einflößte. Untätigkeit wollten die Politiker sich nicht vorwerfen lassen. Einmütig verwiesen sie auf den eingereichten Entschließungsantrag, in dem die Bundesregierung aufgefordert wird, die Regierung Kongos in die Pflicht zu nehmen. Das interpretierten die Schüler als Abschieben der Verantwortung. Der Prozess werde Jahre dauern. Damit war man an dem Punkt, an dem die Positionen divergierten: Die Schüler wollen nicht verstehen, warum nicht entschlossen gehandelt werde, wenn solcher Handlungsbedarf bestehe.

*Oliver Jungen, Frankfurter Allgemeine Zeitung vom 19.11.2011*

Brauchen wir Vorbilder? Seite 122

## Info – Ethik

Die Ethik versucht die Frage zu beantworten, nach welchen Leitlinien sich Menschen in ihrem Handeln richten sollen. Zum einen geht es darum zu überprüfen, ob Normen und Werte noch überzeugend sind. Da sich die Welt ständig verändert, müssen sie immer wieder neu hinterfragt werden. Zum anderen fragt die Ethik nach einem obersten Prinzip, das für jeden gilt und aus dem sich Handlungsgrundsätze ableiten lassen.
Anders als die philosophische Ethik setzt die theologische Ethik den → Glauben an Gott voraus.

**Moment mal!**
Bringt es etwas, wenn einzelne Menschen oder Gruppen ihr Verhalten ändern, damit es in der Welt gerechter zugeht?

## Aufgaben

1 Erschließe mithilfe der Fünf-Schritt-Lesemethode den Artikel auf der linken Seite. Recherchiere weitere Informationen über den Coltan-Abbau und Handel in Kongo.

2 Erkläre, welche Menschenrechte den Arbeitern in den Coltan-Minen verwehrt bleiben. Begründe mithilfe des Info-Textes, warum es sich um ein „ethisches Problem“ handelt.

3 Stelle in einem Schaubild dar, wer laut des Artikels für die Probleme verantwortlich ist.

4 Beschreibe, wie der Redakteur Oliver Jungen die Aktion der Schülerinnen und Schüler bewertet. Nimm selbst Stellung dazu, inwieweit die Podiumsdiskussion zur Lösung des Konflikts einen Beitrag leistet.

5 Recherchiere, auf welche Weise sich die Nichtregierungsorganisation „Human Rights Watch“ für verfolgte Menschen in Kongo einsetzt, gegen Menschrechtsverletzungen in der Welt vorgeht und ihre Arbeit begründet.

Fünf-Schritt-Lesemethode: Seite 218

eine Internetrecherche durchführen: Seite 252

# Wie antworten Christen auf globale Fragen?

## Aufgaben

→ Karikaturen interpretieren: Seite 256

1 Erläutere, worin die Pointe des Comics besteht.

2 Nimm Stellung zu der Kritik, die darin indirekt ausgesprochen wird. Entwirf ein alternatives (nicht unbedingt witziges) Abschlussbild.

## Wissen

- Ein bekannter Abschnitt der → Bergpredigt, zu dem auch die Verse im Comic gehören, wird gemeinhin als „Antithesen" bezeichnet. Erkläre den Begriff und begründe, warum es problematisch ist, ihn für die Botschaft Jesu zu verwenden.
- Die → Menschenwürde wird in der Regel schon Neugeborenen zugesprochen. Nenne die biblisch-theologische Begründung dafür und vergleiche sie mit einer philosophischen Begründung der Menschenwürde, zum Beispiel der von Immanuel Kant.
- „Erst Zuspruch, dann Anspruch": Für evangelische Christinnen und Christen ist das Bemühen, Gottes → Gebote zu erfüllen (Anspruch), immer eine *Folge* aus der bedingungslosen Liebe Gottes (Zuspruch) – nicht umgekehrt. Erläutere, warum der Beginn der → Bergpredigt diese Sichtweise unterstützt.
- Formuliere ausgehend von der Einstiegsseite dieses Kapitels, was „Ethik" ist.
- Zeichne, möglichst groß, den Umriss eines Menschen auf. Schreibe um den Umriss herum und in ihn hinein, was dem Menschen seine Würde verleiht.

**Zuspruch und Anspruch:** Seite 40

## Können

- Stelle dir vor, jemand fragt dich, ob du ein W.W.J.D.-Armband (Seite 212) tragen möchtest. Gestalte mit einem Mitschüler oder einer Mitschülerin eine Szene, in der zum Ausdruck kommt, warum du das Band ablehnst oder befürwortest.
- „Wie antworten Christen auf globale Fragen?": Erörtere am Beispiel eines selbst gewählten globalen Problems, ob es einen „typisch christlichen" Umgang mit diesen Herausforderungen gibt.

## Anwenden

- Recherchiere, wo auf der Welt gegen Menschenrechte verstoßen wird. Präsentiere deine Ergebnisse entweder auf einem „Protestplakat" oder als reine Sachinformation in einer Power-Point-Präsentation.
- Überprüft, wie bei euch zu Hause oder in der Schulmensa mit Lebensmitteln umgegangen wird. Schaut euch den Film „Taste the Waste" an und beurteilt die dort aufgezeigten Möglichkeiten, die Verschwendung von Lebensmitteln einzudämmen.
- Frieden, → Gerechtigkeit, Bewahrung der Schöpfung: Wähle einen dieser Bereiche aus. Erstelle dazu eine Grafik wie auf Seite 213 für die Deckseite einer Postkarte, die zu (christlich motiviertem) Engagement aufrufen möchte.

**eine digitale Präsentation erstellen:** Seite 42

# 12 Wie viel Zweifel gehört zum Glauben?

Michelangelo, Die Erschaffung von Sonne, Mond und Vegetation (Ausschnitt, 1511)

## Wenn du dieses Kapitel bearbeitet hast, kannst du ...

- benennen, in welchen Situationen Menschen nach Gott fragen.
- erläutern, mit welchen Argumenten Menschen an Gott zweifeln und seine Existenz infrage stellen.
- am Beispiel von Naturwissenschaft und Glaube darstellen, dass es unterschiedliche Zugänge zur Wirklichkeit gibt.
- an Beispielen verdeutlichen, wie Menschen auch im Leid durch den Glauben an Gott tragfähige Hilfe erfahren.
- erklären, was „Theodizee" heißt.
- begründen, warum das Zweifeln zum Glauben dazugehört.
- die christliche Gottesvorstellung mit buddhistischen Vorstellungen vergleichen.

## Was kannst du schon?

- erklären, warum der Mensch frei und trotzdem verantwortlich für andere ist
- wiedergeben, was es bedeutet, von Gott „gerechtfertigt" zu sein
- darstellen, inwiefern sich der christliche Gott von anderen Mächten unterscheidet

## Diese Methoden wendest du an:

- einen Meditationstext schreiben
- ein Text-Theater inszenieren

# Was lässt Menschen am Glauben zweifeln?

Dienstagnachmittag, 15 Uhr. Treffen der Schülervertretung im SV-Raum, es geht um die letzte Fachkonferenz Biologie.

„Ich hätte nicht gedacht", sagt Niklas, „dass es da so hoch her geht bei den Biologen." „Ich auch nicht", reagiert Svenja, „aber die Debatte fand ich gut. Jetzt müssen wir mal die verschiedenen Bücher anschauen, immerhin müssen wir mit abstimmen, welches Buch für unsere Schule angeschafft werden soll. Ich bin gespannt." Tom versucht sich zu erinnern: „Was hat die Peters noch gesagt? In einem modernen Biologieunterricht müssen auch die Grenzen der naturwissenschaftlichen Erkenntnis ..." Svenja ergänzt: „... und Fragen nach dem Sinn von Welt und Mensch eine Rolle spielen. Deshalb plädiert sie für ein Bio-Buch, in dem nicht nur Darwins Abstammungslehre, sondern auch die Schöpfungsmythen der Bibel thematisiert werden."
„Da ist der Beyer aber richtig laut geworden", sagt Niklas, „er meinte doch so was wie: Eine religiöse Geschichte könne man nicht auf eine Stufe mit einer wissenschaftlichen Lehre stellen. Für ihn sei es unmöglich, die Evolution in Frage zu stellen." Svenja fährt fort: „Darum geht's doch gar nicht!, hat da die Peters gekontert. Habt ihr verstanden, worum es denn dann geht?" „Na ja", entgegnet Niklas nach einigem Zögern, „offenbar hat sie Angst, dass die Naturwissenschaften den Glauben aushebeln." „Ich kapier' diese Aufregung nicht", sagt Tom, „es gibt doch so viele Naturwissenschaftler, die an Gott glauben. Warum soll das nicht zusammenpassen?" Und dann, nach einer Pause, fügt er leise hinzu: „Ich frag mich eher, was Gott gerade gemacht hat, als unser Hund überfahren wurde." Da wird es für eine Weile still.

## Aufgabe

Entwirf eine erste Vorlage für die Fachkonferenzvertreterinnen und -vertreter in Biologie, nach welchen Kriterien sie ein Bio-Buch ablehnen oder befürworten sollen. Beschränke dich dabei auf den Aspekt der Inhalte im Kapitel „Evolution". Nimm dabei auch Stellung zu den Fragen von Tom.

## Dazu ist es wichtig, ...

- zu wissen, wie die Schöpfungserzählungen in der Bibel zu interpretieren sind.
- sich mit den Erkenntnissen theologisch-wissenschaftlicher Forschung und naturwissenschaftlicher Forschung auseinanderzusetzen.
- zu verstehen, weshalb manche Menschen die Erkenntnisse der Naturwissenschaft für Glaubenszweifel verantwortlich machen.
- zu prüfen, was Leid und Tod mit Glaubenszweifeln zu tun haben.
- die jüdisch-christliche Tradition und ihren Umgang mit Leid mit anderen Weltreligionen zu vergleichen.

„Ich habe gesucht und gesucht, aber ich habe Gott nicht gefunden!“
*Jurij Gagarin zugeschrieben, sowjetischer Kosmonaut, der 1961 als erster Mensch im Weltall war*

„Mein Blick auf unseren Planeten offenbarte mir einen Schimmer des Göttlichen.“
*Edgar Mitchell, amerikanischer Astronaut und sechster Mensch auf dem Mond (Apollo 14)*

In erstaunlicher und für viele überraschender Weise zieht das Thema „Schöpfung und Evolution“ die öffentliche Aufmerksamkeit wieder auf sich, besonders im Blick auf die Schule und den Biologie- sowie den Religionsunterricht. Seit fast einhundert Jahren schien dieses Thema zumindest in Deutschland geklärt und erledigt, nämlich so, dass das bleibende Recht unterschiedlicher, in mancher Hinsicht sogar gegensätzlicher biologischer und theologischer Sichtweisen auf die Entwicklung der Lebewesen und vor allem des Menschen selbst anerkannt wurde. [...] Die am besten bewährte physikalische Theorie wird schließlich niemals die staunende Erfahrung angesichts der Schöpfung des Universums ersetzen können oder ersetzen wollen; [...] eine noch so exakte psychologische Forschung über menschliche Sozialbeziehungen kann niemals an die Stelle einer Liebeserklärung zwischen zwei Menschen treten. [...]
Der → Glaube an den → Schöpfer nimmt den Kosmos und die Biosphäre anders wahr als die experimentell gestützten Wissenschaften. Er bewegt sich in Dimensionen, die auf einer anderen Ebene liegen als die Gegenstände der modernen Naturwissenschaften. Diesen bleiben die Dimensionen des Wirklichen, die im Glauben an den Schöpfer benannt und erkannt werden, verschlossen. [...] So orientieren sich Physik und Biologie so exakt wie nur möglich an der Welt des Messbaren und Kalkulierbaren. [...] Mit Gott kann man freilich so nicht umgehen. [...]
Dieses Modell der Unterscheidung hat sich vielfach bewährt. Aber gerade deshalb müssen auch seine Schwachstellen beachtet werden. [...] Physik, Biologie, Philosophie oder Theologie werden dann nebeneinander praktiziert und haben sich nichts mehr zu sagen. Die sie verbindende Frage nach Wahrheit löst sich [...] auf. Es wird undeutlich, dass sich in der Frage nach einer angemessenen Deutung der Wirklichkeit die Erkenntnisperspektiven der verschiedenen Wissenschaften und Wissensgebiete treffen und überschneiden. [...]
Da beide, Schöpfungsglaube und Evolutionstheorie, in freilich unterschiedlicher Art und Weise, unsere Kultur und Geschichte geprägt haben und prägen, ist es auch wünschenswert, dass sich die Schule damit - kritisch - befasst. [...]
Auch darf der Biologieunterricht nicht beanspruchen, weltanschaulich-religiöse Bildung zu vermitteln und so unter der Hand zum Religionsunterricht - auch nicht in einem antireligiösen Sinn - zu werden.
*Evangelische Kirche in Deutschland (EKD), 2008*

↔ **Religionsunterricht:** Seite 207

## Aufgaben

1 Vergleiche die Äußerungen der beiden Raumfahrer.

2 Stelle dar, mit welchen Argumenten sich die Evangelische Kirche in Deutschland dafür ausspricht, Schöpfungsglaube und naturwissenschaftliche Weltentstehungstheorien in der Schule zu behandeln.

# Passen Glaube und Naturwissenschaft zusammen?

*Werner Heisenberg (1901–1976) war einer der bedeutendsten Physiker des 20. Jahrhunderts und erhielt 1932 den Nobelpreis. Neben Erfolgen in seinem Fach hat er entscheidend dazu beigetragen, Möglichkeiten und Grenzen der Physik und der Naturwissenschaften generell zu bestimmen.*

Der Atomphysiker hat sich damit abfinden müssen, dass seine Wissenschaft nur ein Glied ist in der endlosen Kette der Auseinandersetzungen des Menschen mit der Natur, dass sie aber nicht von der Natur „an sich" sprechen kann. Die Naturwissenschaft setzt den Menschen immer schon voraus und deshalb müssen wir uns, wie [Niels] Bohr es ausgedrückt hat, dessen bewusst werden, dass wir nicht nur Zuschauer, sondern stets auch Mitspielende im Schauspiel des Lebens sind.

Wenn von einem Naturbild der exakten Naturwissenschaft in unserer Zeit gesprochen werden kann, so handelt es sich also eigentlich nicht um ein Bild der Natur, sondern um ein Bild unserer Beziehungen zur Natur. Die alte Einteilung der Welt in einen objektiven Ablauf in Raum und Zeit auf der einen Seite und die Seele, in der sich dieser Ablauf spiegelt, auf der anderen, eignet sich nicht mehr als Ausgangspunkt zum Verständnis der modernen Naturwissenschaft. Im Blickfeld dieser Wissenschaft steht vielmehr vor allem das Netz der Beziehungen zwischen Mensch und Natur, der Zusammenhänge, durch die wir als körperliche Lebewesen abhängige Teile der Natur sind und sie gleichzeitig als Menschen zum Gegenstand unseres Denkens und Handelns machen. Die wissenschaftliche Methode des Aussonderns, Erklärens und Ordnens wird sich der Grenzen bewusst, die ihr dadurch gesetzt sind, dass der Zugriff der Methode ihren Gegenstand verändert und umgestaltet, dass sich die Methode also nicht mehr vom Gegenstand distanzieren kann. Das naturwissenschaftliche → Weltbild hört damit auf, ein eigentlich naturwissenschaftliches Weltbild zu sein.

*Werner Heisenberg, Physiker*

## Info – Modelle zur Verhältnisbestimmung von Naturwissenschaft und Glaube

**Konfliktmodell:** Glaube und Naturwissenschaft sind Gegner. Dem jeweils anderen wird keine oder nur eine sehr begrenzte Bedeutung eingeräumt. Bis sich die Wahrheit des einen Zugangs gegen den anderen durchsetzen wird, ist allein eine Frage der Zeit.

**Unabhängigkeitsmodell:** Naturwissenschaft und Glaube sind zwei völlig unterschiedliche, eigenständige Bereiche.

**Dialogmodell:** Naturwissenschaft und Glaube sind Partner. Sie machen einander ergänzende Aussagen über die Wirklichkeit. In bestimmten Bereichen berühren sie sich und können voneinander lernen.

**!** **Moment mal!**
Was haben wissenschaftliche Modelle mit Glauben und Zweifel zu tun?

## Aufgaben

1 Grafisiere das „alte", von Werner Heisenberg problematisierte „naturwissenschaftliche Weltbild" und stelle Heisenbergs Beschreibung vom Verhältnis zwischen Mensch und Natur gegenüber.

→ Grafisieren: Seite 256

2 Interpretiere die Karikatur von Gerhard Mester.

→ Karikaturen interpretieren: Seite 256

3 Heisenberg starb 1976. Wenn er die Karikatur von Mester gekannt hätte, was hätte er dazu gesagt? Schreibe einen fiktiven Brief Heisenbergs an Mester.

4 Schreibe für jedes Modell zur Verhältnisbestimmung von Naturwissenschaft und Glaube auf, warum es angemessen oder aber problematisch ist.

5 Begründe, welchem Modell zum Verhältnis von Naturwissenschaft und Glaube Heisenberg vermutlich zustimmen, welche Modelle er vermutlich ablehnen würde und welche Position die EKD (Seite 233) dazu einnimmt.

# Wie kann Gott Leid zulassen?

*Jan-Michael war ein Jahr, sieben Monate und 17 Tage alt, als er starb. Als er etwa neun Monate alt war, zeigte sich seine Krankheit. Drei Monate lang wurde sie diagnostiziert, bis das schlechteste aller möglichen Ergebnisse herauskam: Leukämie, Blutkrebs. Dann kam die Behandlungszeit, die sein Leben um neun Monate verlängerte. Er starb viel später, als die Ärzte vermuteten. Jan-Michaels Vater schrieb später:*

Wir mussten und durften lernen, dass wir unserem Kind ein Leben vor dem Tod geben müssen mit allem, was zum Leben gehört: essen und trinken, Liebe und Zuneigung, erheitern und trösten, → Gebet und Segen. Wir freuten uns über alles, worüber sich Eltern bei jedem Kind freuen. Nur eins war anders in unserem Bewusstsein: Jedes Essen war eine Lebensstärkung vor dem Tod. Jedes neu gelernte Wort war ein Wort vor dem Tod. Jedes Spiel, das er immer besser beherrschen lernte, war ein Spiel vor dem Tod. Wir haben dank unseres Kindes die einfachste und tiefste Antwort für uns persönlich auf den Sinn im Leben entdeckt. Der Sinn im Leben liegt darin zu leben. Und zwar heute. Darum gibt es nicht erst ein ewiges Leben nach dem Tod. Es gibt es: das von Gott geschenkte, erfüllte, sinnvolle Leben vor dem Tod. Und seien es nur Stunden, Tage, Wochen oder Monate.
Zu Beginn der Krankheitszeit lernten wir sehr schnell, was auch für die spätere Zeit sehr wichtig wurde. Nämlich, dass jegliche Erwartungshaltung eine Vergrößerung des seelischen Schmerzes mit sich bringt. Weder von mir selbst noch von meiner Frau oder von anderen darf ich irgendetwas erwarten. Ich werde sonst fast nur enttäuscht. „Vor den Kindern darfst du nicht heulen", dachte ich zuerst, aber ich konnte nicht anders, und meine Erklärungen und ihr Trösten war viel ehrlicher als meine selbst gemachte Erwartung. Ehrlich sein vor sich, Gott und Menschen ist vielleicht die einzige Erwartung, die ich mir selbst und an andere stellen darf. Zu dieser Ehrlichkeit gehört überraschenderweise auch, dass ich nicht immer meinen Schmerz zeige, dass ich mich nicht jedem auf die gleiche Weise öffne. Nur vor Gott kann und darf ich schonungslos ehrlich sein, selbst wenn mir das oft schwer fällt, weil ich viel lieber vor Gott stark und glaubensgewiss erscheinen möchte. Ich darf ehrlich sein, weil er mich ohnehin kennt, besser als ich mich selbst. Mit frommen Sprüchen kann ich mich auch nicht von Gott trösten lassen. Er lässt mit sich ringen. Er lässt sich sogar bezweifeln und anklagen. Dennoch lässt er einen nie fallen, auch wenn man sich manchmal von ihm verlassen fühlt. Nie kommt Gott einem näher, als wenn er einem zunächst so fern erscheint.

*Karsten Keding, Pastor*

Zweifel: Seite 268

**Mark Rothko, Untitled (1969)**
**Acryl auf Leinwand, 233,7 x 200,3 cm**

## Methoden-Karte: einen Meditationstext schreiben

Ein Meditationstext dient dazu, dass Menschen, die ihn hören, „Seh-Hilfen" in Bezug auf ein Bild oder „Hör-Hilfen" in Bezug auf einen (Bibel-)Text erhalten. Sie sollen nicht belehrt, sondern angeregt werden. Ihre Aufmerksamkeit soll konzentriert und ihre Wahrnehmung verlangsamt werden.

**So kannst du vorgehen:**

1. Nimm dir selbst Zeit, um den Text in Ruhe zu lesen oder das Bild in Ruhe zu betrachten.
2. Schreibe Stichworte zu deinen eigenen Gedanken auf: Woran wirst du erinnert? Was siehst/hörst du? Welche Gefühle löst der Text/das Bild in dir aus? Welche Gedanken in Bezug auf Gott kommen dir in den Sinn?
3. Verfasse einen Text von ca. 3000 Zeichen, also etwa eine DIN-A4-Seite (für eine Kurzmeditation). Schreibe kurze Sätze (möglichst nicht mehr als etwa sieben Wörter pro Satz). Verwende eher Verben als Substantive und nutze Adjektive.
4. Führe bei einer Bildmeditation am Anfang des Textes mit Worten durch das Bild. Achte darauf, dass am Satzende, vor allem am Ende des gesamten Textes keine Verneinung und kein „Aber …" steht, sondern etwas Positives.
5. Lies deinen Text einem Probepublikum in ruhiger Atmosphäre vor. Verbessere anschließend Stellen, bei denen deine Zuhörenden mit ihren Gedanken abgeschweift sind.

## Info – Theodizee

Theodizee heißt „→ Rechtfertigung Gottes". Gemeint sind Antwortversuche auf die Frage, wie das Leiden in der Welt zu erklären sei, wenn Gott allmächtig und allgütig ist. Das heißt, es geht um die Frage, warum Gott das Leiden zulässt, wenn er doch die Macht und den Willen besitzen müsste, das Leiden zu verhindern.

**Wahrnehmung von Leid:** Seite 214–215

## Aufgaben

1. Lies zunächst nur in der kursiv gedruckten Einleitung des Textes, was mit Jan-Michael geschehen ist. Schreibe anschließend eine Bildmeditation zu dem Kunstwerk von Mark Rothko, die die Trauer der Familie von Jan-Michael aufnimmt.
2. Karsten Keding hält trotz der Trauer um seinen Sohn an Gott fest. Stelle dar, wie er das plötzliche Leid deutet und verarbeitet.
3. Suche in Zeitungen und anderen Medien Berichte über Krankheiten, Unfälle und Katastrophen, in denen auf Gott Bezug genommen wird. Stellt euch in Gruppen die Berichte vor und analysiert, inwiefern dabei das Theodizee-Problem thematisiert wird.
4. Verfasse mögliche Twitter-Meldungen (maximal 140 Zeichen) als Reaktionen auf die verschiedenen Berichte.

# Die Theodizee-Frage in der Bibel

**Thomas Lehnerer, Hiob,**
**Kugelschreiber und Aquarell auf Papier (1992)**

***Am Ende des Hiobbuches antwortet Gott Hiob aus einem Wettersturm auf seine Klage:***
[1]Dann ergriff der Herr selbst das Wort und antwortete Ijob aus dem Sturm heraus. Er
sagte zu ihm: [2]„Wer bist du, dass du meinen Plan anzweifelst, von Dingen redest, die du nicht
verstehst? [3]Nun gut! Steh auf und zeige dich als Mann! Ich will dich fragen, gib du mir Be-
scheid! [4]Wo warst du denn, als ich die Erde machte? Wenn du es weißt, dann sage es mir doch!
[5]Wer hat bestimmt, wie groß sie werden sollte? Wer hat das mit der Messschnur festgelegt?
Du weißt doch alles! Oder etwa nicht? [6]Auf welchem Sockel stehen ihre Pfeiler? Wer hat den
Grundstein ihres Baus gelegt? [7]Ja, damals sangen alle Morgensterne, die Gottessöhne jubelten
vor Freude! [8]Wer hat das Meer mit Toren abgesperrt, als es hervorbrach aus dem Schoß der
Erde? [9]Ich war's, ich hüllte es in dichte Wolken, als Windel gab ich ihm den dunklen Nebel.
[10]Ich gab ihm seine vorbestimmte Grenze, schloss es mit Tor und Riegel sicher ein. [11]Ich sagte
ihm: ‚Bis hierher und nicht weiter! Hier hört der Hochmut deiner Wellen auf!'"
(Ijob 38,1–11)

**Deutungen der Antwort Gottes auf Hiobs Klage**

Aber wie ist das mit Hiob selber? Er klagt nicht nur, er klagt Gott an. Und er empfängt von Gott eine Antwort. Aber was Gott ihm sagt, beantwortet die Anklage gar nicht, es berührt sie gar nicht; die wahre Antwort, die Hiob empfängt, ist die Erscheinung Gottes allein, dies allein, dass die Ferne zur Nähe sich wandelt, dass sein Auge ihn sieht, dass er ihn wieder erkennt. Nichts ist erklärt, nichts ausgeglichen, das Unrecht ist nicht Recht geworden und die Grausamkeit nicht Milde. Nichts ist geschehen, als dass der Mensch wieder Gottes Anrede vernimmt.

*Martin Buber, jüdischer Religionsphilosoph*

An der Großartigkeit seines göttlichen Schöpfungswerkes demonstriert er Hiob, wie klein und nichtig dieser ist, dass es deshalb keinen irgendwie gearteten Vergleich zwischen Gott und dem Menschen und damit auch keinerlei gemeinsame Basis für ein Rechtsverfahren, wenigstens nicht für ein gegenseitiges Rede- und Antwortstehen gibt.
*Heinz Zahrnt, Theologe*

Wir wissen, es gibt kein gelobtes Land noch versprochene Sterne,
Wir wissen es, Herr, wir wissen es, und wir arbeiten weiter, mit dir.
Wir wissen, dass wir tausendmal den Wagen neu anspannen werden
und wieder tausendmal unsere alte Bretterbude auf der Erde neu aufbauen werden.
Wir wissen, dass wir damit weder Kostgeld noch Lohn verdienen werden.
Wir wissen es, Herr, wir wissen es, und wir arbeiten weiter, mit dir.
*Léon Felipe, spanischer Schriftsteller*

## Methoden-Karte: **ein Text-Theater inszenieren**

Beim Text-Theater wird der Vortrag eines vorgegebenen Textes von einer Gruppe inszeniert. Dabei wird der Text dargestellt, indem die Sätze, Satzteile oder Wörter monoton oder gehetzt, im Sing-Sang, im Befehlston oder in Frageform, ironisch oder sarkastisch, arrogant oder naiv mehrfach wiederholend, als Rap ein- oder mehrstimmig gesprochen, gerufen oder geflüstert vorgetragen und dadurch interpretiert werden. Am Wortlaut des Textes darf nichts verändert, Satzteile und Wörter dürfen aber weggelassen oder umgestellt werden (Tipp: Weniger ist mehr!). Geeignet sind kürzere Texte.

**So könnt ihr vorgehen:**
1. Bildet Gruppen zu mindestens fünf Personen.
2. Lest den vorgegebenen Text mehrmals und besprecht, wie ihr ihn versteht oder interpretiert.
3. Einigt euch auf eine Inszenierung. Entscheidet dazu, wie der Text aufgeteilt wird und wer welche Rolle übernimmt.
4. Stellt sicher, dass jeder seinen Einsatz findet. Bestimmt zum Beispiel jemanden, auf den beim chorischen Sprechen alle achten.

## Aufgaben

1 Beschreibe und interpretiere das Bild von Thomas Lehnerer. Überprüfe deine Deutung des Bildes anhand von Ijob 2–3.

→ Bilder analysieren: Seite 94

2 Entwickelt in Gruppen ein Text-Theater zu Ijob 8,1–5 und führt es auf. Beschreibt dann kurz, was unter „Tun-Ergehen-Zusammenhang" zu verstehen ist.

→ eine Bibelstelle finden: Seite 251

3 Verfasse einen inneren Monolog Hiobs, nachdem er die Antwort Gottes erhalten hat. Vergleiche mit der Reaktion Hiobs, wie sie in Ijob 42,1–6 erzählt wird.

→ einen inneren Monolog verfassen: Seite 75

4 Nimm begründet Stellung zu den Deutungen der Antwort Gottes auf Hiobs Klage. Finde einen eigenen Standpunkt, den du im Plenum erläutern und vertreten kannst.

# Ist Gott ein ferner Weltenlenker?

» [6]Gott fährt auf unter Jauchzen, der Herr beim Hall der Posaune.
[7]Lobsinget, lobsinget Gott, lobsinget, lobsinget unserm Könige!
[8]Denn Gott ist König über die ganze Erde; lobsinget ihm mit → Psalmen!
[9]Gott ist König über die Völker, Gott sitzt auf seinem heiligen Thron.
[10]Die Fürsten der Völker sind versammelt als Volk des Gottes Abrahams;
denn Gott gehören die Starken auf Erden; er ist hoch erhaben. «
(Ps 47,6–10)

» [1]Herr, du erforschest mich und kennest mich. [2]Ich sitze oder stehe auf, so weißt du es;
du verstehst meine Gedanken von ferne. [3]Ich gehe oder liege, so bist du um mich und siehst
alle meine Wege. [4]Denn siehe, es ist kein Wort auf meiner Zunge, das du, Herr, nicht schon
wüsstest. [5]Von allen Seiten umgibst du mich und hältst deine Hand über mir. [6]Diese Erkennt-
nis ist mir zu wunderbar und zu hoch, ich kann sie nicht begreifen. [7]Wohin soll ich gehen
vor deinem Geist, und wohin soll ich fliehen vor deinem Angesicht? [8]Führe ich gen Himmel,
so bist du da; bettete ich mich bei den Toten, siehe, so bist du auch da. [9]Nähme ich Flügel der
Morgenröte und bliebe am äußersten Meer, [10]so würde auch dort deine Hand mich führen und
deine Rechte mich halten. [11]Spräche ich: Finsternis möge mich decken und Nacht statt Licht
um mich sein –, [12]so wäre auch Finsternis nicht finster bei dir, und die Nacht leuchtete wie der
Tag. Finsternis ist wie das Licht. «
(Ps 139,1–12)

**!**

**Moment mal!**
Wie kann Gott bei uns auf der Erde und gleichzeitig Vater im Himmel sein?

Gott wird Mensch: Seite 180

» [1]Von Anfang an gab es den, der das Wort* ist. Er, das Wort gehörte zu Gott.
Und er, das Wort, war Gott in allem gleich. [2]Dieses Wort gehörte von Anfang an zu Gott.
[3]Durch dieses Wort wurde alles geschaffen. Und nichts, das geschaffen ist, ist ohne dieses Wort
entstanden. [4]Er, das Wort, war zugleich das Leben in Person. Und dieses Leben bedeutete das
Licht für die Menschen. […] [14]Er, das Wort, wurde ein Mensch. Er lebte bei uns, und wir sahen
seine Herrlichkeit. Es war die Herrlichkeit, die ihm der Vater gegeben hat – ihm, seinem einzi-
gen Sohn. Er war ganz erfüllt von Gottes → Gnade und Wahrheit. «
(Joh 1,1–4.14)

*Gemeint ist das Wort, durch das Gott die Welt erschaffen hat. Der griechische Begriff für „Wort" ist im Unterschied zum Deutschen nicht sächlich, sondern männlich: der Logos. Damit ist die Vorstellung von einer Person verbunden, die schon vor aller Schöpfung bei Gott ist. In Jesus ist dieses Wort (dieser Logos) als Mensch zur Welt gekommen.

**Großer Gott, wir loben dich**

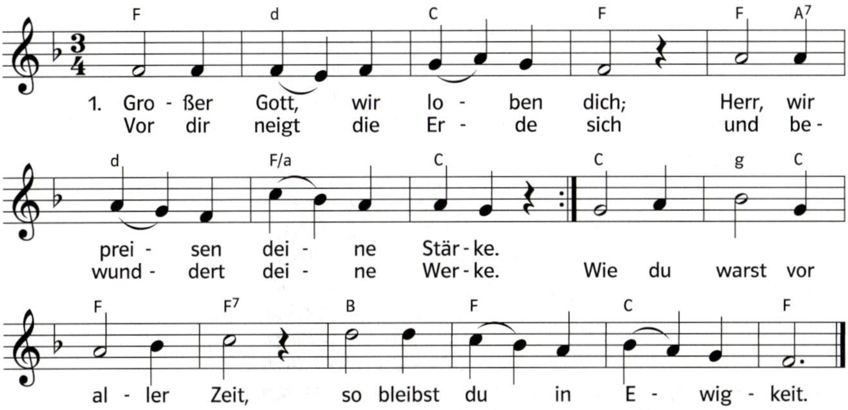


*Text: Ignaz Franz 1768 nach dem „Te Deum laudamus“ 4. Jh./Melodie: Lüneburg 1668, Wien um 1776, Leipzig 1819*

5. Dich, Gott Vater auf dem Thron,
loben Große, loben Kleine.
Deinem eingebornen Sohn
singt die heilige Gemeinde,
und sie ehrt den Heilgen Geist,
der uns seinen Trost erweist.

6. Du, des Vaters ewger Sohn, hast
die Menschheit angenommen,
bist vom hohen Himmelsthron
zu uns auf die Welt gekommen,
hast uns Gottes Gnad gebracht,
von der Sünd uns frei gemacht.

**Bewahre uns Gott, behüte uns Gott**

*La paz del Señor, Melodie: Anders Ruuth © Carus-Verlag, Stuttgart;*
*Bewahre uns Gott, Text: Eugen Eckert (1985) © Strube Verlag GmbH, München*

2. Bewahre uns, Gott, behüte uns,
Gott, sei mit uns in allem Leiden.
Voll Wärme und Licht
im Angesicht,
sei nahe in schweren Zeiten.

3. Bewahre uns, Gott, behüte
uns, Gott, sei mit uns vor allem
Bösen.
Sei Hilfe, sei Kraft,
die Frieden schafft,
sei in uns, uns zu erlösen.

4. Bewahre uns, Gott, behüte uns,
Gott, sei mit uns durch deinen
Segen.
Dein Heiliger Geist,
der Leben verheißt,
sei um uns auf unsern Wegen.

## Aufgaben

1 Tauscht euch in Gruppen darüber aus, wie ihr selbst das Verhältnis von Gott und Mensch beschreiben würdet.

2 Erarbeitet in Gruppen Standbilder zu den biblischen Texten, die das jeweilige Verhältnis von Gott und Mensch zum Ausdruck bringen. Stellt sie im Plenum vor.

→ **Standbilder inszenieren:** Seite 257

3 Die Texte und Lieder dieser Doppelseite zeichnen unterschiedliche Bilder von Gott. Begründe, warum für Christinnen und Christen in unterschiedlichen Situationen jedes dieser Bilder wichtig sein kann.

4 Entwirf ein Plakat zur Einladung für einen Schulgottesdienst in der Adventszeit, das auf einem der Texte beruht.

→ **ein Plakat erstellen:** Seite 254

5 Gestalte eine digitale Fotoserie zu Psalm 139, wobei du Fotomotive und einzelne Verse des Psalms miteinander in Beziehung setzt.

# Wo war Gott in Auschwitz?

*Der folgende Auszug stammt aus einem Interview zwischen Günther Bernd Ginzel (* 1946, jüdischer Journalist) und Emil Davidovic (1912–1986, jüdischer Rabbiner, der das KZ Auschwitz überlebte) aus dem Jahr 1979.*

Shoah: Seite 201

**Ginzel:** Im Mai 1944 wurden Sie und Ihre Familie – von der Urgroßmutter bis zum Urenkel – verhaftet und am 21. Mai 1944 deportiert. Wussten Sie bei der „Abreise" in Budapest, dass die Endstation Auschwitz sein würde?

**Davidovic:** Nein. Wir fuhren drei Tage lang in Viehwagen, etwa hundert Menschen: Kleinkinder, Greise, Kranke, alle in einem Wagen. Natürlich wussten wir nicht, wohin wir fuhren. Wir wurden bis zur letzten Minute getäuscht. Man hatte uns gesagt, dass wir in die Puszta geschickt würden. Endlich sind wir gegen Abend angekommen, der Zug ist stehen geblieben, und dann sahen wir die Häftlingskleider. Aber wir wussten noch immer nicht, wo wir waren. Mitternacht: die Türen wurden aufgerissen, und SS-Leute schrien: ‚Raus, raus!' Es entstand ein Chaos. Wir hatten zwei Kinder, einen dreieinhalbjährigen Jungen und ein acht Monate altes Mädchen. Wir begannen die Schühchen zu suchen, aber man hat uns einfach hinaus gestoßen. Dann wurden wir getrennt, zuerst die Frauen hier, die Männer dort; die Arbeitsfähigen wurden ausgemustert. In diesem Moment verlor ich meine Frau und die ganze Familie. Von diesem Augenblick an wusste ich nicht, was mit ihnen passierte. Ich wurde dann nach Monowitz geschickt.

**Ginzel:** Das heißt: Sie kamen nach Auschwitz III, in das Arbeitslager, das im Häftlingsjargon „Florida" hieß?

**Davidovic:** Ja, ich war noch jung, und so wurde ich für die Arbeit genommen. Doch zuvor blieben wir zwei Nächte in Birkenau. Wir kamen in einen Block, wo der Platz zum Hinlegen fehlte. Es hatte geregnet. Auf dem Boden stand Wasser. Und dann ist ein SS-Mann reingekommen: „Wisst ihr, wo ihr seid? In Auschwitz! Vergesst, dass ihr mal gelebt habt! Habt ihr die Schornsteine gesehen, den Rauch? Das sind eure Eltern, eure Kinder, durch den Schornstein!" Natürlich, wir haben das alles nicht geglaubt. Wir haben das zwar gehört, aber das, das konnten wir uns gar nicht vorstellen.

**Ginzel:** Haben Sie im Lager gebetet?

**Davidovic:** Nein. Aber ich habe alle beneidet, die gebetet haben.

**Ginzel:** Offen?

**Davidovic:** In meinem Block schon. Es war natürlich alles verboten, Gebetbücher etc. Auf einmal hatte jemand Tefillin, Gebetsriemen. Das war lebensgefährlich. Trotzdem stand eine Reihe frommer Männer an, um morgens eine Minute lang die Tefillin auf dem Kopf zu haben. Eine Minute, und dann haben sie sie wieder abgenommen und weitergegeben. Ich habe das nie gemacht. Aber wie gesagt, ich habe sie sehr, sehr beneidet, dass sie so, so gläubig waren.

**Ginzel:** Und glauben Sie, dass diesen Menschen das Beten geholfen hat?

Zweifel: Seite 268

**Davidovic:** Sehr. Ich meine, auch bei mir. Ich habe nie an Gott irgendwie gezweifelt. Es war kein Moment, wo ich an Gott gezweifelt habe. Aber diese große Frömmigkeit hatte ich auch im Zivilleben zu Hause, in der Freiheit nicht gehabt, und dort hatte ich sie auch nicht. Aber den Frommen hat das sehr, sehr geholfen. Sie starben viel leichter. Die Gottlosen waren viel verzweifelter, denn sie sahen jetzt auf einmal: Das ganze Leben war sinnlos, sinnlos alles, alles sinnlos. Aber die, die geglaubt haben, glaubten nicht, dass alles sinnlos war.

## Info – Das Vernichtungslager Auschwitz

Das Konzentrationslager (KZ) Auschwitz wurde Mitte 1940 in der Vorstadt der polnischen Stadt Oświęcim (ca. 60 Kilometer westlich von Krakau) vom nationalsozialistischen deutschen Regime gegründet. Es bestand aus drei Teilen: Auschwitz I (Stammlager), Auschwitz II (Birkenau), Auschwitz III (Monowitz).
Ab 1942 wurde insbesondere Auschwitz-Birkenau zum zentralen Ort der Massenvernichtung der europäischen Juden. Die Mehrheit der Juden wurde von den SS-Ärzten bei der Selektion auf der „Rampe“ für nicht arbeitsfähig befunden, sofort in den Gaskammern ermordet und direkt in den Krematorien verbrannt. Schätzungen zufolge sind allein in Auschwitz 1 Millionen Jüdinnen und Juden umgebracht worden.
Am 27.1.1945 befreite die sowjetische Rote Armee das KZ, deswegen ist dieser Tag seit 1996 deutscher Gedenktag der Opfer des Nationalsozialismus, seit 2005 sogar ein internationaler Gedenktag.

**!** **Moment mal!**
Wieso sagt man „Not lehrt beten“?

Auschwitz-Birkenau – das Gleis zur „Rampe“

*Der italienischer Schriftsteller und Chemiker Primo Levi hält Auschwitz und die Existenz Gottes für unvereinbar. Er gehört wie Davidovic zu den wenigen Überlebenden von Auschwitz.*

„Nicht wir, die Überlebenden, sind die wirklichen Zeugen. Das ist eine unbequeme Einsicht, die mir langsam bewusst geworden ist, während ich die Erinnerungen anderer las und meine eigenen nach einem Abstand von Jahren wieder gelesen habe. Wir Überlebenden sind nicht nur eine verschwindend kleine, sondern auch eine anomale Minderheit: Wir sind die, die aufgrund von Pflichtverletzung, aufgrund ihrer Geschicklichkeit oder ihres Glücks den tiefsten Punkt des Abgrunds nicht berührt haben.“

Überlebende: Seite 200

## Aufgaben

1 Arbeite heraus, wie Davidovic „Gottlose“ und „Fromme“ beschreibt und wie er sich selbst sieht.

2 Wie würde Davidovic das Verhältnis von → Glaube und Zweifel beschreiben? Nenne Textbelege für deine Antwort.

3 Gib mit eigenen Worten wieder, wie Primo Levi die Zeugenaussagen von Auschwitz-Überlebenden bewertet. Erörtere, inwieweit Davidovic und Levi sich darüber einig werden könnten, ob der → Glaube an Gott angesichts von Auschwitz einen Sinn hat.

# Stellen Buddhisten die Theodizee-Frage?

Ein alter buddhistischer Mönch

**Leiden und Glück**

Der alte Buddhist lebte nun schon viele Jahre alleine mit seinem Sohn in der Hütte. Im Tal gab es noch ein paar andere Bauern, die nächste Stadt lag fern. Viel Besitz hatten sie nicht, viel brauchten sie auch nicht, denn das Leben im alten Tibet war einfach. Eine kräftige, zum Reiten gezähmte Stute war ihr ganzer Besitz. Eines Tages war die Stute verschwunden. Niemand wusste wohin, und die Nachbarn bedauerten den herben Verlust: „Welch ein Unglück!" Der alte Mann lächelte nur still und antwortete: „Ich bin froh, was auch kommt. Ob es Glück ist oder Unglück – weiß man's?"

Wenige Tage später kam die Stute zurück. Ihr folgten ein paar wilde Mustangs. Der Sohn konnte seine Freude gar nicht fassen und fing die schönen Tiere ein. Die Nachbarn kamen zu Besuch und gratulierten zum guten Ausgang der Geschichte: „Was für ein Glück!" Der Alte jedoch sagte nur fröhlich: „Weiß man's?"

Eine Woche später stürzte der Sohn von einem der Mustangs und brach sich das Bein. Mühsam trug der Vater ihn zur Hütte und versorgte die Verletzung. Die Nachbarn halfen so gut es ging und versuchten zu trösten: „So ein Pech, was euch da zugestoßen ist." „Weiß man's?", erwiderte der alte Mann mit einem feinen Lächeln.

Noch im selben Monat kamen Offiziere ins Tal, die junge Männer für die Armee rekrutierten, es wurde Verstärkung gegen einen Überfall der Chinesen gebraucht. Alle jungen Männer aus dem Tal wurden eingezogen und mussten in den Krieg. Nur den verletzten Sohn des alten

Buddhisten ließen die Soldaten in der Hütte zurück. Die Dorfbewohner fürchteten um das Leben ihrer Söhne, freuten sich aber auch für den alten Mann: „Was für ein Glück!“ Er antwortete: „Weiß man's?“

Die Dorfbewohner wunderten sich: „Wie konntest du bei all den Wendungen des Schicksals nur so unerschütterlich sein und auch bei Schicksalsschlägen so froh?“

Der Alte antwortete mit einem spontanen Lied, das aus seiner Meditation entstanden war:

*Der Arme wird reich, und der Reiche wird arm.*
*Der Hohe fällt, und der Niedere steigt.*
*Der Freund wird zum Feind, und der Feind wird zum Freund.*
*Glück wird zum Pech, und Pech wird zum Glück.*
*Wir steigen und sinken, wie der Eimer im Brunnen*
*aufwärts und abwärts wie das Wasser im Rad.*
*Wer festhält, was man nicht festhalten kann – ist er weise?*
*Wer für dauerhaft nimmt, was nicht dauerhaft ist – ist er klug?*
*Nimm, was kommt, nimm jeden an, sei einfach, ohne Hoffnung, ohne Furcht.*
*Ruhe entspannt in dir, ohne Erwartung, ohne Angst,*
*und die große Freude, dein wahres Wesen, strahlt aus sich selbst.*

## Info – „Götter“ im Buddhismus

Buddhisten glauben nicht an einen Schöpfergott, denn die Welt ist ein sich selbst organisierendes System. In diesem System gilt ein über allen Lebewesen stehendes Weltgesetz, nach dem jede physische oder geistige Tat eine Wirkung hat, die sich in diesem oder dem nächsten Leben zeigt (Karma). Ziel ist es, kein Karma mehr zu erzeugen, um dem Kreislauf der Wiedergeburten zu entkommen. Auch der Begründer des Buddhismus, Gautama Siddharta, wird nicht als Gott verehrt.
Im Mahajana-Buddhismus gibt es allerdings die Vorstellung von „Erlösergestalten“ (Bodhisattvas), die nicht nur für sich selbst das Erreichen des Nirwana anstreben, sondern auch anderen dazu verhelfen wollen.

Schöpfer: Seite 267

**!** **Moment mal!**
Hat im Buddhismus niemand Anspruch auf Hilfe und Mitleid?

## Aufgaben

1 Beschreibe, wie der alte Buddhist und seine Nachbarn mit (Freud und) Leid umgehen. Verfasse eine Erwiderung der Nachbarn auf das Lied des Alten.

2 Vergleiche die Einstellung des alten Buddhisten zum Leiden mit den bisher erarbeiteten Formen des Umgangs mit dem Leiden.

3 Die Nachbarn nehmen Anteil am Geschick des alten Buddhisten. Nimmt auch der Buddhist Anteil am Geschick seiner Nachbarn? Begründe deine Vermutungen zur Beantwortung dieser Frage.

# Hilft das Kreuz Jesu im Leid?

„Warum musste Jesus sterben?“: Seite 172–175

Kreuzesdarstellung des Luccheser Meisters (um 1250 n. Chr.)

Inschrift: IHSNAZAR
NUSREXIU
DEORUM
(Iesus Nazarenus Rex Iudaeorum, kurz INRI)

„Der Gott am Kreuz ist ein Fluch auf das Leben."
*Friedrich Nietzsche, Philosoph*

„Gott, der Herr hat zu mir gesagt: Du brauchst nicht mehr als meine → Gnade. Denn meine Kraft kommt gerade in der Schwäche voll zur Geltung."
*Paulus, 2 Kor 12,9*

„Gott lässt sich aus der Welt herausdrängen ans Kreuz, Gott ist ohnmächtig und schwach in der Welt und gerade und nur so ist er bei uns und hilft uns. Es ist Mt 8,17 ganz deutlich, dass Christus nicht hilft kraft seiner Allmacht, sondern kraft seiner Schwachheit, seines Leidens!"
*Dietrich Bonhoeffer, Theologe*

↔ Kreuz Jesu und Sterbebegleitung: Seite 182

„Um – einmal primitiv gesprochen – aus meinem Dreck und Schlamassel und meiner Verzweiflung herauszukommen, nützt es mir doch nichts, wenn es Gott – um es einmal grob zu sagen – genauso dreckig geht."
*Karl Rahner, Theologe*

„Wenn Gott leidensunfähig ist, dann kann konsequenterweise die Passion Christi nur als menschliche Tragödie angesehen werden. Wer aber in der Passion Christi nur das Leiden des guten Menschen aus Nazareth zu erkennen vermag, für den muss Gott unausweichlich zur kalten, stummen und ungeliebten Himmelsmacht werden. Das aber wäre das Ende des christlichen → Glaubens."
*Jürgen Moltmann, Theologe*

↔ Gott wird Mensch: Seite 180

„Im Kreuz Jesu Christi ist nicht Gott schlechthin gekreuzigt worden: nicht der Gott, der im Neuen Testament durchgängig der Vater ist. Wie hätte sonst der gekreuzigte Jesus in Gottverlassenheit zu Gott schreien können: ‚Mein Gott, mein Gott, warum hast du mich verlassen?' (Mk 15,34) […] Mit anderen Worten: Die oft schon Kindern gegebene Auskunft ‚Hier hängt der liebe Gott' ist nicht richtig. Das Kreuz ist für die große christliche Tradition nicht das Symbol des ‚leidenden', ‚schreienden' Gottes oder gar ‚das Symbol des Todesnot leidenden Gottes', sondern ist das Symbol des Todesnot leidenden Menschen."
*Hans Küng, Theologe*

## Aufgaben

1 Beschreibe und interpretiere die hochmittelalterliche Darstellung Jesu. Gib ihr einen Titel.

→ Bilder analysieren: Seite 94

2 Vergleiche die verschiedenen Aussagen zur Frage nach dem „gekreuzigten Gott" und stelle die Argumente einander gegenüber. Beziehe dabei auch das Kruzifix auf der linken Seite mit ein.

3 Bereitet eine Pro- und Kontra-Diskussion zur Frage vor, ob das Kreuz im Leiden hilft. Führt die Podiumsdiskussion durch, die auch klassenübergreifend organisiert werden kann.

→ eine Pro- und Kontra-Diskussion führen: Seite 98

4 Schreibe einen Meditationstext für ein Auslegebuch in einem „Raum der Stille", der den ersten Satz des Bonhoeffer-Textes zur Grundlage hat. Optimiere deinen Text mithilfe einer Schreibkonferenz.

→ einen Meditationstext schreiben: Seite 237
→ eine Schreibkonferenz durchführen: Seite 77

# Wie viel Zweifel gehört zum Glauben?

**Caravaggio, Thomas, der Zweifler (1601)**

Jesus sagt zu ihm [Thomas]: „[…] Glückselig sind die, die mich nicht sehen und trotzdem glauben!“

(Joh 20,29)

## Aufgabe

Bilder analysieren: Seite 94

Verfasse für ein Lexikon einen ausführlichen Text darüber, in welchem Verhältnis Glaube und Zweifel für einen Christen oder eine Christin stehen. Beziehe dabei die biblische Erzählung vom zweifelnden Thomas und das Kunstwerk Caravaggios ein.

## Wissen

- Vergleiche die Vorstellung vom „Tun-Ergehen-Zusammenhang" mit der buddhistischen Karma-Lehre.
- Verfasse einen Kommentar für eine überregionale Zeitung am Tag nach einer Erdbeben-Katastrophe, die eine große Zerstörung zur Folge hatte. Beziehe dabei die Frage nach Gott mit ein.
- Vergleiche die Hiob-Darstellung im Islam (Koran Sure 21,83 und 38,41–44) mit dem biblischen Hiob.
- Kurz vor dem Klingeln fällt eurer Religionslehrerin noch ein: „Fast hätte ich es vergessen: Ihr bekommt noch eine Hausaufgabe!" Darauf stöhnt eine Mitschülerin mit absichtlicher Übertreibung: „Es KANN keinen Gott geben!" Erkläre das ernsthafte Argument, das dahinter steckt.
- Analysiere das Bild von Michelangelo auf der Einstiegsseite dieses Kapitels. Lies gegebenenfalls die Schöpfungserzählung Gen 1,1–2,4a nach.
- Halte dein Wissen zu Vorstellungen von Gott in einem Strukturlegebild fest.
- Der sogenannte *Kreationismus* hält die biblische Schöpfungserzählung für einen korrekten Bericht über die Entstehung der Welt und naturwissenschaftliche Theorien der Weltentstehung daher für falsch. Ordne diese Haltung einem Verhältnismodell zwischen → Glaube und Naturwissenschaft zu und nenne Gegenargumente.

→ **Bilder analysieren:** Seite 94

→ **eine Bibelstelle finden:** Seite 251

→ **Strukturlegen:** Seite 127

## Können

- Nimm begründet Stellung zu folgenden Aussagen:
  - „Im Biologieunterricht müssen auch die Grenzen naturwissenschaftlicher Erkenntnis eine Rolle spielen."
  - „Im Biologieunterricht müssen auch Fragen nach dem Sinn des Lebens eine Rolle spielen."
  - „Wissenschaftliche Lehren und religiöse Geschichten stehen nicht auf einer Stufe."
  - „Der Glaube an Gott stellt die Evolutionslehre in Frage."

## Anwenden

- Gestalte ein Kreuz aus verschiedenen Materialien, in dem deutlich wird, was dieses christliche Symbol aktuell für dich bedeutet.
- Schaue dir den Kurzfilm „God is a DJ" an und verfasse eine Rezension über diesen Film.
- Die Zeichnung Lehnerers (Seite 238) ist eine Vorarbeit für eine später ausgeführte Bronze-Skulptur. Entwirf eine eigene Skizze für eine Skulptur mit dem Titel „Jan-Michael" (Seite 236). Erkläre und begründe deine Gestaltungsentscheidungen in einem Begleittext zur Skizze.

# Bekannte Methoden

## Methoden-Karte: (biblische) Geschichten erzählen

Religionen leben von ihren Erzählungen. Wer richtig gut erzählen kann, der erweckt Geschichten zum Leben und zieht die Zuhörer in seinen Bann.

**So kannst du vorgehen:**

1. Gib deiner Erzählung einen passenden Rahmen durch eine Einleitung und einen Schluss.
2. Schmücke die Erzählung an wichtigen Stellen aus.
3. Beschreibe die Gedanken und Gefühle der Personen so, dass man mitfühlen kann.
4. Verwende wörtliche Rede.
5. Benutze treffende und abwechslungsreiche Adjektive und Verben.
6. Verdeutliche die jeweilige Stimmung der Geschichte, indem du zum Beispiel deine Stimme änderst.
7. Fertige dir einen Spickzettel mit den wichtigsten Stichworten an.

## Methoden-Karte: das Placemat-Verfahren durchführen

Placemat heißt „Platzdeckchen". Mit einem unbeschrifteten Mittelfeld und vier freien Außenfeldern bildet es die Grundlage für das Placemat-Verfahren.
Manchmal will sich eine Gruppe auf ein gemeinsames Ergebnis einigen, das von den verschiedenen Vorstellungen der Einzelnen abhängt. Das können Regeln, Werte, Lieblingsthemen oder Schritte einer gemeinsamen Aktion sein. Dann bietet sich die Placemat-Methode an.

**So könnt ihr vorgehen:**

1. Teilt euch in Vierergruppen auf. Zeichnet in eurer Gruppe die fünf Placemat-Felder auf ein großes Blatt Papier (mindestens DIN A2).
2. Arbeitet zunächst einzeln in je einem der Außenfelder. Notiert dort in einer vereinbarten Zeit, was euch persönlich zum Thema wichtig ist.
3. Stellt euch die Gedanken der einzelnen Gruppenmitglieder gegenseitig vor. Ihr könnt das Papier dazu nach und nach drehen, um die Notizen der anderen zu lesen.
4. Einigt euch in der Gruppe auf das, was euch allen wichtig erscheint. Schreibt das gemeinsame Ergebnis in die Mitte.
5. Vergleicht die Gruppenergebnisse in der Klasse.

## Methoden-Karte: eine Bibelstelle finden

In der Bibel gibt es sehr viele verschiedene Bücher. Jedes dieser biblischen Bücher ist in Kapitel, jedes Kapitel in Verse unterteilt. Damit man verschiedene Ausgaben und Übersetzungen nebeneinander benutzen kann, verständigt man sich nicht über Seitenzahlen, sondern sucht nach dem Buch, dem Kapitel und dem Vers.
Bei der Angabe einer Bibelstelle wird das Buch abgekürzt.

**So kannst du vorgehen:**

1. Schlage das Inhaltsverzeichnis einer Bibel mit den einzelnen Büchern des Alten und Neuen Testaments auf. Achtung: Je nach Bibelausgabe heißen manche Bücher ein wenig unterschiedlich, zum Beispiel „Die Sprüche Salomos" oder „Das Buch der Sprichwörter".
2. Schlage die im Inhaltsverzeichnis angegebene Seitenzahl auf, auf der das gesuchte Buch beginnt.
3. Suche das gewünschte Kapitel, das du an den großen Zahlen erkennst, und dann die Verse (kleine Zahlen). Wenn nur Teile von Versen gemeint sind, steht hinter der Versangabe ein kleines „a" oder „b". Verschiedene Versstücke in einem Kapitel trennt man mit einem Punkt.
4. Wenn du Bibelstellen ähnlichen Inhalts suchst, schlage die klein gedruckten Bibelstellen (Verweise) nach. Sie stehen in manchen Bibelausgaben unter dem betreffenden Vers, manchmal auch unten auf der Seite.

## Methoden-Karte: eine Collage gestalten

Eine Collage ist ein Klebebild, das sich aus verschiedenen Materialien zusammensetzt. Dabei geht es nicht darum, irgendetwas zusammenzustellen, sondern mit der Collage auf eine bestimmte Frage eine Antwort zu geben oder ein bestimmtes Thema in seinen vielfältigen Aspekten zu gestalten.

**So kannst du vorgehen:**

1. Schaue dir die Fragestellung genau an und überlege, was du in deiner Collage darstellen möchtest.
2. Nimm ein großes Blatt Papier oder Karton, mehrere Stifte, eine Schere und Klebstoff.
3. Verwende geeignete Bilder, Fotos, kurze Texte aus Zeitschriften oder anderen Materialien oder eigene Zeichnungen und Texte.
4. Füge die Materialien so zusammen, dass der von dir geplante Gesamteindruck entsteht.

## Methoden-Karte: eine Internetrecherche durchführen

Jeder darf Seiten ins Internet stellen. Man findet daher zu fast jedem Thema etwas. Manche Informationen sind aber falsch, schwer verständlich oder nicht für Kinder geeignet. Wer bestimmte Seiten wiederfinden möchte, braucht genaue Angaben – auch, weil die Seiten sich ab und zu verändern oder ganz aus dem Internet herausgenommen werden. Am Anfang ist es gut, wenn dir ein Erwachsener hilft.

**So kannst du vorgehen:**
1. Wähle eine Suchmaschine, eine Kindersuchmaschine (Blinde Kuh, fragFinn …) oder ein Kinderportal (Internet-Abc → Religion).
2. Überlege dir ein oder mehrere Suchwörter. Diese sollten keine „Allerweltswörter" sein, sondern typisch für deine Recherchefrage.
3. Vergleiche erst die Treffer genau und wähle dann eine passende Seite.
4. Kopiere oder schreibe nur das heraus, was du verstehen kannst.
5. Notiere die genaue(n) Adresse(n) und das Datum, damit andere wissen, wann und wo du die Informationen gefunden hast.

## Methoden-Karte: ein Interview führen

Interviews mit verschiedenen Menschen müssen gut vorbereitet sein. Folgende Fragen müssen vorab geklärt werden:
- Zu welchem Thema und welchen Aspekten soll die Befragung durchgeführt werden?
- Wer soll wo und wann interviewt werden?
- Verläuft das Interview nach einem festen Fragenkatalog? Oder sollen die Interviewten mit Frageimpulsen zu spontanen und freien Äußerungen gebracht werden? (Beides lässt sich auch miteinander kombinieren, indem ihr einige feste Fragen aufschreibt und am Ende noch einen offenen Impuls liefert.)
- Wie werden die Interviews protokolliert?
- Wird das Interview in Stichworten notiert oder aufgenommen (nur Ton oder auch mit Bild)?
- Wie werden die Ergebnisse in der Klasse präsentiert?

Es ist sinnvoll, das Interviewen in der Klasse auszuprobieren, bevor ihr euch Gesprächspartner/innen außerhalb der Klasse zuwendet.

**So könnt ihr vorgehen:**
1. Klärt die oben genannten Fragen.
2. Bereitet das Interview vor, indem ihr eure Fragen sehr genau formuliert.
3. Sucht euch Menschen, die ihr befragen könnt. Ihr könnt auch Experten (in diesem Fall z. B. einen Pastor oder eine Pastorin oder eine andere Mitarbeiterin oder einen anderen Mitarbeiter einer Kirchengemeinde) in die Schule einladen.
4. Führt die Interviews durch.

## Methoden-Karte: **einen Kirchenraum erkunden**

Einen Kirchenraum kann man auf verschiedene Weisen erkunden. Wichtig ist es, deine Eindrücke zu den Beobachtungsaufträgen und deine Antworten auf die Untersuchungsfragen schriftlich festzuhalten. Wenn möglich, fertige Skizzen vom Grundriss der Kirche und von besonderen Gegenständen an.

**So kannst du vorgehen:**

1. **Sich vorbereiten:** Legt Beobachtungsaufträge und Untersuchungsfragen fest. Recherchiert Informationen über die Geschichte des Gebäudes, den Namen und seine Bedeutung. Findet Personen der Gemeinde, die bei Fragen helfen können.
2. **Eintreten:** Gehe einmal außen um die Kirche herum. Was entdeckst du? Die Kirchentür ist eine Schleuse zwischen der Alltagswelt und einem Raum für den Kontakt mit Gott. Wodurch wird dies außen angezeigt?
3. **Einen Weg durch den Raum suchen:** Nimm dir Zeit, still durch den Raum zu gehen. Finde deinen Lieblingsplatz und setze dich. Achte darauf, was du dort hörst, riechst, empfindest und wohin der Raum deine Blicke lenkt.
4. **Verstehen, was man wahrnimmt:** Räume können etwas „sagen" durch die Art, wie sie gestaltet sind. Erkunde, wie der Raum aufgebaut ist und welche Gegenstände sich an welchem Ort befinden. Untersuche, was dies über ihre Bedeutung verrät. Notiere Fragen, wenn dir ein Gegenstand oder seine Funktion unklar erscheinen.
5. **Ausprobieren:** Es ist möglich, zu erproben, wie es klingt und wirkt, in der Kirche gemeinsam einen → Psalm im Wechsel zu sprechen oder ein Lied zu singen.
6. **Nachspüren, was man mitnimmt:** Halte in einer Zeichnung einen Gegenstand oder ein Bild aus der Kirche fest und notiere deine Gedanken und Empfindungen dazu.

## Methoden-Karte: **ein Lerntempo-Duett durchführen**

Bei einem Lerntempo-Duett hast du die Möglichkeit, in deiner eigenen Geschwindigkeit zu arbeiten. Die Ergebnisse vergleichst du mit denen eines anderen. Es kommt nicht darauf an, wer am schnellsten ist.
Arbeite sorgfältig, aber ohne zu trödeln und verhalte dich in jeder Arbeitsphase leise.

**So kannst du vorgehen:**

1. Bearbeite die Aufgabe zunächst in Einzelarbeit.
2. Wenn du mit der Aufgabe fertig bist, stehe auf und bleibe so lange an deinem Platz stehen, bis ein anderer Schüler oder eine andere Schülerin in der Klasse ebenfalls aufsteht.
3. Vergleiche nun mit diesem Partner deine Ergebnisse und kehre anschließend an deinen Platz zurück.

## Methoden-Karte: **ein Plakat erstellen**

Ein Plakat soll „ins Auge springen", damit Menschen die Informationen darauf lesen. Der Platz auf einem Plakat ist begrenzt, deshalb musst du die Informationen gut auswählen und ein Konzept erstellen, bevor du anfängst, das Plakat zu beschriften.

**So kannst du vorgehen:**

1. Wähle ein Papierformat von mindestens der Größe DIN A1 in einer hellen Farbe.
2. Platziere die Hauptbotschaft an zentraler Stelle (zum Beispiel in der Mitte).
3. Beschränke dich auf die wichtigsten Inhalte („Weniger ist mehr"!).
4. Schreibe Stichworte statt ganzer Sätze. Die Stichworte müssen allerdings auch ohne weitere Erklärung verständlich sein.
5. Schreibe die Texte mit dicken Filzstiften. Die Buchstaben müssen auch von Weitem lesbar sein (Schrift mindestens 3 cm hoch).
6. Füge Bilder oder Fotos ein, sie lockern das Gesamtbild auf.
7. Lass leere Flächen auf dem Plakat. Wenn es überfüllt ist mit Texten und Bildern, mag es niemand mehr lesen.
8. Setze Kästen um wichtige Informationen und arbeite mit verschiedenen Farben. Das erleichtert die Orientierung.

## Methoden-Karte: **eine Rollenbiografie verfassen**

Eine Rollenbiografie hat ihren Platz eigentlich im Theater. Sie hilft, sich in eine bestimmte Person einzufühlen. Dabei darfst du alle Einzelheiten erfinden, die gut zu der Person passen.

**So kannst du vorgehen:**

1. Sammle die Angaben und Informationen zur jeweiligen Person.
2. Verfasse zunächst einen Rollentext, in dem du folgende Fragen beantwortest:
   - Wie heißt die Person?
   - Wie sieht sie aus?
   - Wie sind ihre Lebensbedingungen?
   - Wo kommt sie her?
   - Was ist für sie wichtig und beschäftigt sie?
   - Wie steht sie zu anderen?
   - Welchem Beruf geht sie nach?
   - Wie sieht sie sich selbst: Fühlt sie sich schwach/sicher/mächtig …?
   - Mit wem lebt die Person zusammen?
   - Welche Ziele verfolgt sie?
   - …
3. Schreibe in Ich-Form und so, wie es die Person selbst tun würde. Du kannst deine Rollenbiografie nutzen, um eine Szene zu spielen.

## Methoden-Karte: ein Soziogramm erstellen

Ein Soziogramm ist ein Schaubild, das die Beziehungen verschiedener Personen zueinander darstellt. Es macht auch deutlich, welche Gefühle die jeweiligen Personen haben.

**So kannst du vorgehen:**

1. Schreibe die Namen aller Personen in ausreichendem Abstand auf ein Blatt Papier.
2. Verbinde die Namen mit Pfeilen. Nutze passende Strichstärken und verschiedene Farben.
3. Beschrifte die Pfeile mit Stichworten, wie sich eine Person der anderen gegenüber verhält oder was sie über sie denkt.
4. Notiere weitere Informationen zu einer Person in Stichworten unter- oder oberhalb des Namens, wenn sie dir wichtig erscheinen.

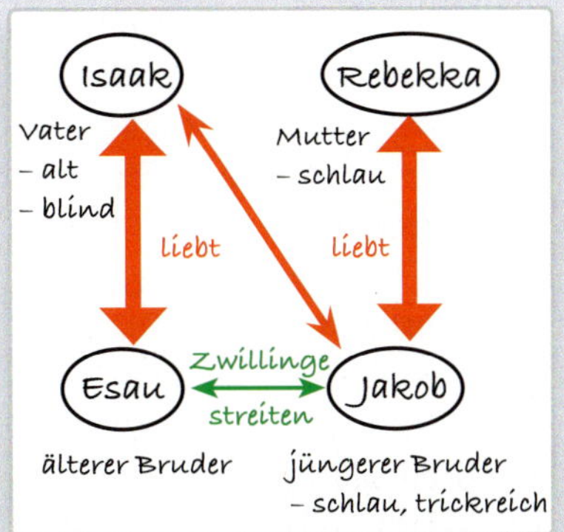


## Methoden-Karte: eine Wandzeitung gestalten

Eine Wandzeitung ist ein großes Plakat, auf dem Ergebnisse wie in einer Zeitung präsentiert werden: mit Schlagzeilen, Berichten, Fotos, Leserbriefen, Kommentaren oder selbst ausgeschnittenen Artikeln und Bildern. Wie bei einer „richtigen" Zeitung ist eine Wandzeitung ein Gemeinschaftsprodukt.

**So könnt ihr vorgehen:**

1. Besorgt euch großes Papier, zum Beispiel Restrollen einer Zeitungsdruckerei oder alte Tapetenbahnen.
2. Entscheidet, welche Form oder Textsorte zu welchem Inhalt passt. Ihr könnt euch auch in verschiedene Redaktionsgruppen aufteilen (Berichte, Leserbriefe, Bilder …).
3. Sammelt bis zum Ende des Themas so viele Beiträge wie möglich.
4. Achtet darauf, dass die Schrift groß genug und leserlich ist.

## Methoden-Karte: **Grafisieren**

Durch Grafisieren kann man Texte *anschaulich* machen. Dabei wird das, was sie „sagen", *sichtbar* gemacht, um es so besser erklären zu können.
Veranschaulichen kannst du Dinge durch Zeichen oder kleine Bildchen (zum Beispiel „geboren" durch ein Sternchen *). Du kannst auch Beziehungen zwischen Dingen oder Personen deutlich machen. Hier hast du viele Möglichkeiten: einfache Pfeile, Doppelpfeile, gestrichelte Linien, verschiedene Farben, Symbole.
Natürlich darfst du auch Begriffe oder Namen aus dem Text in deiner Grafisierung verwenden.

**So kannst du vorgehen:**
1. Lies den Text, den du grafisieren willst, sorgfältig durch.
2. Markiere bei einem zweiten Lesen wichtige Personen, Begriffe und Kernaussagen.
3. Ordne diese Begriffe so an, dass sichtbar wird, in welcher Beziehung sie zueinander stehen.
4. Veranschauliche sie und statte sie mit verbindenden Elementen aus.

## Methoden-Karte: **Karikaturen interpretieren**

Karikaturen sind Zeichnungen, die einen Sachverhalt überspitzt darstellen. Sie haben einen „Witz", die sogenannte Pointe, die entschlüsselt werden muss. Karikaturen sollen zum einen auf einen Missstand hinweisen und zum anderen zum Handeln motivieren. Um Karikaturen zu verstehen, musst du dich gut im Thema auskennen und dir manchmal zusätzliche Informationen beschaffen.

**So kannst du vorgehen:**
1. Beschreibe die Karikatur genau.
2. Finde den „Witz" der Karikatur.
3. Deute die Karikatur.
4. Bewerte die Aussage des Karikaturisten.

## Methoden-Karte: **Mindmapping**

Eine Mindmap ist eine „Gedankenkarte", die sichtbar macht, wie du ein Thema im Kopf strukturierst. Du gehst dazu von einem zentralen Begriff eines bestimmten Themas aus und verfeinerst diesen nach und nach durch weitere Einfälle (Assoziationen).
Mithilfe der Mindmap kannst du Neues erschließen, aber auch Bekanntes strukturieren und üben.

**So kannst du vorgehen:**
1. Nimm ein großes, weißes Blatt im Querformat. Schreibe das Thema oder den Begriff, um den es geht, groß in die Mitte und kreise ihn ein.
2. Ordne rundherum Schlüsselbegriffe an und verbinde sie durch Äste mit dem Begriff in der Mitte. Die neuen Begriffe sind wie Überschriften verschiedener Kapitel.
3. Gehe von den neuen Begriffen aus und füge weitere Zweige mit Begriffen hinzu. Setze die Wege weiter fort.
4. Gestalte deine Mindmap mit verschiedenen Farben.

## Methoden-Karte: **Standbilder inszenieren**

Standbilder sind menschliche Statuen, bei denen eine Aussage in einem „eingefrorenen Bild" zum Ausdruck gebracht wird.

**So könnt ihr vorgehen:**
1. Verständigt euch in Kleingruppen darüber, was ihr konkret darstellen wollt.
2. Erarbeitet ein Standbild: Was denkt, was fühlt, wie verhält sich die einzelne Person und wie stehen die Personen zueinander? Welche Körperhaltung, welche Mimik entspricht dem, was ihr darstellen wollt? Probt eure Inszenierung.
3. Stellt euer Standbild der Klasse vor. Haltet dabei mindestens zwei Minuten still.
4. Lasst die anderen beschreiben, was sie sehen und wie sie das Gesehene deuten. Sie können auch zum Standbild hinzutreten und den Akteuren ihre Stimme leihen, indem sie ihnen einen Satz in den Mund legen.
5. Vergleicht das, was die anderen in eurem Standbild gesehen haben, mit dem, was ihr darstellen wolltet, und erklärt eure Entscheidungen.

# Abkürzungsverzeichnis biblischer Bücher

*Altes Testament*

| | |
|---|---|
| Gen | Genesis (1 Mose = Das 1. Buch Mose) |
| Ex | Exodus (2 Mose = Das 2. Buch Mose) |
| Lev | Levitikus (3 Mose = Das 3. Buch Mose) |
| Num | Numeri (4 Mose = Das 4. Buch Mose) |
| Dtn | Deuteronomium (5 Mose = Das 5. Buch Mose) |
| Jos | Das Buch Josua |
| Ri | Das Buch der Richter |
| Rut | Das Buch Rut |
| 1 Sam | Das 1. Buch Samuel |
| 2 Sam | Das 2. Buch Samuel |
| 1 Kön | Das 1. Buch der Könige |
| 2 Kön | Das 2. Buch der Könige |
| 1 Chr | Das 1. Buch der Chronik |
| 2 Chr | Das 2. Buch der Chronik |
| Esra | Das Buch der Esra |
| Neh | Das Buch Nehemias |
| Tob | Das Buch Tobit (= Das Buch Tobias) |
| Jdt | Das Buch Judit |
| Est | Das Buch Ester |
| 1 Makk | Das 1. Buch der Makkabäer |
| 2 Makk | Das 2. Buch der Makkabäer |
| Ijob | Das Buch Ijob (Hiob = Das Buch Hiob) |
| Ps | Die Psalmen |
| Spr | Das Buch der Sprichwörter (= Die Sprüche Salomos) |
| Koh | Das Buch Kohelet (Pred = Der Prediger Salomo) |
| Hld | Das Hohelied (= Das Hohelied Salomos) |
| Weish | Das Buch der Weisheit (= Die Weisheit Salomos) |
| Sir | Das Buch Jesus Sirach |
| Jes | Das Buch Jesaja |
| Jer | Das Buch Jeremia |
| Klgl | Die Klagelieder des Jeremia |
| Bar | Das Buch Baruch |
| Ez | Das Buch Ezechiël (Hes = Das Buch Hesekiel) |
| Dan | Das Buch Daniel |
| Hos | Das Buch Hosea |
| Joel | Das Buch Joel |
| Am | Das Buch Amos |
| Obd | Das Buch Obadja |
| Jona | Das Buch Jona |
| Mi | Das Buch Micha |
| Nah | Das Buch Nahum |
| Hab | Das Buch Habakuk |
| Zef | Das Buch Zefania |
| Hag | Das Buch Haggai |
| Sach | Das Buch Sacharja |
| Mal | Das Buch Maleachi |

*Neues Testament*

| | |
|---|---|
| Mt | Matthäusevangelium |
| Mk | Markusevangelium |
| Lk | Lukasevangelium |
| Joh | Johannesevangelium |
| Apg | Apostelgeschichte |
| Röm | Römerbrief |
| 1 Kor | 1. Korintherbrief |
| 2 Kor | 2. Korintherbrief |
| Gal | Galaterbrief |
| Eph | Epheserbrief |
| Phil | Philipperbrief |
| Kol | Kolosserbrief |
| 1 Thess | 1. Thessalonicherbrief |
| 2 Thess | 2. Thessalonicherbrief |
| 1 Tim | 1. Timotheusbrief |
| 2 Tim | 2. Timotheusbrief |
| Tit | Titusbrief |
| Phlm | Philemonbrief |
| Hebr | Hebräerbrief |
| Jak | Jakobusbrief |
| 1 Petr | 1. Petrusbrief |
| 2 Petr | 2. Petrusbrief |
| 1 Joh | 1. Johannesbrief |
| 2 Joh | 2. Johannesbrief |
| 3 Joh | 3. Johannesbrief |
| Jud | Judasbrief |
| Offb | Offenbarung des Johannes |

# Fachbegriffe

**Abrahamitische Religionen**
Der Begriff betont die enge Verwandtschaft von Judentum, Christentum und Islam. Diesen drei Religionen ist nämlich gemeinsam, dass sie sich auf Abraham berufen können: Juden verstehen sich als Kinder Abrahams, Isaaks und Jakobs. Nach der Geschichte in Gen 32,23–33 bekommt Jakob den Namen „Israel"; das zeigt die enge Verbindung zwischen dem Volk Israel als religiöser Gemeinschaft und den Nachkommen Abrahams. Christen glauben: Das, was Gott Abraham versprochen hat, gilt auch für alle Menschen, die an Jesus Christus glauben. Das Vertrauen Abrahams in die Verheißungen Gottes, ihn zu einem großen Volk zu machen, gilt Christen als vorbildhaft. Muslime sehen in Abraham (arabisch: „Ibrahim") ihren Stammvater, weil sie sich als Nachkommen Ismaëls, des ersten Sohnes Abrahams, bezeichnen.

**Apokryphen**
sind diejenigen Bücher des AT, die nicht in der Hebräischen Bibel stehen, sondern nur in der griechischen Übersetzung der Hebräischen Bibel. Martin Luther hat sie deshalb nicht mit in das AT aufgenommen, obwohl er sie „gut und nützlich zu lesen" fand. Heutige katholische Bibelausgaben enthalten sie, evangelische in der Regel nicht.

**Bekenntnis**
auch Credo (lat. für „ich glaube"). Den → **Glauben** öffentlich zu machen oder auszusprechen, hat verschiedene Funktionen: Man bekräftigt und erkennt die eigene Gemeinschaft an, benennt gemeinsame Grundlagen und grenzt sich gegen andere Religionsgemeinschaften ab. Im Streit um die → **Reformation** entstanden ausführliche Bekenntnisschriften.
Christinnen und Christen bekennen den Glauben an Gott, den Vater, Sohn und Heiligen Geist. Es gibt moderne und vertonte Formen; am gebräuchlichsten ist das Apostolische Glaubensbekenntnis. Das jüdische Glaubensbekenntnis heißt „Sch'ma Jisrael" (Höre, Israel): „Höre, Israel, der Herr ist unser Gott, der Herr ist einzig." (Dtn 6,4). Für Muslime ist das Bekenntnis, die Schahada, die erste der fünf Säulen des Islams: „Es gibt keinen Gott außer den einen Gott, und Muhammad ist sein Gesandter."

**Bergpredigt**
Diese berühmte Rede Jesu hat der Evangelist Matthäus aus Worten Jesu zusammengestellt. Sie umfasst drei Bibelkapitel (Mt 5–7). Sie beginnt mit den sogenannten Seligpreisungen und enthält viele bekannte christliche Lebensregeln: die → **Nächstenliebe** und Feindesliebe, die → **Goldene Regel** und vieles mehr. Als Jude knüpft Jesus an die → **Tora** an. Genau in der Mitte der Bergpredigt steht das Vaterunser. Der Name „Bergpredigt" kommt daher, das Jesus zu Beginn auf einen Berg steigt (Mt 5,1f.).

**Davidstern**
ist nach König David benannt. Er besteht aus zwei Dreiecken: Das eine zeigt mit der Spitze nach oben, das andere nach unten. Der Davidstern ist ein Symbol für die jüdische Religion und das Volk Israel.

**Diakonie**
bedeutet übersetzt „Dienst". Zur christlichen → **Nächstenliebe** gehört es, anderen Menschen zu helfen und ihnen beizustehen. Daher ist „Diakonie" eine wichtige Aufgabe der Kirche. Zur evangelischen Kirche gehört das „Diakonische Werk", das Kindergärten, Altenheime, Krankenhäuser und viele weitere Einrichtungen betreibt. Etwa die Hälfte der Mitarbeiterinnen und Mitarbeiter arbeitet ehrenamtlich, erweist also den Menschen in der jeweiligen diakonischen Einrichtung ihren „Dienst" ohne eine geldliche Gegenleistung.

**Doppelgebot der Liebe**
Jesus betont, dass die Nächstenliebe und die Liebe zu Gott zusammengehören. Beides zusammen ist für ihn das höchste → **Gebot** (Mk 12,28–34). „Doppelgebot" wird es genannt, weil man es auffassen kann wie eine Münze mit zwei Seiten. Es gibt viele Gründe dafür, Gottes- und Nächstenliebe zusammen zu denken. Jeder Mensch ist als Ebenbild Gottes geschaffen. Außerdem liebt Gott den Menschen. Wer Gott verehren will, muss also auch seinen Nächsten lieben – und umgekehrt.

**Ebenbild Gottes**
„Und Gott schuf den Menschen zu seinem Bilde." Diese Aussage aus der ersten Schöpfungserzählung der Bibel (Gen 1,27) ist für das christliche Menschenbild wichtig: Der Mensch ist Gott nachgebildet oder ihm in gewisser Weise ähnlich. Gott gibt ihm daher von Anfang an eine ganz besondere Würde (→ **Menschenwürde**).
Die Auszeichnung ist zugleich eine Forderung: Der Mensch muss sich entsprechend verhalten und als würdig erweisen. Wie ein Stellvertreter Gottes hat er einen → **Schöpfungsauftrag**. Dass er dem nicht gerecht wird und sich von Gott abwendet, macht die Geschichte vom → **Sündenfall** klar. Seine Menschenwürde verliert er deshalb aber nicht.

**evangelikal**
nennt man Gruppierungen und theologische Anschauungen innerhalb der evangelischen → **Konfessionen**, die die unbedingte Autorität der Bibel vertreten. Meistens ist damit auch die Forderung verbunden, man müsse oder solle als „richtige" Christin oder „richtiger" Christ eine persönliche Beziehung zu Jesus Christus haben. Für eine solche Beziehung kann man sich, so denken evangelikale Christinnen und Christen, aufgrund individueller Erweckungs- und Bekehrungserlebnisse entscheiden. Deshalb spielen missionarische Aktivitäten, sogenannte Evangelisationen, innerhalb evangelikaler Gemeinschaften eine große Rolle. Evangelikal ist nicht gleichbedeutend mit → **fundamentalistisch.**

**evangelisch**
Mit der → **Reformation** entstanden weitere → **Konfessionen.** Diese Konfessionen unterscheiden sich in einigen Auffassungen und Gebräuchen. „Evangelisch" bedeutet: allein auf das → **Evangelium** (= die Frohe Botschaft = das Evangelium) bezogen. In der katholischen Kirche haben auch der Papst und andere Kirchenleute großen Einfluss, weil ihr Amt als heilig gilt. Das fanden Martin Luther und andere Reformatoren nicht richtig. Als Substantiv zu „evangelisch" verwendet man meistens „Protestantin" bzw. „Protestant".

**Evangelium**
kommt aus dem Griechischen und bedeutet wörtlich „gute" oder „frohe Botschaft". Im engeren Sinn bezeichnet Evangelium eines der vier Evangelien (Mt, Mk, Lk, Joh). Man gebraucht es aber auch für die gute Botschaft insgesamt, also für das ganze NT, manchmal auch für die ganze christliche Bibel.

**fundamentalistisch**
ist eine geistige Haltung, die durch kompromissloses Festhalten an religiösen (oder ideologischen) Grundsätzen gekennzeichnet ist. Besonders bei fundamentalistischen Christen in den USA ist dies verbunden mit einer Ablehnung historischer oder sprachlicher Forschungsmethoden in Bezug auf die Bibel, die als irrtumsfreies und direkt von Gott inspiriertes Wort gilt. Die Erkenntnisse der modernen Naturwissenschaften werden als Angriff auf den Glauben empfunden und entsprechend bekämpft.

**Gebet**
Ein Gebet ist eine Zwiesprache mit Gott. Dabei gibt es feste Formen, aber man kann auch ganz formlos mit Gott sprechen. Gebete enden meistens mit dem Wort „Amen". Wer betet, vertraut darauf, dass Gott ihn

hört. Es gibt viele verschiedene Arten: Man kann sprechend, singend oder in der Stille beten. Man kann Gott danken oder klagen, man kann ihn loben oder für sich selbst und andere bitten. Man kann mit eigenen Worten beten oder gemeinsame Texte (zum Beispiel → **Psalmen**) sprechen.
Häufig steht man und faltet die Hände, um sich auf Gott zu konzentrieren. Katholische Christinnen und Christen knien, um ihren Respekt vor Gott auszudrücken. In einigen Familien sind Tisch- oder Nachtgebete üblich. Das wichtigste christliche Gebet ist das Vaterunser, das Jesus seinen Jüngern beigebracht hat und das normalerweise in jedem Gottesdienst gebetet wird. In manchen Religionen gibt es feste Gebetszeiten und Gebräuche wie Waschung und Kopfbedeckung.

**Gebot**
Ein Gebot (oder Verbot) ist eine religiöse Vorschrift. In manchen Religionen spielen zum Beispiel Speisegebote eine Rolle. Anders als bei Geboten und Verboten im Straßenverkehr kommt es in der Religion aber auch auf die innere Einstellung an. Im Alten Testament erhält Mose auf zwei Steintafeln die Zehn Gebote (Ex 20,1–17). Jesus antwortet auf die Frage, welches das höchste Gebot sei, mit dem → **Doppelgebot der Liebe**.

**Genesis**
ist ein griechisches Wort. Es ist der Name für das 1. Buch Mose und bedeutet „Entstehung". Das erste Buch der Bibel beginnt nämlich mit Erzählungen, die Gott als → **Schöpfer** preisen.

**Gerechtigkeit (menschlich)**
ist dann gegeben, wenn Güter, aber auch Chancen fair verteilt sind. Ob es gerecht ist,
- wenn jeder gleich viel bekommt,
- wenn jeder bekommt, was er verdient, oder
- wenn jeder bekommt, was er benötigt,

ist manchmal schwer zu entscheiden. Klar ist: Ungerecht behandelt zu werden, tut weh. Christinnen und Christen glauben, dass Ungerechtigkeiten beseitigt werden können, wenn Menschen aus Barmherzigkeit und → **Nächstenliebe** handeln und sich an die → **Gebote** Gottes halten.

**Gerechtigkeit (Gottes)**
wurde lange nur so verstanden, dass Gott jeden Menschen so behandelt, wie er oder sie es auch verdient hat. Da niemand ohne Sünde ist, hatten die Menschen natürlich große Angst vor höllischen Strafen. Gottes Gerechtigkeit ist anders als die eines Richters: Aus Barmherzigkeit macht er alle Menschen gerecht (→ **Rechtfertigung**). Wie anders Gottes Gerechtigkeit ist, kann man zum Beispiel im → **Gleichnis** von den Arbeitern im Weinberg erfahren (Mt 20,1–15).

**Glaube**
In der Alltagssprache bedeutet „ich glaube" dasselbe wie „ich vermute" (im Gegensatz zu „ich weiß"). Im religiösen Sinn ist gemeint: „auf etwas vertrauen", „sein Herz an etwas hängen". Damit hat der Glaube einen anderen Sinn und eine andere Sichtweise auf die Welt als zum Beispiel naturwissenschaftliche Zugänge. Im Glaubensbekenntnis / Credo (→ **Bekenntnis**) ist formuliert, auf wen Christinnen und Christen vertrauen. Nach evangelischem Verständnis kann man den Glauben nicht herbeiführen oder gar erzwingen. Dazu sind religiöse Erfahrungen nötig.

**Gleichnis**
Als Gleichnis bezeichnet man in der Bibel Parabeln. Gleichnisse sind kleine fiktive Erzählungen, die einen Vergleich mit etwas Alltäglichem aus der Lebenswelt der Zeitgenossen Jesu enthalten. Dadurch sollten die Menschen Jesu Botschaft besser verstehen. Manches kann man nur schwer begreifen oder sich kaum vorstellen, zum Beispiel das → **Reich Gottes**. Jesus wollte den Menschen aber von Gott erzählen und die Freude weitergeben. Deshalb erzählte er in Gleichnissen: Gott ist wie ein Hirte, wie ein Vater oder ein riesiger Baum, der aus einem winzigen Senfkorn wächst.

**Gnade**
bedeutet, dass Gott den Menschen liebt und erlöst, obwohl er es eigentlich nicht verdient hat. Christinnen und Christen glauben, dass kein Mensch ohne Sünde ist. Das heißt: Niemand verlässt sich vollkommen auf Gott, und wir leben nicht in Gottes Gegenwart wie in paradiesischen Zeiten. Die biblische Geschichte vom → **Sündenfall** macht das deutlich. Dass Gott den Menschen trotzdem annimmt, ist wie ein Geschenk und wird als Gnade bezeichnet.

**Goldene Regel**
ist ein sehr alter und in allen Religionen bekannter Grundsatz: Jeden soll man so behandeln, wie man selbst auch behandelt werden möchte. Jesus spricht die Regel in der → **Bergpredigt** aus (Mt 7,12).

**Götze**
ist ein abwertender Begriff für einen falschen Gott, einen sogenannten Abgott. Am Anfang der Zehn Gebote wird vor Götzendienst gewarnt: „Du sollst keine anderen Götter haben neben mir!“ (Ex 20,3). Bilder und Statuen werden besonders scharf abgelehnt. Das bekannteste biblische Beispiel für ein Götzenbild ist das Goldene Kalb (Ex 32,1–4). Man kann aber auch von Götzen sprechen, wenn Menschen ihr ganzes Herz an Geld, Macht oder andere Dinge hängen.

**historischer Jesus – verkündigter Christus**
Der Mensch Jesus aus Nazareth (Galiläa) hat gelebt und ist, wie andere Personen der Geschichte, historisch erforscht worden. Viel Gesichertes weiß man nicht über ihn: Er war Jude und schloss sich Johannes dem Täufer an, hatte später selbst Jüngerinnen und Jünger und wurde wegen seines öffentlichen Auftretens in Jerusalem vom römischen Statthalter Pontius Pilatus zum Kreuzestod verurteilt und hingerichtet. Der griechische Name „Jesus“ war damals verbreitet und heißt im Genitiv „Jesu“.
Der Name „Christus“ ist kein Nachname, sondern ein besonderer Titel. Er bedeutet „Gesalbter“ und wurde erst nach Jesu Tod von seinen Anhängerinnen und Anhängern benutzt. Dass Jesus „der Christus“, der → **Messias** und der Sohn Gottes ist, der die Kraft zur Auferstehung und zum Sieg über den Tod hat, lässt sich nicht historisch erforschen. Es ist die Frohe Botschaft des Christentums, die bis heute von denen, die glauben, immer wieder neu mitgeteilt, weitergegeben, „verkündigt“ wird – so wie die Geburt Jesu vom Engel in der Weihnachtsgeschichte (Lk 2,10: „siehe, ich verkündige euch große Freude!“). Wie ein wahrer Mensch, der gelebt hat und gestorben ist, zugleich voll und ganz die Kraft Gottes haben kann, ist mit dem Verstand allein nicht leicht zu fassen. – „Christus“ heißt im Genitiv „Christi“, man sagt also: „im Jahr 54 vor Christi Geburt“ oder „im Jahr 54 vor Christus“.

**Imam**
kommt aus dem Arabischen und bezeichnet denjenigen, der in der → **Moschee** von der Gebetsnische aus das Gebet anleitet. Oftmals sind Imame ausgebildete Religionsgelehrte, haben zum Beispiel Islamwissenschaften studiert und einen akademischen Abschluss.

**Kiddusch**
ist der Segenspruch, der am → **Sabbat** und an anderen jüdischen Feiertagen unmittelbar vor dem Essen über einem Becher Wein gesprochen wird.

**Konfession**
ist ein lateinisches Wort. Es heißt „Bekenntnis“ und wird benutzt für eine Untergruppe einer Religion. Im Christentum gibt es die → **evangelische**, die katholische, aber auch noch viele andere Konfessionen.

**Koran**
ist die heilige Schrift der Muslime. Die insgesamt 114 Abschnitte heißen Suren. Der Koran gilt Muslimen als direktes Wort Gottes. Die einzelnen Suren sind Muhammad in den Jahren von 610 bis ca. 630 n. Chr. „ins Herz“

(beziehungsweise vom Erzengel Gabriel „auf die Zunge") geschrieben worden. Das bedeutet: Anders als die Bibel kann man den Koran nach muslimischer Auffassung nicht wirklich in eine andere Sprache übersetzen. Viele Muslime studieren daher den arabischen Text oder lernen ihn auswendig.

**Kreuz und Auferstehung**
Das Kreuz erinnert an die Kreuzigung Jesu von Nazareth (→ **historischer Jesus – verkündigter Christus**) und ist daher ein Symbol für Leiden und Tod. Zugleich ist Jesu Sterben aber mit dem christlichen Glauben an ein Leben nach dem Tod verbunden. Denn die Erzählungen der Bibel enden nicht mit der Kreuzigung am Karfreitag, sondern erzählen von einem leeren Grab am Ostersonntag, von Erscheinungen Jesu und dem Weiterwirken seiner Kraft in den Menschen – Auferstehung. Ostern, der Sieg über den Tod, ist das wichtigste christliche Fest. Das Kreuz ist also auch ein positives Symbol: für das Leben und die Kraft Gottes, für die Erlösung von Tod, Leid und Schuld, ja für die christliche Religion überhaupt. Es begegnet daher nicht nur als Warnung an Autobahnen, sondern auch als Anhänger an Halsketten oder auf Kirchtürmen.
Wenn man von „Kreuz und Auferstehung" spricht, will man betonen, dass der christliche Gott nicht erst bei der Auferweckung der Toten ins Spiel kommt. Er ist ein menschlicher Gott, der „das Kreuz" selbst kennt und Ängste, Trauer und Schmerzen der Menschen ernst nimmt.

**Mennoniten**
sind eine evangelische Glaubensgemeinschaft, die zu den Freikirchen gehört und aus der Täuferbewegung hervorgegangen ist. Täufer (englisch: Baptisten) befürworten die Taufe im Erwachsenenalter als bewusste Glaubensentscheidung.

**Menora**
Die Menora ist ein siebenarmiger Leuchter und eines der wichtigsten religiösen Symbole des Judentums. Sie ist nicht zu verwechseln mit dem neunarmigen Chanukka-Leuchter. Die Menora wurde bei der Staatsgründung Israels in das Staatswappen aufgenommen. Der → **Davidstern**, ein anderes religiöses Symbol des Judentums, ist auf der israelischen Flagge abgebildet.

**Menschenwürde**
ist der Ausdruck dafür, dass jeder Mensch wertvoll ist und dieselben Rechte hat. Seine Eigenschaften (Alter, Aussehen, Krankheit) spielen dabei keine Rolle. Kein Mensch kann seine Menschenwürde verlieren, auch wenn er sich schlecht verhält. Deshalb stehen auch allen die Menschenrechte zu. Das sehen in Europa fast alle Menschen so, Christinnen und Christen aber auf jeden Fall. Denn die Bibel stellt heraus, dass jeder Mensch als Ebenbild Gottes erschaffen wurde (Gen 1,27).

**Messe**
ist die Kurzbezeichnung des katholischen Gottesdienstes. Die „Heilige Messe" besteht aus zwei Teilen: dem „Wortgottesdienst", an dem auch Nicht-Katholiken teilnehmen können, und der „Eucharistiefeier", in deren Mittelpunkt die „Kommunion" (Abendmahl) steht. Ökumenische Gottesdienste können nur aus einem Wortgottesdienst bestehen und gelten deshalb nicht als Ersatz für die Teilnahme an einer „Heiligen Messe".

**Messias**
ist ein hebräisches Wort. Es bedeutet dasselbe wie das griechische Wort „Christus": der Gesalbte. Wer gesalbt wurde, war für ein wichtiges Amt ausgewählt. Im Alten Testament wird ein von Gott Gesalbter vorhergesagt, der die Welt rettet und Frieden für immer bringt. Juden erwarten den Messias noch. Christinnen und Christen glauben, dass Jesus dieser Friedensbringer ist. Deshalb nennen sie ihn Jesus „Christus" – Jesus, der Messias.

**Moschee**
Das Gotteshaus der Muslime wird für viele Zwecke genutzt, vor allem aber für das gemeinschaftliche → **Gebet**. Große Moscheen sind in der Regel prächtig geschmückt und haben Minarette (Türme), von denen der → **Muezzin** fünfmal täglich zum Gebet ruft. Deutsche Moscheen bestehen oft aus einfachen, unauffälligen Räumen.

**Muezzin**
Der Muezzin gehört zum Personal einer → **Moschee**. Er ist dafür zuständig, fünf Mal täglich mit einem bestimmten festgelegten Text die Muslime an ihr Gebet zu erinnern. Jeder Gebetsruf beginnt mit den Worten „Allahu akbar", auf Deutsch: „Gott ist größer!"

**Mythos**
Der griechische Begriff bedeutet „Wort" oder „Rede". Ein Mythos ist eine Erzählung. Diese Erzählung gibt aber nicht nur irgendeine Begebenheit wieder, sondern enthält etwas Grundsätzliches, etwas allgemein Gültiges: Zum Beispiel über den Menschen, das Verhältnis zu Gott (oder Göttern) oder über die Welt. Bekannt sind die antiken Mythen über die griechischen und römischen Götter. Auch das biblische Buch → **Genesis** enthält Mythen, etwa zur Schöpfung, zum → **Sündenfall** oder zur Sintflut.

**Nachfolge**
bedeutete ursprünglich, Anhänger Jesu zu werden und mit ihm zu gehen. Später wurde „Nachfolge" auf alle Gläubigen ausgedehnt: Wer Jesus „nachfolgt", führt ein Leben in seinem Sinne, also im Dienst von Frieden, Liebe und → **Gerechtigkeit**. Das ist zwar nicht immer bequem, aber mit einem sinnerfüllten Leben verbunden.

**Nächstenliebe**
bedeutet, andere Menschen mit ihren Fehlern und Schwächen anzuerkennen und ihnen zu helfen. Manche Leute glauben, man müsste sich deshalb selbst aufgeben. Nächstenliebe ist aber nur möglich, wenn man sich selbst annimmt (→ **Selbstannahme**). Auch Jesus forderte beides: „Liebe deinen Nächsten – wie dich selbst." Er betont, dass die Nächstenliebe und die Liebe zu Gott zusammengehören (→ **Doppelgebot der Liebe**). Für die Kirche ist es daher wichtig, sich für Behinderte, Alte und Kranke einzusetzen und auf anderen Feldern der → **Diakonie** Einsatz zu zeigen.

**Ökumene**
ist ein griechisches Wort und bedeutet „die ganze bewohnte Erde". Man benutzt es, um die Gemeinsamkeit von verschiedenen → **Konfessionen** zu betonen.

**Paramente**
nennt man die Behänge vor Altar, Kanzel und Lesepult. Im weiteren Sinne meint man damit auch liturgische Kleidungsstücke. In lutherischen Kirchen zeigen die Paramente die liturgischen Farben des jeweiligen Sonntags oder Festes an. In → **reformierten** Kirchen gibt es keine solche Tradition.

**Pfingsten**
liegt 50 Tage nach Ostern und zehn Tage nach Christi Himmelfahrt. Die Wundergeschichte Apg 2,1ff. erzählt, wie die zwölf Apostel nach einem gewaltigen Brausen mit Flammen über den Köpfen vom Heiligen Geist erfüllt werden. Auch wenn die Bedeutung von Pfingsten oft wenig bekannt ist, handelt es sich um ein wichtiges Fest: Es bekräftigt, dass die Frohe Botschaft Jesu Christi auch nach seiner Himmelfahrt weiterlebt und weitergegeben werden kann. Gott unterstützt die Menschen durch seinen Heiligen Geist. Pfingsten ist daher das Gründungsfest der Kirche.

**Pharisäer**
Zur Zeit Jesu gab es verschiedene religiöse Gruppen im Judentum, unter anderem die Pharisäer. Wie die → **Sadduzäer** achteten sie darauf, dass die → **Tora** eingehalten wurde. Aber sie waren auch bereit, über die

religiösen Vorschriften zu diskutieren und zu streiten. Im Neuen Testament erscheinen die Pharisäer als Gegner Jesu. „Pharisäer" ist deshalb noch heute ein Schimpfwort für jemanden, der etwas fordert, an das er sich selbst nicht hält. In Wirklichkeit stand Jesus dieser Gruppe sehr nahe.

**Pogrom**
Das aus dem Russischen stammende Wort bedeutet Verwüstung oder Verheerung. Im deutschen Sprachgebrauch meint Pogrom Übergriffe auf Eigentum und Leben sowie Plünderungen und Ausschreitungen gegen Juden durch eine aufgehetzte Menge. Der 9. November 1938, der früher beschönigend „Kristallnacht" genannt wurde, wird heute angemessen als „Reichspogromnacht" bezeichnet.

**Priestertum aller Gläubigen**
In der Zeit der → **Reformation** kritisierte Martin Luther den Unterschied zwischen geweihten Priestern und nicht geweihten Laien. Er fand falsch, dass manche Menschen Gott wegen ihres Amtes näher stehen sollten als andere Christinnen und Christen. „Allgemeines Priestertum" bedeutet: Alle, die getauft sind, können die Frohe Botschaft verbreiten. Durch den Glauben an Jesus Christus sind sie vollständig mit Gott verbunden. Auch in der evangelischen Kirche wird Pastorinnen und Pastoren ihr Amt feierlich übertragen (Ordination). Das zeigt, dass nicht einfach jeder ohne weitere Ausbildung als Pastorin oder Pastor arbeiten kann. Aber anders als in der katholischen Kirche, in der nur unverheiratete Männer Priester werden können, werden evangelische Pfarrerinnen und Pfarrer nicht geweiht und heißen auch nicht „Priester".

**Prophet**
kann mit „Hervorsager" übersetzt werden. Prophetinnen und Propheten kündigen Heil oder Unheil an, indem sie sich auf den Willen Gottes berufen. Sie sehen warnend auf das Verhalten der Menschen ihrer Zeit. Im Alten Testament findet man längere Prophetenbücher und eine Sammlung von zwölf „kleinen Propheten", im Neuen Testament sind Johannes der Täufer und Jesus die wichtigsten Propheten. Auch heute gibt es Menschen, die auf Unrecht und falsches Verhalten hinweisen und viel mit den alten Propheten gemeinsam haben.
Der Islam nennt viele Propheten und Gesandte, von denen Muhammad als der letzte und wichtigste bezeichnet wird.

**Psalm**
Die Bezeichnung „Psalm" geht auf den griechischen Begriff für „Saitenlied" zurück, also ein Lied, das mit einem Saiteninstrument (*psalterion*) begleitet wurde. Die Psalmen sind poetische Texte, die meisten sind Gebete, nur wenige (zum Beispiel Ps 49) enthalten keine direkte Anrede an Gott. Man unterscheidet den individuellen Klage- und Bittpsalm, den kollektiven Klage- und Bittpsalm, den individuellen Dankpsalm und den kollektiven Lobpsalm. Im christlichen Gottesdienst spricht man die Psalmen meist im Wechsel: Deshalb sind im Gesangbuch manche Verse eingerückt. Im Buch „Der Psalter" im Alten Testament sind 150 Psalmen gesammelt.

**Rechtfertigung**
bedeutet, dass Gott von der Sünde und Schwäche befreit, die tief in jedem steckt. Kein Mensch kann (und muss!) sich die Liebe Gottes selbst verdienen, etwa durch gute Taten. *Allein durch Jesus Christus* ist der Mensch gerettet, *allein der* → **Glaube** macht ihn frei, und das ist *allein* der → **Gnade** Gottes zu verdanken. Diese große Entdeckung Martin Luthers ist für die evangelische Kirche grundlegend.
In heutiger Sprache kann man sagen: „Auch wenn du oft einsam bist, am Sinn des Lebens zweifelst und an dich selbst denkst: Du bist ein geliebter und wertvoller Mensch." Wer darauf vertraut, bekommt die Kraft, auch freundlicher auf andere zu sehen, diese Botschaft weiterzugeben und zum Guten beizutragen.

**Reformation**
bedeutet wörtlich „Erneuerung". Als Reformationstag wird der 31. Oktober gefeiert. Denn an diesem Tag soll 1517 alles damit begonnen haben, dass Martin Luther 95 Thesen (Lehrsätze) veröffentlichte. Luther kritisierte die Rolle der Kirche: Niemand könne sich mit Geld von Sündenstrafen freikaufen (Ablass). Der Mensch sei schon durch den Tod Jesu Christi „gerechtfertigt" (→ **Rechtfertigung**).
Das löste Auseinandersetzungen um den rechten Glauben aus, in die sich Herrscher, Kirchenleute und weitere Reformatoren einschalteten. Die „Erneuerung" endete mit der Entstehung weiterer → **Konfessionen**. Die Reformationszeit veränderte die Welt. Die Freiheit des Einzelnen war wichtig geworden.

**reformiert**
Evangelisch-reformiert nennen sich die protestantischen Kirchen, die den Schweizer Reformatoren Johannes Calvin und Ulrich Zwingli folgen. Typisch für reformierte Kirchen ist, dass die einzelnen Gemeinden sehr selbstständig sind, dass es keine Bilder im Kirchenraum gibt und dass die Predigt sehr wichtig ist. In Deutschland sind zwei der 20 Landeskirchen reformiert.

**Reich Gottes**
ist ein Ausdruck für eine vollkommen gute Welt, in der nichts gegen Gottes Willen verstößt. Im Vaterunser bitten wir darum: „Dein Reich komme". Jesus hat in → **Gleichnissen** von diesem kommenden Himmelreich erzählt und in seinen Wundern (→ **Wundergeschichte**) Menschen erfahren lassen, wie sich die Gottesherrschaft anfühlt. So wird für die, die Jesus nachfolgen, ein Stück des Himmelreiches schon Wirklichkeit.

**Sabbat (Schabbat)**
bedeutet „Ruhetag". Für Juden ist der siebte Wochentag heilig. Es darf nicht gearbeitet werden. Der Sabbat beginnt am Freitagabend und endet am Samstagabend.

**Sadduzäer**
Zur Zeit Jesu gab es verschiedene religiöse Gruppen im Judentum, unter anderem die Sadduzäer. Sie achteten sehr genau darauf, dass die → **Tora** eingehalten wurde. Neuerungen wollten sie nicht. Viele Sadduzäer waren Priester, sie kamen wahrscheinlich aus adligen und reichen Familien.

**Sakramente (Taufe und Abendmahl)**
sind sichtbare Zeichen, die die Zuwendung Gottes zu den Menschen besonders spürbar machen. Nach evangelischem Verständnis müssen sie von Jesus eingesetzt sein. Daher gelten nur Taufe und Abendmahl als Sakramente. Sie wirken durch den Glauben. In der katholischen Kirche gibt es sieben Sakramente: neben Taufe und Eucharistie (Abendmahl) auch Ehe, Beichte, Krankensalbung, Firmung und Priesterweihe (anders: → **Priestertum aller Gläubigen**). Sie wirken aufgrund des richtigen Vollzugs der Handlung, also unabhängig von Rechtschaffenheit oder Heiligkeit des Spenders der Sakramente. Zeichen der Taufe ist das Wasser. Schon Jesus wurde von Johannes dem Täufer im Jordan getauft. Die Taufformel lautet: „Ich taufe dich im Namen des Vaters und des Sohnes und des Heiligen Geistes". Taufe bedeutet: Du gehörst zu Gott und bist wie neu geboren.
Das Abendmahl hat zwei Zeichen: Brot und Wein. Denn beim letzten Abendmahl mit seinen Jüngern hat sich Jesus selbst mit Brot und Wein verbunden. Die synoptischen Evangelien (→ **synoptischer Vergleich**) erzählen davon, aber auch schon Paulus in 1 Kor 11,23–26.

**Schofar**
Der Schofar oder das Schofarhorn wird in der Regel aus Widderhorn gefertigt und dient im Judentum als religiöses Signalhorn, das zur Besinnung und Umkehr ruft. Es wird beim jüdischen Neujahrsfest und an Jom Kippur, dem Versöhnungsfest, geblasen.

**Schöpfer**
ist der Ausdruck für jemanden, der etwas „erschaffen" oder „geschaffen" hat. Wenn man Gott „Schöpfer" nennt, drückt man aus: Alles kommt von Gott, Himmel und Erde, aber auch der Mensch. So wie ein Kunstwerk von einem Künstler kommt, ist der Mensch ein Geschöpf Gottes.

**Schuld und Vergebung**
Wenn man jemand anderem Unrecht getan hat, bekommt man meistens Schuldgefühle, ein schlechtes Gewissen. Es tut gut, wenn der andere dann eine „Ent-Schuldigung" annimmt, also verzeiht oder vergibt.
Religiös gesehen ist jede Schuld zugleich ein Verstoß gegen die → **Gebote** Gottes. Deshalb gibt es im Vaterunser die Bitte: „Und vergib uns unsere Schuld, wie auch wir vergeben unseren Schuldigern." Der christliche Glaube sieht in jedem Menschen den Drang, sich von Gott ab- und dem Bösen zuzuwenden. Diese grundsätzliche Schuld nennt man „Sünde". Zugleich ist durch die Taufe (→ **Sakramente**) und den Glauben an Jesus Christus das Böse im Menschen machtlos (→ **Rechtfertigung**).

**Selbstannahme**
bedeutet, sich selbst mit seinen eigenen Fehlern und Schwächen anzuerkennen. Kein Mensch ist fehlerlos. Christinnen und Christen glauben deshalb, dass alle Menschen auf Gott angewiesen sind. Weil Gott aber alle Menschen liebt, kann jeder Mensch sich selbst annehmen. Erst wenn das gelingt, wird auch → **Nächstenliebe** möglich.

**Sündenfall**
Der → **Mythos** vom Sündenfall (Gen 3) erzählt, dass Adam und Eva gegen den Willen Gottes vom Baum der Erkenntnis essen und für immer aus dem Paradies verstoßen werden. Der Mensch wird also ganz anders beschrieben als in den Schöpfungserzählungen der ersten beiden Bibelkapitel: Das → **Ebenbild Gottes** ist nun nicht mehr im Einklang mit seinem Schöpfer. Der Mensch handelt gegen Gottes Ordnungen und „fällt" aus der ungestörten Beziehung zu Gott „heraus". Damit hat er die Möglichkeit, zwischen Gut und Böse zu entscheiden. Neben der Ebenbildlichkeit gehört also auch das Getrennt-Sein von Gott, die Sünde, zum Menschsein dazu. Eine paradiesische Welt ohne Schuld, Schmerz und Tod ist unmöglich. Nur durch Gottes → **Gnade** und Jesus Christus wird die angeborene → **Schuld** des Menschen wieder ausgelöscht. Ein Zeichen dafür ist das Wasser der Taufe (→ **Sakramente**), mit dem „der alte Adam im Menschen stirbt".

**Sunna**
Neben dem → **Koran** ist die Sunna die zweite Erkenntnisquelle des Islam. Man meint damit die Handlungsweisen Muhammads, dem die Muslime nacheifern sollen, und zwar sowohl im religiösen als auch im alltäglichen Leben.

**Synagoge**
heißt das Gebäude, in dem Juden gemeinsam beten und den → **Sabbat** feiern. Außerdem gibt es Räume zum Lernen oder Versammlungsräume. Zu jeder Synagoge gehören bestimmte Dinge wie ein Schrein für die → **Tora**. Auch Jesus war Jude und ging in die Synagoge.

**synoptischer Vergleich**
ist eine Methode, bei der die Texte der drei ersten Evangelien, des Matthäus-, Markus- und Lukasevangeliums, nebeneinandergestellt und genau miteinander verglichen werden (Synopse = „Zusammen-Schau"). Das ist sinnvoll, um genau zu erklären, warum sie teilweise wörtlich übereinstimmen (→ **Zwei-Quellen-Theorie**).

**Theodizee**
bedeutet „Rechtfertigung / Verteidigung Gottes". Für gewöhnlich geht man davon aus, dass Gott gütig und allmächtig ist. Dann aber ist unerklärlich, warum er das Leid und das Böse in der Welt nicht verhindert. Es gibt verschiedene Theodizeen, also

Erklärungsversuche, die Gott in Schutz nehmen: „Das Übel hat einen tieferen Sinn und dient dem Guten" oder „Wenn Gott will, dass der Mensch frei entscheiden kann, muss er ihn auch Böses tun lassen". Auch wenn Leiderfahrungen manchmal zu einer stärkeren Hinwendung zu Gott führen, ist das Theodizeeproblem vielleicht die am schwersten wiegende Ursache für → **Zweifel.**

**Tora**
ist ein hebräisches Wort und heißt „Lehre" oder „Weisung". Im AT wird Tora für Einzelbestimmungen, für das fünfte Buch Mose und für die fünf Bücher Mose insgesamt gebraucht. Im nachbiblischen Judentum wurde Tora zu einem umfassenden Inbegriff für alle Weisungen, das heißt für die gesamte Bibel („schriftliche Tora") und für die gesammelten Auslegungen („mündliche Tora"). Meistens meint man mit „Tora" die fünf Bücher Mose. In → **Synagogen** wird die Tora in Form von Schriftrollen aufbewahrt, die mit der Hand beschrieben wurden. Sie sind sehr kostbar und werden in einem eigenen „Tora-Schrein" aufbewahrt.

**Weltbild**
nennt man die menschliche Vorstellung von der Welt als ganzer. Weltbilder verändern sich. Sie sind zwar nicht wahr oder falsch, aber sie können veralten, wenn sie Widersprüche enthalten und Ereignisse oder Beobachtungen nicht mehr befriedigend erklären können.
Lange herrschte die Vorstellung, die Welt sei eine von einer Himmelsglocke überwölbte Scheibe. Erst vermutete man die Erde, dann die Sonne im Mittelpunkt des Alls. Heute gehören das Relativitätsprinzip, die Urknalltheorie und das Prinzip der Evolution zum weithin anerkannten wissenschaftlichen Weltbild – auch unter Christinnen und Christen. Denn eine religiöse Weltanschauung und das naturwissenschaftliche Weltbild schließen sich nicht aus. Sie sind grundverschiedene Zugänge zur Welt (→ **Glaube**) und können sich daher wechselseitig ergänzen.

**Wundergeschichte**
Eine Wundergeschichte erzählt von einem erstaunlichen Ereignis, das dadurch erklärt wird, dass Gottes Macht eine Rolle spielt. Im Neuen Testament sind etwa 30 Wundergeschichten Jesu zu finden, zum Beispiel Heilungen oder Auferweckungsgeschichten. Diese Wunder sind keine Berichte, sondern Erzählungen. Ihr Sinn liegt darin, dass sie etwas über Jesus und das → **Reich Gottes** sagen, aber auch über die Erfahrungen, die Menschen mit Jesus und Gott gemacht haben: Die Erfahrung, dass Gottes Macht in unserem Leben wirksam wird.

**Zeloten**
Zur Zeit Jesu gab es verschiedene religiöse Gruppen, unter anderem die Zeloten. Wie alle Juden hofften auch sie auf den → **Messias**. Aber sie glaubten, für den Frieden kämpfen zu müssen. Von der Herrschaft der Römer wollten sie sich mit Waffen befreien.

**Zweifel**
im religiösen Sinn meint die Unsicherheit im → **Glauben**. Glaubenszweifel gehören zum Menschsein dazu. In der Bibel gibt es etliche Beispiele dafür, etwa den ungläubigen Jünger Thomas (Joh 20,24–31). Glaube und Zweifel gehören sogar bei Heiligen zusammen. Man bezeichnet den Zweifel daher auch als „Bruder des Glaubens".

**Zwei-Quellen-Theorie**
Die Theorie geht davon aus, dass die Evangelisten Matthäus und Lukas wahrscheinlich zwei Quellen, zwei Textvorlagen hatten. Der → **synoptische Vergleich** zeigt, dass sie aus dem Markusevangelium (oder einer früheren Form davon) abgeschrieben haben müssen. Zusätzlich haben beide auch eine Sammlung von Jesussprüchen benutzt, die man Q nennt (= Quelle). Die Theorie kann man nicht beweisen, aber sie erklärt die Gemeinsamkeiten und Unterschiede bislang am besten.

**Textquellenverzeichnis**

**12** Die Gewissensfrage, Rainer Erlingen, http://sz-magazin.sueddeutsche.de/texte/anzeigen/2693; **13** Zitat Rainer Oberthür, aus: ders.: Das Buch der Symbole. Auf Entdeckungsreise durch die Welt der Religion. Kösel 2 2010, S. 302; **13** Zitat Paul Tillich, aus: ders.: Systematische Theologie I, Stuttgart 3. Auflage 1956, 19 f.21; **13** Zitat nach Rudolf Otto, nach: ders.: Das Heilige, Beck, München 1963, 13.18.42 f.; **14** Reportage von Susann Sitzler, gekürzte und leicht veränderte Auszüge aus: Die ZEIT, 11. August 2011, Nr. 33, S. 50; **15** Heidi Kaiser: Das Gipfelkreuz. Aus: Vorlesebuch Symbole. Geschichten zu biblischen Bildwörtern. Patmos 1990. S. 266–268, in Auszügen; **17** Zitat zu Konstantin I. aus: Wilhelm Ziehr: Das Kreuz: Symbol – Gestalt – Bedeutung, Belser, Stuttgart und Zürich 1997, Seite 50; **17** Zitat Katrin Göring-Eckardt, zitiert nach: Katechetische Blätter 136 (2011); **21** Sehnsucht nach Geborgenheit (Auszug aus einer Andacht) © Rainer Merkel; **22** Quelle: Focus online, iPhone: Zweite Runde fürs Jesus-Handy, http://www.focus.de/digital/handy/iphone/tid-10248/iphone-zweite-runde-fuers-jesus-handy_aid_306895.html, 15.03.2012; **22** „Das Religiöse hat sich gewandelt", aus: Uwe Böhm: Religion im Alltag wahrnehmen und deuten, Waxmann, Münster u.a. 2011, 140–146, in Auszügen, gekürzt und leicht verändert; **27** BBC streicht das „nach Christus", aus: WAZ (Westdeutsche Allgemeine Zeitung) vom 01.10.2011; **33** Jugendliche leider heute sehr unter zu hohem Leistungsdruck, aus: Bernhard Heinzlmaier, Jugend unter Druck, Wien 2007, S. 8 (www.jugendkultur.at/Leistungsdruck%20Report_2007_jugendkultur.at.pdf); **45** Der Pastor, der den Koran verbrennen will, aus: Reymer Klüver, www.sueddeutsche.de vom 07.09.2010, gekürzt und leicht verändert; **52** Ich heirate mich selbst. Eine Niederländerin hat endlich die Single-Ehe durchgesetzt, aus: Frankfurter Rundschau vom 18.02.2002, gekürzt und leicht geändert; **55** Die Frau – keine Schöpfung zweiter Klasse. Jürgen Ebach. Sonderdruck zum Deutschen Evangelischen Kirchentag. Deutscher ev. Kirchentag; **55** Eva aus Sicht der feministischen Theologie, aus: Phyllis Trible: Eva und die Schlange. In: Moltmann-Wendel, Elisabeth (Hg.): Frauenbefreiung. 2. Aufl. München 1978. S. 93 ff., gekürzt; **56** Zitat nach Wilfried Härle: Wilfried Härle, Dogmatik, Berlin 4. Auflage 2012, S. 469–471, leicht geändert, De Gruyter; **58** Stellungnahme der EKD, aus: Evangelische Kirche in Deutschland (EKD): Mit Spannungen leben. Orientierungshilfe der EKD 1996, o. S., gekürzt; **59** Michael Müller, Aktion „Wahre Liebe wartet": http://wahreliebewartet.de/, gekürzt; **60** Jesus – der erste neue Mann, Franz Alt, München: Piper 9. Auflage 1991 (1. Aufl. 1989), S. 13 f., gekürzt; **62** © Merle Büter; **63** Burgess, Melvin: Billy Elliot. I will dance. Übersetzer Heike Brandt, Ravensburger S. 60 ff., gekürzt; **64** Jan Heinisch: Verbotene Liebe?, aus: Lauffeuer 11/2002; **64** „Viele homosexuelle Christen leiden in fundamentalistischen Gemeinden", aus: Cornelius Jansen, http://www3sat.de/page/?source=/kulturzeit/themen/132782/index.html; **65** Zitat Helga Kuhlmann, aus: Stellungnahme der HuK vom 13.02.2011, Erklärung des Vorstands zur Debatte über lesbische und schwule PfarrerInnen im Pfarrhaus, www.huk.org/cms/front_content.php?idart=459&lang=1; **65** Zitat Manfred Kock, aus: ders.: Störung der Ökumene? Streit über homosexuelle Paare im Pfarrhaus. Nicht trennend. Die biblische Ablehnung der Homosexualität meint etwas anderes. In: zeitzeichen 6/2011, S. 47, gekürzt; **67** Die Rolle Hagars, aus: Hamideh Mohagheghi: Abraham und der Glaube an den Einen Gott (Vortrag) © Hamideh Mohagheghi; **72** „Mehr als die Hälfte der Deutschen glaubt an Wunder", aus: http://www.n-tv.de/panorama/Die-meisten-Deutschen-sagen-Ja-article335012.html, leicht verändert; **72** Zitat Stephan Sigg, aus: ders.: Gleichnisse und Wunderberichte aus der Bibel, Auer 2010, S. 8; **72** Zitat Rudolf Bultmann, aus: ders.: Neues Testament und Mythologie. Das Problem der Entmythologisierung der neutestamentlichen Verkündigung. Nachdruck der 1941 erschienenen Fassung, hg. v. E. Jüngel, München 1985 (BEvTh 96), S. 16; **72** Zitat nach Gerd Theißen, aus: ders.: Die Religion der ersten Christen, Gütersloh 2. Auflage 2001, S. 397; **76** „Zu den Problemen gehört für die Mitarbeiterinnen und Mitarbeiter ihre faktische Machtlosigkeit", aus: Jürgen Ziemer: Seelsorgelehre, Göttingen [2] 2004, S. 342, gekürzt; **78** Wolfgang Huber: Recht auf den eigenen Lebensentwurf, aus: Bericht des Rates der EKD (4. Tagung der 70. Synode der EKD, Berlin, 6. bis 70. November), http://www.ekd.de/synode2005/synode2005_ratsbericht_a_3.html; **80** „Viele erwarten die Herrschaft Gottes", aus: Theißen, Gerd: Der Schatten des Galiläers, Gütersloh 2004; **82** Was leisten Kinder ..., aus: Gerd Laudert-Ruhm: Jesus von Nazareth. Das gesicherte Basiswissen. Kreuz Verlag Stuttgart/Zürich 2002, S. 117; **83** Defintion „gerecht", aus: Duden. Die deutsche Rechtschreibung, Bibliographisches Institut & F.A. Brockhaus AG, Mannheim 2006, 24. Auflage, S. 447; **84** Interview mit Europas größtem Schuhhändler: Horst Deichmann im Gespräch: Auszüge aus einem Interview mit Hanno Gerwin, http://www.gerwin.de/; **85** Anthony de Mello: Gib deiner Seele Zeit. Inspirationen für jeden Tag. Herder spektrum, Band 5659, Freiburg u. a. 2005, S. 61; **86** „Den Menschen eine Stimme geben", ZDF, http://www.zdf.de/ZDF/zdfportal/web/ZDF.de/zdfNeo/2942320/6294744/99e9ab/Der-Straßenchor.html?view (08.11.2012); **87** Bruce Allmächtig. Steve Oedekerk, Mark O'Keefe, Steve Koren. Touchstone. Übersetzt von Sven Hasper; **96** „Als Jesus Freaks behaupten wir": Red. Jesusfreaks, http://www.jesusfreaks.com/content/über-jesus-freaks-de, leicht verändert und gekürzt; **101 f.** Martin Luther, Ausgewählte Schriften, Bd. 1, hg. von Bornkamm, K./Ebeling, G., Frankfurt/M. 1982, S. 22–24, verändert; **104** http://www.ekd.de/aktuell/78840.html, 23.04.2012, gekürzt; **105** Leseprobe aus der Volxbibel (Mt 6,5–14, gekürzt), Die Volxbibel. Neues Testament, Pattloch 2009; **107** Johannes Calvin, zitiert nach: Bröhenhorst/Degenhardt, Neugierig auf Calvin, S. 92; **112** Die Initiative „step 21", aus: http://www.step21.de/Wettbewerbs-Infos.511.0.html, gekürzt; **114 f.** Dian Fossey – ein Vorbild?, aus: Rolf-Bernhard Essig: Wann ist ein Held ein Held?, Carl Hanser Verlag, München 2010, S. 113–125, verändert und gekürzt; **116** Was ist Gerechtigkeit?: Christina Kurfess-Reuhs, Katholikentag, http://saarbruecken.katholikentag.de/100-worte-gerechtigkeit/index.php?page=4; **118 f.** „Amos ist auf dem Weg nach Samaria", aus: Laubi, Werner: Geschichten zur Bibel. Elia, Amos, Jesaja: Ein Erzählbuch für Schule, Familie und Gemeinde, Verlage Benziger und Kaufmann, Düsseldorf 1983, leicht verändert und gekürzt; **123** ELAS-Suchtselbsthilfe: „Ein hohes Maß an ehrenamtlichem Engagement": http://www.

diakonie.de/geschichten-zum-freiwilligen-engagement-in-der-diakonie-7607-elas-suchtselbsthilfe-7569.htm, gekürzt und leicht verändert, Diakonisches Werk; **124** „Das Wort Diakonie stammt aus dem Griechischen": Diakonie Deutschland (Hg.), „Diakonie sein", Unterrichtsmaterial Sekundarstufe I, 2011, Caroline-Michaelis-Straße 1, 10115 Berlin, unterrichtsmaterial@diakonie.de, http://www.diakonie.de/unterrichtsmaterial; **124** „Im Leitbild der Diakonie heißt es": Diakonie Deutschland (Hg.), Leitbild Diakonie, 1997, Caroline-Michaelis-Straße 1, 10115 Berlin, diakonie@diakonie.de, http://www.diakonie.de; **126** Gutes tun? Ehrensache!, http://www.spiegel.de/deinspiegel/0,1518,776634,00.html, 26.03.2012, leicht verändert; **128** „Utopia" ist eine Initiative gegen den Klimawandel, Zitate (marginal gekürzt) von http://www.utopia.de/utopia und http://www.utopia.de/utopia/award-2011; **132** „Liebe Dr. Laura", http://www.2jesus.de/bibel-faq/offener-brief-an-dr-laura.html (massiv gekürzt); **135** Zwei pharisäische Schriftgelehrte etwa zur Zeit Jesu, aus: Babylonischer Talmud, Traktat „Schabbath" 31a (zitiert nach: Kommentar zum Neuen Testament aus Talmud und Midrasch, von Hermann L. Strack und Paul Billerbeck. Erster Band. Das Evangelium nach Matthäus, C. H. Beck, München 8. Auflage 1982, S. 357; sprachlich angepasst); **136** „Während der Monate, in denen sich Vespasian in Alexandrien aufhielt, […] zeigten viele Wunder", aus: Tacitus Hist. IV, 81 in: Jäger, Wolfgang: Die Heilung des Blinden in der Kunst. 2. Aufl. Sigmaringen 1976. S. 9 f., Thorbecke; **139** Rabbi, der Mann bringt dich um, aus: Luise Rinser; Mirjam, S. Fischer Verlag GmbH, Frankfurt am Main 1983 (S. 124–125) Rechtschreibung angepasst; **143** Heilung der Schwiegermutter des Petrus, aus: Synoptisches Arbeitsbuch zu den Evangelien. Die vollständigen Synopsen nach Markus, nach Matthäus, nach Lukas, mit den Parallelen aus dem Johannes-Evangelium und den nicht-kanonischen Vergleichstexten sowie einer Auswahlkonkordanz. Bearbeitet und konkordant übersetzt von Rudolf Pesch in Zusammenarbeit mit Ulrich Wilckens und Reinhard Kratz. Bd. 1/Markus, Benziger/Gütersloher Verlagshaus 1980, S. 29; **144** Zitat Luise Schottroff, aus: Kompendium feministische Bibelauslegung, hg. von Luise Schottroff und Marie-Theres Wacker, Gütersloher Verlagshaus 3. Auflage 2007, S. 589, gekürzt; **145** Sure 4,34 in der Übersetzung von Adel Khoury, aus: Der Koran. Übersetzung von Adel Theodor Khoury unter Mitwirkung von Muhammad Salim Abdullah, Gütersloher Verlagshaus 2001; **145** Sure 4,34 in einer sinngemäßen Übertragung, A. F. in einem Leserinnenbrief an „Huda. Netzwerk für muslimische Frauen e. V.", aus: http://www.huda.de/frauenthemen/sure_4_34.html; **145** Eine überlieferte Aussage des Propheten Mohammed, aus: Muhammad Salim Abdullah, Islam für das Gespräch mit Christen, Gütersloher Verlagshaus 2. Auflage 1995, S. 109; **146** Auszüge aus: Jan von Flocken: Wie Martin Luthers Bibel unsere Sprache prägt, 25.01.2008, Welt-online (http://www.welt.de/kultur/history/article1590611/Wie_Martin_Luthers_Bibel_unsere_Sprache_praegt.html), Springer, Berlin; **147** „Bibel in gerechter Sprache" 2006, aus: Margot Käßmann: In der Sprache von heute (Auszug, an einer Stelle gekürzt), Chrismon 10/2006, 12; **154** „Jedes Jahr im Monat Ramadan", aus: Saphir 5/6, S. 114/115 , Harry H. Behr, Rabeja Müller, München: Kösel 2008, gekürzt und leicht verändert; **157** alle Zitate nach: Kaddor/Müller/Schwamminger: Der Koran für Kinder und Erwachsene, Beck 2010; **158** Mesut Özil betet: http://www.faz.net/artikel/C30644/fussball-nationalmannschaft-mehr-leistung-durch-vielfalt-30250843.html, leicht geändert; **159** „Ich darf Mekka sehen", aus: Tworuschka, Monika/Udo – Vorlesebuch Fremde Religionen, Band 1, Udo Kelch, Kaufmann. Judentum/Islam, S. 338/339, gekürzt und leicht verändert; **160** WDR.de: Jedes Jahr 30 Tage lang fasten – haltet ihr das immer durch?: http://www1.wdr.de/themen/kultur/ramadan100.html; **161** Suren, aus: Mohagheghi/Steinwede: Was der Koran uns sagt. S. 107/108, Bayerischer Schulbuchverlag 2010, BSV; **163** Moschee – eine Fantasiereise, aus: Else Müller: Wenn der Wind über Traumwiesen weht, S. 67, Fischer; **164** Suren, aus: Der Koran. Übersetzung von Adel Khoury unter Mitwirkung von Muhammad Salim Abdullah, Gütersloh 2. Auflage 1992; **165** Mein Kopf gehört mir (Kübra Gümüsay, geb. Yücel): www.taz.de/Kolumne-Das-Tuch/!51080, Kolumne vom 14.04.2010, gekürzt und leicht vereinfacht; **172** aus: Nesrin und Yasemin Samdereli: Almanya. Willkommen in Deutschland. Deutsche Drehbücher Jahrgang 2011, 1. Auflage 2011, S. 48 f. und 78; **174** Dorothee Sölle, Jesus von Nazareth, Deutscher Taschenbuch Verlag 2000, S. 114–119, gekürzt; **175** Theodor Storm: Gesammelte Werke. Gedichte, Märchen und Spukgeschichten, München 1998, 76 f.; **176** aus: C. S. Lewis: Die Chroniken von Narnia. Der König von Narnia, aus dem Engl. von W. Hohlbein und C. Rendel, Wien Ueberreuter 2005; **180** © Ralf Johnen; **184 f.** Quelle: 07.04.2003, Christian Beneker, Fulbert Steffensky, Hamburger Abendblatt, http://www.abendblatt.de/ratgeber/article182133/Wir-tun-an-Ostern-so-als-waere-alles-in-Ordnung.html, gekürzt; **185** Osternacht, Quelle: Homepage des evangelischen Kirchenkreises Hofgeismar, http://www.ekkh.de/gemeinden/aktiv/osternacht.php, 20.04.2012; **186** Afrikanisches Glaubensbekenntnis (Quelle unbekannt), zitiert nach: „Zeit für Gott – Göttliche Zeit(en)". Bausteine für einen Gottesdienst in Gemeinden mit Partnerschaftsbeziehungen, http://www.ekhn.de/inhalt/download/materialien_godi_ru/zeit_06_gr.pdf; **186** Zitat James Johnson: aus: C.O. 267/317. Letter from the Rev. James Johnson to Governor Hennessy, 11 December 1872, zitiert in: C. Fyfe, Sierra Leone Inheritance, London 1964. Hier zitiert nach: Klaus Koschorke (u.a., Hg.): Außereuropäische Christentumsgeschichte, Neukirchen-Vluyn 2004, 169, Text Nr. 170b); **187** Jesus in Indien, aus: Horst-Georg Pöhlmann, Wer war Jesus von Nazareth?, Gütersloher Verlagshaus 1988, gekürzt; **193** In welche Streitfälle soll sich die Kirche einmischen?, Chrismon-Umfrage 8/2006, http://chrismon.evangelisch.de/; **193** Mit welchen Symbolen oder Aufklebern würden Sie sich nie öffentlich zeigen?, Repräsentative Umfrage vom Mai 2011 (Auszug). http://chrismon.evangelisch.de/umfragen/2011/jesus-atomkraft-nein-danke-bvb-welches-symbol-kommt-nicht-auf-ihr-t-shirt-oder-auto; **195** Glaube und Weltverantwortung: Brücken bauen zwischen Gott und Welt, Nikolaus Schneider, gekürzt zitiert nach: http://www.ekd.de/aktuell/77945.html; **196** „Adolf Hitler wollte nach seiner Wahl zum Reichskanzler 1933 die Kirchen für den Ausbau der nationalsozialistischen Herrschaft gewinnen", aus: Erklärung Hitlers vor dem Reichstag, 23.11.33, zitiert nach: Geschichte in Quellen, Bd. V, bsv, München 1975, S. 324; **197** Auszug aus den Rengsdorfer Thesen

(Tagungsergebnis der rheinischen DC, 3.–5.10.1933). Zitiert nach: Goebel, Klaus, Nationalsozialistische Ideologie oder christlicher Glaube? Konflikte und Kontroversen im Rheinland. Dargestellt an vier Beispielen zwischen 1933 und 1941, Sonderdruck Köln 1984, S. 263–266. Entnommen: van Norden, Günther (Hg.), Kirchenkampf im Rheinland ... Köln 1984; **197** Diktat aus einer Volksschule (3. Klassen, München, 16.3.1934, Auszug): aus: Walter Hofer, Der Nationalsozialismus. Dokumente 1933–1945, Fischer Taschenbuch 1974, S. 128; **197** Eintrag in Poesiealbum von Liselotte Meyer: Privatbesitz von Rainer Merkel; **199** Brief von Karl Immer: aus: Klaus Göbel: Nationalsozialistische Ideologie oder christlicher Glaube? Konflikte und Kontroversen im Rheinland, dargestellt an vier Beispielen zwischen 1933 und 1941. Sonderauflage Köln 1984, S. 268; **200** Morgenstern, Naomi, Die Tochter, die wir uns immer gewünscht haben. Die Geschichte von Marta, Yad-Vashem / Jerusalem 2008, S. 30–32 und 41–42 in Auszügen; **201** Das „Wort zur Judenfrage", 1948, aus: Der Bruderrat der Evangelischen Kirche in Deutschland, „Wort zur Judenfrage", Darmstadt 8. April 1948 (hier in Auszügen entnommen aus: Christen und Juden. Dokumente der Annäherung, Gütersloh: GTB 1991, S. 89 ff.), gekürzt; **202** Interview mit Generalleutnant Rainer Glatz und dem Theologen Fernando Enns, aus: Chrismon. http://chrismon.evangelisch.de/artikel/2011/duerfen-christen-toeten-11129, hier gekürzter Auszug; **203** Die dreifache Möglichkeit kirchlichen Handelns, aus: Dietrich Bonhoeffer, Werke, hg. von Eberhard Bethge u. a., Gütersloh: Chr. Kaiser 1986–1999, Bd. 12, S. 353, gekürzt; **203** Denkschrift der Ev.-luth. Landeskirche Hannovers 1946 (Aus: Ev.-luth. Landeskirche Hannovers: „Die Haltung der Hannoverschen Landeskirche im Kirchenkampf und heute." Hannover 1946) – zitiert nach einem Vortrag von Hans-Richard Reuter: http://egora.uni-muenster.de/fb1/pubdata/Widerstehen.pdf, gekürzt; **203** Presseerklärung der Ev.-luth. Landeskirche Hannovers zum 100. Geburtstag von Dietrich Bonhoeffer am 4. Februar 2006 – aus: http://www.landeskirche-hannovers.de/evlka-de/presse-und-medien/nachrichten/2006/01/20-3965; **204** Brief der der sächsischen Landeskirche vom 24. März 1982 (Auszug), aus: Wolfgang Büscher u. a. (Hg.), Friedensbewegung in der DDR, Texte 197–1982, Hattingen: Scandia-Verlag 1982, S. 290ff./ hier aus: Peter Maser: Die Kirchen in der DDR, Bundeszentrale für politische Bildung Bonn 2000, S. 58; **205** Die Kirchen als Zentren der Opposition Aus: Peter Maser: Die Kirchen in der DDR, Bundeszentrale für politische Bildung Bonn 2000, S. 147–149, gekürzt; **206** Militärpfarrer Uwe Becker berichtet über seine Arbeit, gekürzt aus: http://www.ekiba.de/2216_3565.php, Evangelische Kirche in Baden; **206** Die Tafel in Varel, gekürzt aus: http://www.ev-kirche-varel.de/diakonisches/vareler-tafel.html; **207** Religionsunterricht in gemeinsamer Verantwortung von Staat und Kirche (Gebhard Böhm) – vom Autor zur Verfügung gestellter und in dieser Form abgesegneter Text; **216** http://www.welthungerhilfe-blog.de/allgemein/in-freiheit-verhungern-die-lage-der-menschen-im-sudsudan-ist-dramatisch/, gekürzt, Johan van der Kamp. Welthungehilfe e. V.; **217** Info – Hunger, http://www.welthungerhilfe.de/was-ist-hunger.html, gekürzt, Welthungerhilfe e. V.; **219** Verpflichtung der Christen zur Politik, aus: Peter Bichsel: Über Gott und die Welt, Suhrkampverlag, S. 118. 121–122, leicht verändert und gekürzt; **221** Eine Erklärung von „Brot für die Welt", aus: http://www.brot-fuer-die-welt.de/ueber-uns/index_819_DEU_HTML.php, gekürzt; **221** Zitat Franz Alt, aus: Evangelische Zeitung, 4. Juli 2007, http://www.nordelbische.de/beitraege/?p=662; **221** Zitat Ruth C. Kohn, aus: dies., Es geht ums Anteilnehmen ... Perspektiven der Persönlichkeitsentfaltung, Herder-Verlag, Freiburg 1993, S. 8; **222** Die menschliche Würde, Ulrich Körner, aus: Evangelische Sozialethik, 2. Aufl. 2008, Vandenhoeck & Ruprecht, S. 158 f., gekürzt; **223** Ein Begriff mit alten Wurzeln, http://www.menschenrechte.jugendnetz.de/index.php?id=122, gekürzt, Jugendstiftung Baden-Württemberg; **224** Auszüge aus: Allgemeine Erklärung der Menschenrechte (insgesamt 30 Artikel) Zitiert nach Homepage von Amnesty International, Quelle: UN Department for General Assembly and Conference Management German Translation Service (Stand: 30.10.2009) http://www.ohchr.org/EN/UDHR/Pages/Language.aspx?LangID=ger; **225** Idee entnommen aus: Karten zu Menschenrechten, Quelle: www.brot-fuer-die-Welt.de/downloads/jugend-schule/unterrichtsmaterial_menschenrechte_sekI.pdf; **226** Auf der dunklen Seite der digitalen Welt, Oliver Jungen, aus FAZ vom 23.08.2010, gekürzt; **227** Schüler nehmen Politiker in die Zange, Oliver Jungen, Frankfurter Allgemeine Zeitung; **233** Zitat Edgar Mitchell, aus: Kevin W. Kelley [Hg.], Der Heimatplanet, Frankfurt am Main 1989, S. 52; **233** „In erstaunlicher und für viele überraschender Weise zieht das Thema „Schöpfung und Evolution" die öffentliche Aufmerksamkeit wieder auf sich", Quelle: Weltentstehung, Evolutionstheorie und Schöpfungsglaube in der Schule. Eine Orientierungshilfe des Rates der Evangelischen Kirche in Deutschland, hrsg. v. Kirchenamt der EKD Hannover, EKD Texte 94, Hannover 2008, in ausgewählten Passagen (7.11.13.19.22), gekürzt; **234** Der Atomphysiker hat sich damit abfinden müssen, dass seine Wissenschaft nur ein Glied ist in der endlosen Kette der Auseinandersetzungen, aus: Werner Heisenberg, Das Naturbild der heutigen Physik, Reinbek 1955, S. 10 oder 21, gekürzt, Rowohlt; **236** Wir mussten und durften lernen, dass wir unserem Kind ein Leben vor dem Tod geben müssen mit allem, was zum Leben gehört, aus: Karsten Keding, Gehe hin – dein Sohn lebt!, Marburg/Lahn 1988, S. 40–41; 68–69, gekürzt, Francke; **238** Martin Buber, 1953 © Judith Buber-Agassi, Herzlia, Gütersloher, gekürzt; **239** Heinz Zahrnt, Wie kann Gott das zulassen?, Piper, München 1985; **239** Leon Felipe, übersetzt in: Dorothee Sölle, Mystik und Widerstand, Piper, München, 7. Aufl. 2004, 177; **242** Günther Bernd Ginzel, Emil Davidovic, Auschwitz als Herausforderung für Juden und Christen, Schneider, Heidelberg 1980, S. 431–436, gekürzt; **243** „Nicht wir, die Überlebenden, sind die wirklichen Zeugen", aus: Primo Levi: Die Untergegangenen und die Geretteten. Übersetzt von Moshe Kahn, Hanser; **244 f.** Leiden und Glück, Buddhismus Stiftung, www.buddhismus-schule.de/pdfs/DreiArtenLeid.pdf; **247** Zitat Friedrich Nietzsche, Der Wille zur Macht, Kröners Taschenausgabe Bd. 78, S. 688; **247** Zitat Dietrich Bonhoeffer, Widerstand und Ergebung, Gütersloher, München, 14. Aufl. 1990, S. 191–192; **247** Zitat Karl Rahner, Im Gespräch Bd. I, Kösel, München 1982, S. 246; **247** Zitat Jürgen Moltmann, Wer ist Christus für uns heute, Gütersloher, München, 5. Aufl. 2009, S. 41; **247** Zitat Hans Küng, Was ich glaube, Piper, München 2009, S. 243

**Die Bibelstellen des Alten Testaments (Ausnahme Psalmen) wurden nach der Gute Nachricht Bibel wiedergegeben.**

**Die Psalmen wurden nach der Lutherbibel (revidierte Fassung von 1984) wiedergegeben.**

**Die Bibelstellen des Neuen Testaments wurden nach der BasisBibel wiedergegeben**, BasisBibel. Neues Testament und Psalmen © 2012 Deutsche Bibelgesellschaft, Stuttgart

**Liedquellenverzeichnis**

**20** Wovon sollen wir träumen. Text: Axel Bosse / Alina Süggeler © Universal Publ. GmbH, Berlin. Edition ACE Magnets / Oton Verlag Martin Propp, Berlin; **34** Stark. Text: Annette Humpe © Ambulanz Musikverlag - Annette Humpe / Aquarium Edition; **81** Alle Knospen springen auf. Text: Wilhelm Willms; Melodie: Ludger Edelkötter, KiMu Kinder Musik Verlag GmbH, 50259 Pulheim; **86** Wunder gescheh'n. Text: Nena Kerner © EMI Songs Musikverlag GmbH, Hamburg; **99** Ein Schiff, das sich Gemeinde nennt. Text und Melodie: Martin Gotthard Schneider © Gustav Bosse Verlag, Kassel; **122** Was wir alleine nicht schaffen. Text: Xavier Naidoo © Edition Wortgewandt. Hanseatic Musikverlag GmbH & Co. KG, Hamburg; **177** Jesus ist kommen, der starke Erlöser, EG 66, Strophen 3 und 6, Text: Johann Ludwig Konrad Allendarf 1736, Melodie: Köthen um 1733; **181** Die Nacht ist vorgedrungen, Text: Jochen Klepper, Melodie: Johannes Petzold, Bärenreiter Verlag Kassel; **214 f.** An Tagen wie diesen, Text: Ferdinand Bolland / Robert Bolland / Boris Lauterbach / Johann Hölzel / Martin Vandreier / Björn Warns © Edition Falkenhorst c/o Hobo Music & Media GmbH, Ingolstadt. Hanseatic Musikverlag GmbH & Co. KG, Hamburg. Nanada Musiv B.V.; **241** Großer Gott, wir loben dich, Text: Ignaz Franz 1768 nach dem „Te Deum laudamus" 4. Jh.; Melodie: Lüneburg 1668, Wien um 1776, Leipzig 1819; **241** La paz del Señor, Melodie: Anders Ruuth © Carus-Verlag, Stuttgart; Titel: Bewahre uns Gott, Text: Eugen Eckert © Strube Verlag GmbH, München

**Bildquellennachweis**

**Umschlag** Getty Images, München; **4.1** Zentralverband des Deutschen Handwerks (ZDH), Berlin; **4.2** PantherMedia GmbH, München; **4.3** Fotolia.com (Uwe Annas), New York; **4.4** Fotolia.com (runzelkorn), New York; **5.1** Hirtreiter, Wolfgang, Gröbenzell; **5.2** Evangelische Kirche von Westfalen, Bielefeld; **5.3** Imago, Berlin; **6.1** Steiger, Ivan, München; **6.2** Fotolia.com (Jasmin Merdan), New York; **7.1** Klett-Archiv (Christhard Löber), Stuttgart; **7.2** akg-images, Berlin; **7.2** Masztalerz, Piero, Hamburg; **8.1** Fotolia.com (Torbz), New York; **10** Zentralverband des Deutschen Handwerks (ZDH), Berlin; **12** Markert, Jürgen, Duisburg; **13** Fotolia.com (Brigitte Bonaposta), New York; **14.1** Interfoto (imagebroker/Hans Blossey), München; **14.2** Kirchenzentrum e.V. (Volker Wiciok, Bochum), Oberhausen; **15** Fotolia.com (Andreas), New York; **16.1** Fotolia.com (askaja), New York; **16.2** Fotolia.com (FOTO-RAMMINGER), New York; **16.3** Fotolia.com (Natis), New York; **16.4** Fotolia.com (Haramis Kalfar), New York; **16.5** Fotolia.com (vektorisiert), New York; **16.6** Fotolia.com (ferretcloud), New York; **16.7** akg-images (Kunstslg. Boettcherstrasse), Berlin; **16.9** Fotolia.com (Bergfee), New York; **16.10** Fotolia.com (Tom-Hanisch.de), New York; **16.11** Fotolia.com (Doc RaBe), New York; **16.12** Fotolia.com (Digipic), New York; **18** Fotolia.com (senoldo), New York; **19.1** Fotolia.com (G.Light), New York; **19.2** Fotolia.com (Kzenon), New York; **19.3** Fotolia.com (Martina Berg), New York; **19.4** Fotolia.com (rotschwarzdesign), New York; **19.5** Fotolia.com (Kitty), New York; **19.6** Fotolia.com (TEA), New York; **20** Fotolia.com (nmarques74), New York; **22** aus: Religion 5-10, Nr. 1/2011, Friedrich Verlag GmbH, Seelze © Matthias Hennicke, Fotos: fotolia; **23.2** Alexander Kosolapov, New York © VG Bild-Kunst, Bonn 2012; **24.1** Hermle, Siegfried, Erftstadt; **24.2; 24.3; 24.4; 24.6** Klett-Archiv (Rainer Merkel), Stuttgart; **24.5** Mißfeldt, Tanja, Marktschellenberg; **25.1** Fotolia.com (Kara), New York; **25.2** Wikimedia Deutschland (PD), Berlin; **25.3** Fotolia.com, New York; **28.1; 28.2** Bigelmayr, Hermann, München; **30** PantherMedia GmbH, München; **30.1** Fotolia.com (Gaby Muhr), New York; **30.3** Fotolia.com (Conny Hagen), New York; **32** Klett-Archiv (Bärbel Husmann), Stuttgart; **33** tfactory, Hamburg/TIMESCOUT Welle 12 (2007): rep. für 11- bis 39-jährige Trendsetter und Early Adopters, n=1200, Sonderauswertung 11-29 Jahre www.jugendkultur.at/Leistungsdruck%20Report_2007_jugendkultur.at.pdf, S. 7; **33.2** Fotolia.com (Amir Kaljikovic), New York; **35.1** Fotolia.com (shootingankauf), New York; **37** Fotolia.com (Mike Kiev), New York; **38** akg-images (Pirozzi), Berlin; **40** Yahoo! Deutschland GmbH (fishy.schattenspiel). Mit freundlicher Genehmigung von IKEA Deutschland; **41** Klett-Archiv (Joachim Jeska), Stuttgart; **43.1** Diakonisches Werk der EKD e.V.; **43.2** ASF Aktion Sühnezeichen Friedensdienste e. V., Berlin; **43.3** Bundesverband Deutsche Tafel e.V. (Die Tafeln), Berlin; **43.4** Bund Naturschutz in Bayern, Rothenbuch; **43.5** Diakonisches Werk der Evangelischen Kirche in Deutschland e. V.; **43.6** Blaues Kreuz in Deutschland e.V., Wuppertal; **43.7** Amnesty International, Berlin; **44** Wikimedia Deutschland (George Shuklin CC-BY-2.5), Berlin; **45** ddp images/AP Photo (ddp images/John Raoux)), Hamburg; **46** Schwabenverlag AG, Ostfildern © Sieger Köder, Der verlorene Sohn; **48** laif (Arie Kievit /Hollandse Hoogte), Köln; **50.1** Fotolia.com (Uwe Annas), New York; **50.2** Fotolia.com (runzelkorn), New York; **52** shutterstock (visi.stock), New York, NY; **53** Friedemann, Claudia, Chemnitz; **54** akg-images, Berlin; **56** © Nolde Stiftung Seebüll; **57.1** Fotolia.com (soupstock), New York; **57.2** Fotolia.com (pickks), New York; **59** Abdruck mit freundlicher Genehmigung: Michael Müller, Be Different © 2003 SCM Hänssler, D-71088 Holzgerlingen, www.scm-haenssler.de; **61** BPK (RMN/Gérard Blot), Berlin. © VG Bild-Kunst, Bonn 2012 [Marc Chagall: David und Bathseba]; **63** Billy Elliot - I will dance, R: Stephen Daldry, BR/FR 2000 © Picture-Alliance (Mary Evans Picture Library), Frankfurt; **64** Fotolia.com (FRAN), New York; **65** Yahoo! Deutschland GmbH (Marcus Haffner CC BY 2.0), München; **66** Artothek (Christie's Images Ltd), Weilheim; **68** CLOSE UP GmbH, Ostfildern; **70** Hirtreiter, Wolfgang, Gröbenzell; **72** Fotolia.com (Elenathewise), New York; **73.1** www.radioplay-project.com/Julia Nestler,